Logique juridique

La **Bibliothèque Dalloz** a pour vocation
la réédition d'œuvres qui, bien qu'appartenant déjà
à l'histoire de la pensée politique, juridique
ou économique,
conservent une actualité incontestable.

Cet ouvrage est paru initialement en 1979
dans la collection
Méthodes du droit
dirigée par Jean Carbonnier.

2e édition

Charles Perelman

Logique juridique

Nouvelle rhétorique

DALLOZ

DALLOZ

31-35, rue Froidevaux - 75685 Paris cedex 14

TABLE DES MATIÈRES

INTRODUCTION

1. Le mot « *raisonnement* » désigne, à la fois, une activité de l'esprit et le produit de cette activité. L'activité mentale de celui qui raisonne peut faire l'objet d'études psychologiques, physiologiques, sociales et culturelles. Celles-ci pourront révéler les intentions, les mobiles de celui qui a élaboré un raisonnement, les influences de toute espèce qu'il a subies et qui permettent de situer le phénomène dans son contexte. Mais le raisonnement, comme produit de cette activité intellectuelle, peut être étudié indépendamment des conditions de son élaboration : on s'attachera à la manière dont il a été formulé, au statut des prémisses et de la conclusion, à la validité du lien qui les unit, à la structure du raisonnement, à sa conformité à certaines règles ou à certains schémas préalablement reconnus : cet examen relève d'une discipline que l'on qualifie traditionnellement de *logique*.

L'analyse des raisonnements explicitement formulés dans une langue déterminée a été entreprise, d'une façon systématique, dans l'*Organon* d'Aristote, qui distingue les raisonnements analytiques des raisonnements dialectiques.

Les raisonnements analytiques sont ceux qui, partant de prémisses nécessaires, ou du moins indiscutablement vraies, aboutissent, grâce à des inférences valides, à des conclusions également nécessaires ou vraies. Les raisonnements analytiques transfèrent la nécessité ou la vérité des prémisses à la conclusion : il est impossible que la conclusion ne soit pas vraie si l'on raisonne correctement à partir de prémisses vraies. Le type de raisonnement analytique était, pour Aristote, le syllogisme, dont le schéma classique s'énonce : « Si tous les B sont C et si tous les A sont B, tous les A sont C. » Remarquons que ce raisonnement est valable quels que soient les termes que l'on mette à la place des lettres « A », « B » et « C ».

La validité de l'inférence ne dépend en rien de la matière sur laquelle on raisonne, car celle-ci peut être empruntée aux domaines les plus divers de la pensée : c'est la forme même du raisonnement qui garantit sa validité. La logique qui étudie les inférences valides, grâce à leur seule forme, est appelée logique formelle, car la seule condition qu'elle pose pour garantir la vérité de la conclusion, si les prémisses sont vraies, c'est que les symboles « A », « B » et « C » soient remplacés, chaque fois qu'ils se présentent, par les mêmes termes. De même, en algèbre, la vérité de l'équation « $x = x$ » présuppose que l'on remplace la lettre « x » par la même valeur numérique.

2. Les raisonnements dialectiques qu'Aristote a examinés dans les *Topiques*, la *Rhétorique* et les *Réfutations sophistiques* sont relatifs, non aux démonstrations scientifiques, mais aux délibérations et aux controverses. Ils concernent les moyens de persuader et de convaincre au moyen du discours, de critiquer les thèses de l'adversaire, de défendre et de justifier les siennes propres, à l'aide d'arguments plus ou moins forts.

Par quoi les raisonnements dialectiques diffèrent-ils des raisonnements analytiques et le syllogisme dialectique, appelé enthymème, du syllogisme rigoureux de la logique formelle ? Aristote nous dit que, dans l'enthymème, on n'énonce pas toutes les prémisses — on sous-entend celles qui sont connues ou acceptées par l'auditoire — et celles sur lesquelles on se fonde ne seraient que vraisemblables ou plausibles : la structure du raisonnement dialectique serait, pour le reste, celle du syllogisme.

Cette dernière affirmation paraît, à première vue, inconciliable avec son affirmation que l'usage du discours persuasif est de mener à une décision (1). En effet, la structure de l'argumentation qui motive une décision semble fort différente de celle d'un syllogisme par lequel on passe des prémisses vers une conclusion. Alors que, dans un syllogisme, le passage des prémisses vers la conclusion est contraignant, il n'en est pas de même quand il s'agit de passer des arguments vers la décision : ce passage n'est nullement contraignant, car s'il l'était, on ne se trouverait pas devant une décision, qui suppose toujours la possibilité soit de décider autrement soit de ne pas décider du tout.

3. Mais comme je l'ai montré ailleurs (2), il y a toujours moyen de transformer une argumentation quelconque en un syllogisme, en ajoutant une ou plusieurs prémisses supplémentaires.

Supposons un argument qui juge un homme à partir de ses actes : cet homme est courageux, parce que, dans telle situation, il s'est conduit d'une façon courageuse; cet autre est lâche, parce qu'il s'est conduit en lâche. Rien de plus facile que de transformer de tels arguments, en principe contestables, en un syllogisme dont la ma-

(1) *Rhétorique*, II, 18 (1391 b 8).
(2) Cf. Ch. PERELMAN, « Le raisonnement pratique », *La philosophie contemporaine*, La Nuova Italia, Firenze, vol. 1, p. 168-176.

jeure serait : tout homme possède la qualité que l'on n'hésite pas à attribuer à tel de ses actes. Mais qui ne voit que cette majeure serait, dans toute sa généralité, plus contestable que l'argument utilisé dans un cas particulier, car quelqu'un qui se conduirait une fois d'une façon courageuse et une autre fois d'une façon lâche devrait être qualifié de courageux et de lâche, ce qui nous mènerait vers une contradiction inévitable. Par contre, l'usage d'arguments, en sens opposés, nous obligerait de peser la valeur de chacun d'entr'eux et d'aboutir à une prise de position plus nuancée et moins déraisonnable.

Qu'a-t-on gagné en transformant en un syllogisme, qui peut aboutir à une contradiction, une argumentation non-contraignante, mais qui permet de justifier une opinion plausible par de bonnes raisons, si ce n'est la satisfaction assez puérile de montrer qu'il y a moyen de ramener au même schéma syllogistique tous les arguments quels qu'ils soient ? Le raisonnement dialectique, l'argument justifiant par ses actes la qualité attribuée à l'agent, et qui est sujet à controverse, n'a pas été transformé en un syllogisme analytique, échappant à toute discussion par sa seule forme : au contraire, la prémisse ajoutée, par sa généralité et sa rigidité, mène à une conclusion contradictoire un argument qui n'est pas dépourvu de valeur quand il est manié avec prudence. Inévitablement, la controverse qui concernait la force de l'argument, liant la qualité de la personne à celle de ses actes, se transformera en un débat concernant la vérité de la majeure ajoutée, sans laquelle l'argumentation n'aurait pu devenir démonstration, formellement correcte, mais pratiquement inutilisable. Il ne sera guère difficile de montrer la fausseté de cette majeure, résultant de ce qu'un argument plausible, mais non-contraignant, a été traité comme une vérité universelle. A vouloir ramener un argument quelconque à un schéma formellement valide, on ne peut que mettre en évidence son insuffisance. Mais ce n'est pas parce qu'une argumentation n'est pas une démonstration formellement correcte qu'elle est dépourvue de toute valeur.

4. Or, c'est à un pareil réductionnisme, qui dénie tout intérêt à l'argument non contraignant, que l'on risque d'aboutir si l'on considère la logique juridique comme « la partie de la logique qui examine du point de vue formel les opérations intellectuelles du juriste » (3). C'est d'ailleurs ce qui n'a pas manqué de se produire dans la pensée du professeur Ulrich Klug, auteur d'un célèbre traité de logique juridique, qui n'hésite pas à écrire : « On argumente toujours, c'est-à-dire on infère. On utilise à ce propos les lois logiques appropriées d'une façon inconsciente ou du moins sans y réfléchir » (4). Il n'est pas exact

(3) G. Kalinowski, *Introduction à la logique juridique*, L.G.D.J., Paris, 1965, p. 7.
(4) U. Klug, *Juristische Logik*, Springer, Berlin, 1966, p. 7.

de dire que toute argumentation n'est qu'inférence, au sens de déduction effectuée conformément à des règles préétablies.

Par contre, je suis d'accord, mais avec une restriction qui n'est pas dépourvue d'importance, avec les conclusions de l'article de M. Kalinowski, qui a été à l'origine de la controverse sur l'existence de la logique juridique : « Il n'y a, à notre avis, qu'une logique : la logique tout court (qu'on la prenne au sens théorique ou normatif). Par ailleurs, parmi les différentes applications des lois ou règles logiques universelles, il y en a qui sont faites par des juristes dans le domaine d'un savoir juridique quelconque. Il est très intéressant et utile d'analyser les différentes applications dans les divers domaines des savoirs juridiques des lois et des règles logiques universelles. Il est curieux et enrichissant d'examiner les habitus juridiques auxquels elles sont dues. Mais il est vain d'essayer d'étudier une logique juridique au sens propre du mot, celle-ci n'existant pas » (5).

La seule correction que j'apporterais à ce texte consisterait à ajouter au mot « logique » le qualificatif « formelle » : il n'y a qu'une logique formelle. C'est celle-ci que l'on enseigne dans les universités, et si l'on identifie « la logique tout court » avec la logique formelle, non seulement cette dernière expression devient pléonastique, mais il est ridicule de parler de logique juridique, comme il serait ridicule de parler de logique biochimique ou de logique zoologique, quand on utilise des règles de la logique formelle dans un traité de biochimie ou de zoologie.

Si l'on adopte le point de vue, comme le fait M. Tammelo dans un récent article, que « la logique à proprement parler est la logique des spécialistes qui se considèrent eux-mêmes comme des logiciens et qui sont généralement considérés comme tels » (6) et si l'on identifie la logique avec la logique formelle, il faut renoncer, comme le suggère M. Kalinowski, dans son article, à l'expression « logique juridique » qui devient inadéquate. C'est la raison d'ailleurs pour laquelle des juristes, analysant les méthodes de raisonnement qui leur sont propres, ont préféré intituler leurs ouvrages bien connus *Introduction au raisonnement juridique* ou *Introduction à la pensée juridique* (7), en abandonnant le terme de logique juridique, dont E. Ehrlich avait déjà affirmé, il y a près de soixante ans, que, avec la logique formelle elle n'avait rien de commun que le nom (8), car « *elle ne consiste pas en*

(5) G. KALINOWSKI, « Y a-t-il une logique juridique ? » *Logique et Analyse*, 1959, p. 53.

(6) I. TAMMELO, « On the construction of a legal logic in retrospect and in prospect », *Archiv für Rechts-und Sozialphilosophie*, 1974, p. 380.

(7) E. H LÉVI, *An Introduction to Legal Reasoning*, The University of Chicago Press, 1948 ; K. ENGISCH, *Einführung in das Juristische Denken*, Kohlhammer, Stuttgart, 1956.

(8) E. EHRLICH, *Die juristische Logik*, Mohr, Tübingen, 1918, p. 299.

l'application de la logique générale aux buts spécifiques de la jurisprudence» (9).

5. Faut-il s'incliner devant l'usage des logiciens ou s'en tenir à celui des juristes qui savent très bien de quoi il s'agit quand ils parlent de logique juridique (10) ? Je ne crois pas qu'il faille identifier la logique avec la logique formelle, car cela conduit immanquablement à des tentatives de réduire les raisonnements habituels des juristes, tels que les raisonnements *a pari, a contrario* ou *a fortiori* à des structures formelles (11), alors qu'il s'agit de tout autre chose. Pour E. H. Lévi « le raisonnement juridique a une logique spécifique. Sa structure s'adapte à donner un sens à l'ambiguïté, et à éprouver constamment si la société est parvenue à discerner des différences ou similarités nouvelles » (12). Il s'agit essentiellement d'argumentations par l'exemple et par analogie.

Pour K. Engisch, qui évite le mot de « logique » dans le titre de son livre, « la logique juridique est une logique matérielle, qui doit nous faire réfléchir à ce qu'il y a lieu de faire quand — dans les limites du possible — on veut aboutir à des jugements juridiques vrais, ou du moins « corrects » » (13). J'accepterais cette définition si l'on remplace les qualificatifs « vrais » ou «corrects » par « équitables », « raisonnables » ou « justes ». C'est dans cet esprit, d'ailleurs, que le 5e colloque des Instituts d'études judiciaires a été consacré à la logique judiciaire, où il était assez peu question de logique formelle (14). Celle-ci joue un rôle dans n'importe quel domaine, mais ce rôle est relativement limité en droit, quoiqu'il puisse s'accroître avec l'usage de plus en plus fréquent des ordinateurs.

La logique juridique est liée à l'idée que l'on se fait du droit et s'adapte à celle-ci. C'est la raison pour laquelle une réflexion sur l'évolution du droit semble un préalable indispensable à l'examen des techniques de raisonnement propres à cette discipline, et que les juristes qualifient traditionnellement de logique juridique.

6. Dans les ouvrages actuels consacrés à la logique juridique, on se pose rarement la question : « Qu'est-ce que le droit ? » En effet, à chaque époque, parmi les praticiens et, d'une façon plus générale, parmi les membres d'une même société, il existe pratiquement, à ce

(9) *Ibid.*, p. 2.
(10) Cf. mon article « Qu'est-ce que la logique juridique ? », dans *Le champ de l'argumentation*, Presses universitaires de Bruxelles, 1970, p. 131-138.
(11) Cf. à ce propos U. Klug, *Juristische logik*, p. 97-141, et G. Kalinowski, *Introduction à la logique juridique*, p. 162-176.
(12) E. H. Lévi, *op. cit.*, p. 104.
(13) K. Engisch, *op. cit.*, p. 5.
(14) Cf. *La logique judiciaire*, avec avant-propos de P. Raynaud, Presses universitaires de France, Paris, 1967.

sujet, un accord assez large, quoique rarement explicité. Mais il suffit de changer de milieu, de société, de siècle ou de culture, pour que des divergences, et même des divergences fondamentales, se manifestent clairement en cette matière. Faut-il séparer le droit de la morale et de la religion ? Y a-t-il des critères, généralement acceptés, qui permettraient de distinguer un raisonnement juridique d'un raisonnement étranger au droit ? Et, plus particulièrement, des considérations relatives à la justice sont-elles ou non étrangères au droit ? Il est impossible de répondre à ces questions sans se placer au point de vue d'une idée du droit propre à une société donnée, ou du moins qui y est généralement admise. Or, nous verrons que la réponse à ces questions est déterminante pour nous permettre de préciser la notion de raisonnement juridique, ainsi que la nature et le statut des concepts et des théories juridiques.

Si l'on veut serrer l'expérience d'aussi près que possible, on est bien obligé de constater également que les raisonnements juridiques s'accompagnent de controverses incessantes, et ceci aussi bien entre les juristes les plus éminents qu'entre les juges qui siègent dans les tribunaux les plus prestigieux. Ces désaccords, tant dans la doctrine que dans la jurisprudence, obligent le plus souvent, après l'élimination de solutions déraisonnables, à imposer une solution par voie d'autorité, qu'il s'agisse de l'autorité de la majorité ou de celle des instances supérieures, qui se combinent d'ailleurs le plus souvent. C'est en cela que le raisonnement juridique se distingue, à la fois, de celui qui caractérise les sciences, et spécialement les sciences déductives — où il est plus facile d'arriver à un accord sur les techniques de calcul et de mesure — et de celui que l'on rencontre en philosophie et dans les sciences humaines, où, à défaut d'accord, et en l'absence d'un juge capable de clore les débats par son jugement, chacun reste sur ses positions. Parce qu'il est presque toujours controversé, le raisonnement juridique, par opposition au raisonnement déductif purement formel, ne pourra que très rarement être considéré comme *correct* ou *incorrect*, d'une façon, pour ainsi dire, impersonnelle.

Celui qui est chargé de prendre une décision en droit, qu'il soit législateur, magistrat ou administrateur, doit prendre ses responsabilités. Son engagement personnel est inévitable, quelles que soient les bonnes raisons qu'il puisse alléguer en faveur de sa thèse. Car rares sont les situations où les bonnes raisons, qui militent en faveur d'une solution, ne soient pas contrebalancées par des raisons plus ou moins bonnes en faveur d'une solution différente : c'est l'appréciation de la valeur de ces raisons — que l'on ne peut que très rarement réduire à un calcul, une pesée ou une mesure — qui peut différer d'un individu à un autre, et qui souligne le caractère personnel de la décision prise.

7. Malgré ces remarques, qui nous inclinent à reconnaître la relativité du raisonnement juridique, il faut bien constater que le droit a été dominé, pendant des siècles, par l'idéal d'une justice absolue, conçue tantôt comme d'origine divine, tantôt comme naturelle ou rationnelle, ce qui a fait définir le droit, pendant des siècles, comme *ars boni et aequi* (*Digeste*, I, 1, 1), l'art de déterminer ce qui est juste et équitable. Le rôle du juriste, dans cette perspective, serait de préparer, par ses réflexions et ses analyses, la solution la plus juste de chaque cas d'espèce.

Néanmoins, malgré cet idéal absolutiste, il faut bien constater que, même quand les lois sont présentées comme des révélations d'un être divin, ou quasi-divin, leur application n'a pas manqué de susciter des controverses parmi les interprètes les plus qualifiés, comme on le voit très clairement par les textes talmudiques. De sorte que la solution juste paraît moins résulter de l'application indiscutable d'une règle incontestée, que de la confrontation d'opinions opposées et d'une décision subséquente par voie d'autorité. Quand les autorités s'opposent, on peut établir une hiérarchie entre elles, ou l'on peut tenir compte du nombre des avis autorisés, mais rien ne prouve que la décision devant laquelle il faudra bien s'incliner soit effectivement la seule solution juste du problème soulevé.

Nous constatons, en tout cas, aussi bien chez les juristes romains que chez les talmudistes ou les glossateurs de l'École de Bologne, que le droit s'élabore à travers les controverses et les oppositions dialectiques, les argumentations en sens divers. Il était bien rare que le raisonnement juridique puisse aboutir, comme dans les démonstrations mathématiques, à une conclusion contraignante. Les raisons présentées visaient plutôt, comme dans les dialogues platoniciens, à mettre l'adversaire en mauvaise posture, à montrer que les arguments dont il s'est servi sont irrelevants, arbitraires ou inopportuns, que la solution qu'il préconisait était injuste ou, du moins, déraisonnable (15). La controverse avait pour effet, en premier lieu, d'*exclure* certains arguments, en montrant qu'ils n'étaient pas pertinents, en second lieu d'éliminer certaines solutions préconisées parce que déraisonnables, sans pourtant imposer nécessairement un genre d'arguments et une seule solution contraignante.

Pour arriver à la décision recherchée, il fallait insérer le problème controversé dans une tradition, attestée par une autorité, civile ou religieuse, mettre en évidence la similitude du cas à juger avec une décision antérieure reconnue, ou le subsumer sous un texte légal traitant de cas de même espèce : tant par l'argument *a simili* que par la subsomption on ressentait comme juste une décision conforme à la règle de justice exigeant le traitement égal de cas essentiellement semblables (16).

(15) Cf. A. GIULIANI, *La controversia*, Contributo alla logica giuridica, Pavia, 1966, p. 75-76.

(16) Cf. Ph. PERELMAN, « La règle de justice », *Justice et Raison*, Bruxelles, 1963, p. 224-233 et « Cinq leçons sur la justice », *Droit, morale et philosophie*, Paris, L.G.D.J., 1968, p. 15.

En effet, le juge conscient de ses responsabilités, cherchant à justifier sa décision, ne se sent rassuré que quand celle-ci s'insère dans un ensemble de décisions qu'il prolonge et qu'il complète, dans un ordre juridique constitué par les précédents, et, le cas échéant, par le législateur. C'est pour fournir des précédents devant guider les juges qu'ont été publiés les recueils de jurisprudence, tels que ceux de Bracton, au XIIIe siècle, de Coke au XVIIe, et de Blackstone au XVIIIe, qui ont formé la base de la tradition anglaise de la *common law*.

8. A l'*argumentum a simili*, fondé sur la règle de justice, se rattachent deux autres arguments, qui s'appuient soit sur des précédents soit sur un texte légal, l'*argumentum a fortiori* et l'*argumentum a contrario*.

L'*argumentum a fortiori* s'appuie non pas sur la similitude du cas soumis au tribunal avec un précédent approprié, mais sur la *ratio decidendi*, la raison alléguée pour trancher le cas antérieur d'une façon déterminée. Il s'appuie de même sur l'esprit de la loi. L'argument *a fortiori* prétend que la raison alléguée en faveur d'une certaine conduite ou d'une certaine règle dans un cas déterminé s'impose avec une force plus grande encore dans le cas actuel. Si l'on a puni quelqu'un qui, par ses coups, a blessé un autre homme, il faut *a fortiori* punir celui qui, par ses coups, a occasionné la mort.

Notons, à ce propos, que l'argument *a fortiori* n'est pas, en lui-même, spécifiquement juridique. Quand, dans le *Sermon sur la Montagne*, Jésus rappelle à ses disciples que Dieu, qui ne laisse pas mourir de faim les petits oiseaux, ne se désintéressera pas non plus du sort des hommes, il utilise l'argument *a fortiori*, dont on voit clairement qu'il n'est pas un raisonnement purement formel, car il présuppose que les hommes méritent plus d'intérêt que les petits oiseaux. Le raisonnement, n'ayant pas pris comme point de départ une décision de justice, ne relève pas de la logique juridique, mais de l'argumentation. Lorsqu'on insère l'argument *a fortiori* dans un ordre juridique, il permet de guider le juge et de justifier sa décision.

L'argument *a contrario* s'applique normalement aux mêmes situations auxquelles, à première vue, serait applicable l'argument *a simili*. Il faut distinguer, à cet égard, entre les cas où ces arguments s'appliquent à une règle, et les cas où ils s'appliquent à un précédent.

Quand il s'agit d'une règle, ces arguments affirment l'application ou la non-application, à une autre espèce du même genre, de ce qui a été affirmé pour une espèce particulière. Si une loi édicte certaines dispositions relatives aux fils héritiers, par l'argument *a simili* on les étendra également aux filles; tandis que par l'argument *a contrario* on affirmera que ces dispositions ne s'appliquent pas aux personnes du sexe féminin (17).

De même, appliqué au précédent, on considèrera par l'argument *a simili* que le cas actuel est suffisamment semblable pour qu'on lui applique la *ratio decidendi* du cas antérieur ; si cette application semble injustifiée, grâce à l'argument *a contrario* on écartera la règle admise pour juger le cas antérieur. Si un homme ayant assassiné avec préméditation un innocent, est condamné à la peine de mort, faut-il soumettre à cette même peine un garçon de neuf ans qui a tué son petit frère ? En se refusant d'assimiler le crime de l'enfant à celui de l'adulte, on sera amené à introduire une *distinction*, qui empêchera l'application de l'argument *a simili* au cas actuel.

L'art de distinguer, si caractéristique de l'argumentation scolastique, est aussi au cœur du raisonnement juridique : en effet, si, grâce aux arguments *a simili* et *a fortiori*, la portée d'une décision est étendue à d'autres situations, grâce à l'argument *a contrario*, cette portée est délimitée de façon à exclure l'application de la règle de justice aux cas ainsi distingués.

Quand les tribunaux ordinaires, appliquant dans la *common law*, la règle *stare decisis* — exigeant le maintien de la jurisprudence antérieure, si l'on ne trouvait pas de raison de distinguer —, aboutissaient à une décision considérée comme déraisonnable ou injuste, dans un nouveau climat, où des prescriptions de nature purement formelle étaient jugées secondaires par rapport à la solution jugée inique, l'opinion publique a exigé des remèdes. Ceux-ci furent fournis par les « *Equity courts* », les cours d'équité, organisées en Angleterre par le pouvoir royal, au XIVe siècle, et qui avaient pour but de porter remède aux situations iniques qui pouvaient résulter de l'application rigide de la technique du précédent.

La conclusion que, dès à présent, nous tirerons de ce développement est que, quelle que soit la technique de raisonnement utilisée en droit, celui-ci ne peut pas se désintéresser de la réaction des consciences devant l'iniquité du résultat auquel ce raisonnement aboutirait. Au contraire, l'effort des juristes, à tous les niveaux et dans toute l'histoire du droit, a cherché à concilier les techniques du raisonnement juridique avec la justice, ou du moins l'acceptabilité sociale de la décision. Cette préoccupation suffit pour souligner l'insuffisance, en droit, d'un raisonnement purement formel qui se contenterait de contrôler la correction des inférences, sans porter de jugement sur la valeur de la conclusion. C'est quand le résultat est inadmissible, pour l'une ou l'autre raison, que le juriste est amené à introduire une distinction, qu'il a peut être omise en établissant

(17) Cf. Ch. PERELMAN et L. OLBRECHTS-TYTECA, *Traité de l'argumentation*, Ed. de l'Université de Bruxelles, 1976 (troisième édition), p. 325.

les prémisses de son raisonnement, et à passer de l'argumentation *a simili* à l'argumentation *a contrario*.

8 *bis*. Les remarques qui précèdent suffisent pour faire comprendre comment la recherche de l'équité pouvait introduire dans le raisonnement juridique des éléments d'incertitude, difficilement acceptables par des esprits de tournure plus scientifique, et spécialement par des logiciens. Leur réaction, quoique ridiculisée par des juristes professionnels, s'est manifestée clairement dans les écrits d'un penseur qui n'avait jamais hésité à avancer, au nom de la logique, des thèses paradoxales, à savoir Pierre Abélard.

L'on sait que la tradition scolastique, celle qui a prévalu dans les écrits de Saint Thomas, opposait nettement, en suivant Aristote, les raisonnements dialectiques aux raisonnements analytiques. Pour Aristote, la prudence, vertu appliquant la raison pratique aux problèmes soumis à la délibération et à la controverse, « n'ayant pas d'essence par rapport à quoi se définir, ne peut que renvoyer à l'existence du prudent comme fondement de toute valeur. Ce n'est pas l'homme de bien qui a les yeux fixés sur les Idées, mais c'est nous qui avons les yeux fixés sur l'homme de bien » (18).

Si l'homme de bien avait été un être divin, dont l'opinion n'était jamais contredite par celle d'aucun autre homme de bien, le critère aristotélicien aurait pu suffire pour déterminer la solution de chaque cas soumis à délibération. Mais, devant les controverses suscitées par les désaccords entre juristes et moralistes, quant à la solution de problèmes de droit et de morale, P. Abélard a préféré voir dans la prudence une science, la science du bien et du mal, fondant le jugement moral sur l'intention dont procède l'action. Il prétendait que, après avoir trouvé une définition des vertus, et spécialement de la justice (« *Justitia itaque virtus est communi utilitate servata, suam cuique tribuens dignitatem* » (19)), il suffisait d'appliquer la définition à chaque cas particulier, pour tirer, par simple déduction, la conclusion qui s'imposait. Contrairement à la méthode scolastique, développée pendant les siècles qui ont suivi, nous trouvons déjà chez Abélard les prémices de cette science du juste, fournissant les principes d'une jurisprudence universelle, d'un droit naturel applicable dans tous les cas, qui se développera avec les progrès d'un rationalisme d'inspiration mathématique, et qui dominera les XVIIe et XVIIIe siècles, par excellence ceux du triomphe de la « raison » en Occident.

9. Pendant des siècles, la justice primitive a été conditionnée par la conformité scrupuleuse à des formules sacrées — qu'il s'agisse

(18) Cf. P. AUBENQUE. *La prudence chez Aristote*, Paris, 1963, p. 44-45.

(19) P. ABÉLARD, *Dialogus inter philosophum, judaeum et christianum*, Patrologie latine, V. CLXXVIII, 1853, cité par A. GIULIANI, *op. cit.*, p. 158.

de la sanctification d'une coutume ancestrale ou de formules révélées par les porte-parole d'une divinité. De même, pendant des siècles, pour la preuve des faits, le recours aux ordalies, à toutes les épreuves dont seuls ceux dont la cause était juste devaient sortir victorieux grâce à l'intervention divine, témoignait clairement de ce que le juste, en droit, se confondait avec le pieux et le sacré.

Dans beaucoup de cultures, la séparation entre le droit, la morale et la religion ne s'est jamais complètement réalisée. Nous savons que l'autonomie du droit s'est produite progressivement, grâce à la désignation de magistrats laïcs, chargés, sinon de rendre la justice, du moins d'indiquer les actions et les formules, qui permettraient de recourir à la procédure judiciaire. A Rome, à l'époque de Cicéron, la classe des hommes les plus respectés était celle des « jurisprudents », de ceux qui, par leurs avis et leurs conseils, aidaient les préteurs dans l'exercice de leurs fonctions judiciaires. C'est l'ensemble des opinions, des formules, des adages et des règles, élaborés par ces juristes qui, plus que les formules du droit archaïque, plus que les lois votées par les assemblées politiques, a donné son armature au droit romain, considéré comme la *ratio scripta*, la raison écrite, qui a influencé à son tour le droit canon, formulé par l'Eglise romaine à l'usage de ceux qui dépendaient de sa juridiction.

Ce sont les catégories et les définitions élaborées par les juristes romains, leurs formules et leurs adages qui ont pénétré dans le droit des peuples chrétiens du continent européen (20), et ont permis d'accréditer l'idée qu'il y avait des principes de justice rationnels, auxquels devaient recourir tous ceux qui recherchaient une solution juste des litiges qui leur étaient soumis. Les progrès effectués, à partir du XVIe siècle, par les mathématiques et leurs applications, l'idée, émise par Platon et reprise par le néoplatonisme chrétien, que le monde a été créé par Dieu en s'inspirant des mathématiques, ont soutenu les espoirs de tous ceux qui, aussi préoccupés de droit que de mathématiques et de philosophie, se sont proposé d'élaborer des systèmes de jurisprudence universelle. Ce sont ces penseurs qui, tout en étant chrétiens, ont cherché, dès le début du XVIIe siècle, à laïciser le droit naturel, en le concevant comme un système de droit purement rationnel. Cet idéal a été celui de Grotius et de Pufendorf, de Leibniz et de Christian Wolff.

10. L'idée d'un droit naturel, d'un système de justice valable partout et toujours, avait été formulée, bien auparavant, dans cette page célèbre de Cicéron : « Il est une loi véritable, droite raison conforme à la nature, présente en tous, immuable, éternelle ; elle appelle l'homme au bien par ses commandements et le détourne du

(20) Cf. Peter STEIN, *Regulae juris*, from juristic rules to legal maxims, University Press, Edinburgh, 1966.

mal par ses interdictions ; soit qu'elle ordonne ou qu'elle défende elle ne s'adresse pas en vain aux gens de bien, mais n'exerce aucune action sur les méchants. Il n'est pas permis de l'infirmer par d'autres lois, ni de déroger à l'un de ses préceptes ; il est impossible de l'abroger tout entière. Ni le sénat ni le peuple ne peuvent nous en libérer, et il ne faut pas chercher en dehors de nous quelqu'un pour l'expliquer et l'interpréter. Elle ne sera différente ni à Rome ni à Athènes, et elle ne sera pas dans l'avenir différente de ce qu'elle est aujourd'hui, mais une seule loi, éternelle et inaltérable, régira à la fois tous les peuples, dans tous les temps ; un seul dieu est, en effet, comme le maître et le chef de tous. C'est lui que est l'auteur de cette loi, qui l'a promulguée et la sanctionne. Celui qui ne lui obéit pas, se fuit soi-même, reniant sa nature humaine, et se réserve les plus grands châtiments, même s'il parvient à échapper aux autres supplices (ceux des hommes) » (21).

Cette page, et d'autres semblables, où Cicéron s'inspire des conceptions stoïciennes, renvoient à un droit idéal, qui n'est rien d'autre qu'un système de morale universelle (22). Celui-ci n'était pas destiné à se substituer au droit romain, mais à limiter, le cas échéant, les conséquences injustes de son application formaliste. Les théoriciens rationalistes du XVIIe et XVIIIe siècles avaient d'autres ambitions. Ils voulaient élaborer un système de droit juste, une jurisprudence universelle, entièrement fondée sur des principes rationnels, indépendants dans leur formulation et dans leur validité du milieu, tant social que culturel, qui les a vu naître et de celui qu'ils devaient régir. C'est un tel système qu'il fallait enseigner dans les Facultés de Droit, dans l'espoir que ceux qui seraient chargés d'élaborer et de promulguer les lois positives s'écartent le moins possible du modèle idéal qui leur était enseigné. Il en résultait la faible importance accordée sur sur le continent européen, dans les Facultés de Droit de l'Ancien Régime, au droit positif, qui n'était, au mieux, qu'une imitation imparfaite du droit idéal, tout comme l'ombre du Juste, dans la caverne de Platon, ne pouvait être qu'une pâle et imparfaite imitation de l'idée de Justice elle-même. L'idée que le droit juste, comme les lois de la Nature, n'était que l'expression d'une raison universelle, reflet direct ou indirect (à travers la nature créée) de la raison divine, s'était développée dans deux traditions opposées, toutes deux d'origine religieuse, la tradition rationaliste et la tradition empiriste. Que l'on retrouve les lois naturelles et celles devant régir les rapports entre les hommes *a priori* ou *a posteriori*, grâce aux idées évidentes ou grâce à l'expérience, le rôle des hommes devait se borner à les déceler ou à les enregistrer, toute initiative humaine dans ce domaine ne pouvant mener qu'à l'erreur et à l'arbitraire. Que la principale

(21) CICÉRON, *De Republica*, L. III, XXII, 33.

(22) Cf. M. VILLEY, *Leçons d'histoire de la philosophie du droit*, Dalloz, Paris, 1957, p. 134-146 ; *Philosophie du droit*, Précis Dalloz, n°s 38 s.

vertu du sage chrétien fût l'humilité, la soumission à la pensée et à la volonté divines, c'est une idée sur laquelle insistent tant Saint Augustin que le chancelier Francis Bacon.

A cet idéal de jurisprudence universelle, qu'il trouve son inspiration dans le droit romain, dans le droit canon, dans les constructions des philosophes rationalistes, ou dans la *common law*, élaborée par plusieurs générations de juristes, ont été opposées trois thèses, auxquelles sont attachés les noms de Hobbes, de Montesquieu et de Rousseau.

11. Pour Hobbes, dont les idées, à ce sujet, ont été le plus clairement exposées dans un dialogue inachevé *between a philosopher and a student of the Common Law of England* (23), le droit n'est pas l'expression de la raison, mais une manifestation de la volonté du Souverain. Il expose dans *Le Leviathan* (1651) que le droit naturel, c'est-à-dire le droit qui règne dans la nature, n'est que la loi de la jungle où la lutte pour la vie est permanente : ce sont toujours les grands poissons qui mangent les petits. Mais cet état de guerre de tous contre tous est insupportable, à la longue, pour des êtres humains qui, disposant d'une force plus ou moins égale, ne sont jamais sûrs qu'un autre homme ne sera pas capable de les tuer ou de les asservir. Pour éviter les inconvénients de la guerre permanente, ils conviennent de conclure un pacte par lequel ils décident, à la fois, de créer un Etat et de mettre leurs forces réunies à la disposition du Souverain, chargé de maintenir la paix entre citoyens et de les protéger contre les attaques de l'extérieur. Ils renoncent, par le fait même, à régler leurs différends par les armes et acceptent de se conformer aux lois que le Souverain établira et qu'il fera respecter par tous les moyens en son pouvoir.

Le Souverain chargera les prêtres et les éducateurs d'enseigner le respect des lois qu'il aura promulguées et, si l'éducation religieuse et morale ne suffit pas, des tribunaux seront chargés de dire la justice, de sanctionner la violation éventuelle des lois, aidés, en cas de besoin, par des forces armées mises à leur disposition. Le Souverain, disposant à l'égard de ses sujets d'un pouvoir presque absolu, sera libre d'élaborer ses lois comme bon lui semble, à condition de ne pas attenter, sans raison valable, à la vie de ses sujets, car c'est la crainte de la mort qui est la raison même du pacte social constitutif de l'Etat. Comme, selon Hobbes, l'intérêt du Souverain coïncide avec celui de ses sujets, les lois devront veiller à la protection de la vie et des biens de tous les habitants de l'Etat, ceux-ci pouvant vaquer tranquillement à leurs occupations privées.

La théorie de Hobbes, combinant d'une façon ingénieuse deux thèses, déjà exposées par Platon, dans son dialogue la *République*,

(23) Edition posthume de 1681, rééditée par T. ASCARELLI, avec des notes de G. BERNINI (Giuffrè, Milan, 1960).

celle de Thrasymaque (338 et s.) et celle de Glaucon (358 et s.), fait du Léviathan, cet être suprahumain créé par la volonté des hommes, un Dieu terrestre, dont la toute-puissance, du moins dans les limites territoriales qui sont les siennes, ne donne lieu à aucun abus : c'est lui qui décide du juste et de l'injuste, et ceci dans l'intérêt de ses sujets. Il s'efforce de les éduquer grâce à une propagande idéologique permanente, de façon qu'ils ne puissent concevoir la justice que comme la conformité aux lois qu'il aura édictées. C'est seulement grâce au droit positif, qui détermine les droits et les obligations de chacun, que l'idée de justice acquiert un sens précis. Avant l'état de société, l'idée de justice n'avait pas de contenu, car dans l'état de nature chacun était libre de faire ce qu'il était capable d'imposer par la force. Ce n'est qu'avec la création de l'Etat que naît le droit, et que la justice peut être définie comme conformité à la volonté du Souverain, telle qu'elle s'est manifestée par les lois et les règlements.

La philosophie politique de Hobbes, glorification du pouvoir absolu du Souverain s'est imposée en France, plus d'un siècle plus tard, mais sous forme amendée, car, comme on le sait, les révolutions de 1648 et de 1688 ont marqué, toutes les deux, des défaites retentissantes du pouvoir royal, obligé de transiger avec le Parlement (23 *bis*).

12. Le deuxième auteur qui, par un autre biais, a battu en brèche l'idée d'une jurisprudence universelle, valable partout et toujours, fut Montesquieu, dont le monumental ouvrage *De l'esprit des lois* (1748) bénéficia immédiatement d'une vogue générale.

Pourtant il ne rejette pas l'idée d'une justice objective. Celle-ci est non seulement définie, dans la célèbre lettre à Rhédi, comme « un rapport de convenance, qui se trouve réellement entre deux choses » (24), mais est reprise, plus de vingt-cinq ans plus tard, au début de l'*Esprit des lois* : « Dire qu'il n'y a rien de juste ou d'injuste que ce qu'ordonnent ou défendent les lois positives, c'est dire qu'avant qu'on eût tracé de cercle, tous les rayons n'étaient pas égaux. Il faut donc avouer des rapports d'équité antérieurs à la loi positive qui les établit » (25).

Le rôle du législateur serait de rendre positifs en les promulguant, les rapports de justice que la raison de chacun ne pourrait manquer de percevoir, n'étaient les intérêts particuliers susceptibles de brouiller cette perception. Rien de plus dangereux, dans cette perspective, que la concentration de tous les pouvoirs entre les mains d'un seul, car il risque d'imposer des lois qui viseraient essentiellement,

(23 *bis*) Cf. S. Goyard-Fabre, *Le droit et la loi dans la philosophie de Thomas Hobbes*, Paris, 1975.

(24) Montesquieu, *Lettres persanes* (1721), *Œuvres complètes*, Bibliothèque de la Pléiade, t. 1, p. 256.

(25) *De l'esprit des lois*, 1re partie, Liv. 1, Chap. 1, Bibliothèque de la Pléiade, t. 2, p. 233.

non pas à proclamer ce qui est juste, mais à considérer comme légal ce qui favorise son propre intérêt, ce qui renforce son propre pouvoir. C'est pour éviter de tels abus, que Montesquieu préconise, en tant qu'idéal politique, la doctrine de la *séparation des pouvoirs*, le pouvoir législatif n'étant accordé ni au pouvoir exécutif, qui pourrait en profiter pour brimer ses adversaires, ni aux juges, qui risquent de formuler des règlements, à l'occasion des litiges, favorisant, pour des raisons souvent inavouables, l'une ou l'autre partie.

Mais, et c'est ici que se marque l'originalité de Montesquieu, l'indépendance du pouvoir législatif ne signifie pas, pour cela, que les lois positives qu'il adoptera seront d'une application et d'une justice universelles. Car, comme l'indique le sous-titre de son ouvrage fondamental *De l'esprit des lois*, celui-ci traitera du « rapport que les lois doivent avoir avec la constitution de chaque gouvernement, les mœurs, le climat, la religion, le commerce, etc... ».

Cette relativité des lois à leur milieu et à leur époque, leur dépendance des conditions politiques, sociales et culturelles de leur élaboration, exclut la réalisation d'une jurisprudence universelle, non seulement en fait, à cause de l'imperfection des législateurs, mais même en droit, puisque les lois devront s'adapter aux sociétés qu'elles ont à régir. Pourtant, dans la conception de Montesquieu, fortement marquée par le rationalisme de son temps, les lois seront plus l'expression de la raison que d'une volonté souveraine et arbitraire. Tout en reconnaissant le rôle des facteurs qui conditionnent l'adaptation des lois aux diverses sociétés, ces lois, pour être justes, devront respecter les rapports d'équité qui préexistent objectivement à l'élaboration des lois positives.

Quant aux juges, ils ne seront « que la bouche qui prononce les paroles de la loi ; des êtres inanimés qui n'en peuvent modérer ni la force ni la rigueur » (26). C'est la condition de la sécurité juridique, car, écrit-il « si les tribunaux ne doivent pas être fixes, les jugements doivent l'être à un tel point qu'ils ne soient jamais qu'un texte précis de la loi. S'ils étaient une opinion particulière du juge, on vivrait dans la société sans savoir précisément les engagements que l'on y contracte » (27).

13. Le succès des idées de J.-J. Rousseau, telles qu'elles ont été développées dans son écrit *Du contrat social* (1762), est dû au fait que, tout en s'inspirant de Hobbes, pour qui le droit n'est que l'expression de la volonté du Souverain, il n'a pas identifié le souverain avec un monarque tout-puissant, mais avec la nation, la société politique organisée, dont la volonté générale, opposée aux volontés particulières des citoyens, décide du juste ou de l'injuste, promulgue des

(26) *Ibid.*, 1re partie, Liv. I, Chap. II, 6, p. 404.
(27) *Ibid.*, p. 399.

lois de l'Etat, et désigne ceux qui, conformément à ces lois, exécuteront les volontés de la nation, administreront l'Etat et rendront la justice. Les pouvoirs de la nation souveraine, qui exprime la volonté du peuple, n'ont pas à être limités, car la voix du peuple est la voix de Dieu, mais ceci à une double condition : 1° « qu'il n'y ait pas de société partielle dans l'Etat et que chaque citoyen n'opine que d'après lui » (28) et 2° que cette volonté ne concerne pas des intérêts particuliers, mais qu'elle soit mue par l'intérêt général : « accord admirable de l'intérêt et de la justice qui donne aux délibérations communes un caractère d'équité qu'on voit s'évanouir dans la discussion de toute affaire particulière, faute d'un intérêt commun qui unisse et identifie la règle du juge avec celle de la partie » (29). C'est à ces conditions qu'il pourra affirmer que « la volonté générale est toujours droite » (30) et que la loi sera l'expression de la justice.

14. C'est en combinant ces diverses idéologies, que la Révolution française en arrivera à identifier le droit avec l'ensemble des lois, expression de la souveraineté nationale, le rôle des juges étant réduit au minimum, en vertu du principe de la séparation des pouvoirs. Le pouvoir de juger ne sera que celui d'appliquer le texte de la loi aux situations particulières grâce à une déduction correcte, et sans recourir à des interprétations qui risqueraient de déformer la volonté du législateur.

Pour les rares cas où ce texte ne serait pas clair ou suffisant, la loi des 16-24 août 1790 sur l'organisation judiciaire a institué un référé *de caractère général* à l'intention de l'ensemble des tribunaux. Son article 12 dispose, en effet : « Ils (les tribunaux) ne pourront point faire de règlements, mais ils s'adresseront au Corps législatif toutes les fois qu'ils croiront nécessaire soit d'interpréter une loi, *soit d'en faire une nouvelle* » (31). En outre on imposait l'obligation de motiver les jugements, et était institué un tribunal de cassation, chargé de veiller à ce que les juges ne violent pas la loi qu'ils sont censés appliquer. Le tribunal de cassation était considéré comme le policier, désigné par le pouvoir législatif pour surveiller le judiciaire, et auquel il devait rendre compte périodiquement de la manière dont il accomplissait sa mission.

Mais l'institution du référé de caractère général « s'était, dans la pratique, révélée malheureuse. Les juges avaient usé avec excès de la faculté qui leur avait été ouverte de s'adresser au Corps législatif. Ils

(28) ROUSSEAU, *Du contrat social*, Liv. II, Chap. III, *Œuvres complètes*, Bibliothèque de la Pléiade, t. 3, p. 372.
(29) *Ibid.*, Liv. II, Chap. IV, p. 374.
(30) *Ibid.*, Liv. II, Chap. VI, p. 373, 380.
(31) Cf. Ch. HUBERLANT, « Les mécanismes institués pour combler les lacunes de la loi », *Le problème des lacunes en droit*, publié par Ch. PERELMAN, Bruylant, Bruxelles, 1968, p. 47-48.

avaient parfois compris dans un sens trop restrictif de leur pouvoir, les règles établies par la loi des 16-24 août 1790.... La trop grande fréquence du référé vint de la sorte aggraver les inconvénients inhérents au procédé» (32). En effet, non seulement le recours fréquent au référé entravait la bonne marche de la justice, mais cet appel au législatif violait, en même temps, la sacro-sainte doctrine de la séparation des pouvoirs : en interprétant la loi d'une façon plutôt que d'une autre, le législateur tranchait, en faveur de l'une des parties, le litige en cours.

Lors de la rédaction du Code Napoléon, le référé législatif fut remplacé par le célèbre article 4 qui proclame : « Le juge qui refusera de juger sous prétexte du silence, de l'obscurité ou de l'insuffisance de la loi, pourra être poursuivi comme coupable de déni de justice». Le juge, devant les difficultés que présente la loi, se trouve placé dans l'obligation de juger.

Dans le *Discours préliminaire*, qui introduit le projet du Code Napoléon, Portalis s'explique longuement sur la portée de l'article 4 et indique les raisons qui militent en sa faveur, même si, par son interprétation, le juge est amené à contribuer à l'élaboration de la loi et à violer, d'une certaine façon, le principe de la séparation des pouvoirs.

Portalis admettait que, en matière criminelle, en l'absence d'une loi qui justifie la condamnation, le juge doit acquitter le prévenu (*Nulla poena sine lege*). Mais il n'en est nullement de même en matière civile : « Il est impossible au législateur de pourvoir à tout ... Une foule de choses sont ... nécessairement abandonnées à l'empire de l'usage, à la discussion des hommes instruits, à l'arbitrage des juges ... à défaut de texte précis sur chaque matière, un usage constant et bien établi, une suite non interrompue de décisions semblables, une opinion ou une maxime reçue tiennent lieu de loi ... Quand on n'est dirigé par rien de ce qui est établi ou connu, quand il s'agit d'un fait absolument nouveau, on remonte aux principes du droit naturel ... Quand la loi est claire, il faut la suivre ; quand elle est obscure, il faut en approfondir les dispositions. Si l'on manque de loi, il faut consulter l'usage ou l'équité. L'équité est le retour à la loi naturelle, dans le silence, l'opposition ou l'obscurité des lois positives» (33).

Le seul référé maintenu, après la promulgation du Code Napoléon, fut le *référé de caractère spécial*, créé par la loi des 27 novembre-1er décembre 1790 instituant un tribunal de cassation. Aux termes de l'article 21 de la loi, « lorsque le jugement aura été cassé deux fois, et qu'un troisième tribunal aura jugé en dernier ressort, de la même manière que les deux précédents, la question ne pourra plus être agitée au tribunal de cassation qu'elle n'ait été soumise au corps

(32) *Ibid.*, p. 52.
(33) *Ibid.*, p. 53-54, citant Locré, *Discours préliminaire du projet de Code civil*, t. 1, p. 156-159.

législatif, qui, en ce cas, portera un décret déclaratoire de la loi : et lorsque ce décret aura été sanctionné par le Roi, le tribunal de cassation s'y conformera dans son jugement» (34).

Ce référé spécial a été aboli en France par la loi du 1er avril 1837 ; en Belgique, le référé spécial, établi en 1832, fut aboli par la loi du 7 juillet 1865. Le troisième tribunal, saisi après deux cassations, est dorénavant obligé de se soumettre à l'arrêt de la Cour de cassation, pris toutes chambres réunies : cette solution consacre l'indépendance du pouvoir judiciaire à l'égard du pouvoir législatif, pour tout ce qui concerne l'application de la loi à des cas d'espèce (35).

L'étude de la logique juridique suppose que soit d'abord retracée l'évolution historique récente de la pensée juridique depuis le début du XIXe siècle (1re partie) avant de présenter, d'une façon systématique, les techniques de raisonnement de la nouvelle rhétorique et la mise en œuvre de l'argumentation en droit (2e partie).

(34) *Ibid.*, p. 48.
(35) Le problème du référé s'est posé, à nouveau, tout récemment, quand l'article 177 du Traité de Rome a attribué compétence, pour son interprétation, à la Cour de justice des Communautés européennes. Ce référé n'est pas inspiré par la méfiance du législateur à l'égard des juges, mais par le désir d'uniformiser l'interprétation du Traité de Rome par les tribunaux de tous les Etats contractants.

PREMIÈRE PARTIE

Théories relatives au raisonnement judiciaire, surtout en droit continental, depuis le Code Napoléon jusqu'à nos jours

15. Depuis l'instauration, en 1790, de l'obligation de motiver les décisions de justice, c'est dans la *motivation des tribunaux* que nous trouverons les meilleurs échantillons de la logique juridique. Celle-ci est orientée par l'idéologie qui guide l'activité des juges, par la manière dont ils conçoivent leur rôle et leur mission, par leur conception du droit et celle de leurs rapports avec le pouvoir législatif. Nous pouvons distinguer, à ce propos, trois grandes périodes, celle de l'école de l'exégèse, se terminant aux environs de 1880, la deuxième, celle de l'école fonctionnelle et sociologique, allant jusqu'en 1945, la troisième, influencée par les excès du régime national-socialiste et le procès de Nuremberg, se caractérisant par une conception topique du raisonnement judiciaire.

Il va de soi que cette tripartition ne correspond qu'à une vision schématisée et simplifiée de la réalité, car les techniques de raisonnement, caractéristiques de l'idéologie d'une période, se retrouvent également à d'autres, mais elles y sont plutôt exceptionnelles et les juges, en y recourant, éprouvent un certain malaise. Cette division servira essentiellement à des fins pédagogiques, en permettant de décrire sommairement une évolution méthodologique qui correspond, dans ses grands traits, à la réalité historique.

Dans le premier chapitre nous examinerons les procédés de raisonnement qui peuvent se présenter dans diverses phases d'une instance. Dans les deuxième et troisième chapitres, nous n'examinerons plus que les méthodes de raisonnement justifiées par une nouvelle vision du droit, et une conception renouvelée du rôle du pouvoir judiciaire.

1 L'école de l'exégèse

16. On a pu distinguer, au sein de ce que l'on a appelé « l'Ecole de l'exégèse », trois phases : « une phase d'instauration, qui a commencé à la promulgation du Code civil, en 1804, et s'est achevée entre 1830 et 1840 ; une phase d'apogée, qui s'est étendue jusque vers 1880 ; enfin une phase de déclin, qui s'est close en 1899, quand l'ouvrage de Gény en a sonné le glas. Ce n'est là, bien entendu, qu'un découpage cinématographique qui scande une évolution continue (1). Cette école prétendait réaliser l'objectif que se sont proposé les hommes de la Révolution, de réduire le droit à la loi, et plus particulièrement le droit civil au Code Napoléon. Comme le dit le doyen Aubry, en 1857, dans un rapport officiel sur l'esprit de l'enseignement de la Faculté de droit de Paris : « Toute la loi, dans son esprit aussi bien que dans sa lettre, avec une large application de ses principes et le plus complet développement des conséquences qui en découlent, mais rien que la loi, telle a été la devise des professeurs du Code Napoléon (2) ».

On voit immédiatement que cette conception ne pouvait pas être celle de Portalis ni d'aucun des juristes formés au XVIIIe siècle, pour

(1) L. Husson, « Analyse critique de la méthode de l'exégèse », *Nouvelles études sur la pensée juridique*, Dalloz, Paris, 1974, p. 174. — Cf. aussi E. Gaudemet, *L'interprétation du Code civil en France depuis* 1804, Sirey, Paris, 1935.

(2) Cité par L. Husson, *op. cit.*, p. 175.

lesquels le droit naturel formait, pour ainsi dire, une toile de fond pour le droit positif. De même, on ne peut pas minimiser l'immense influence de Rudolf von Jhering (1818-1892) dont les ouvrages fondamentaux sur *L'esprit du droit romain* (1852-1865) et *Le but dans le droit* (1877-1883) ont propagé la conception fonctionnelle du droit, plusieurs années avant les travaux de Gény. Pour ces raisons, nous limitons aux années 1830 à 1880 la période pendant laquelle l'école de l'exégèse a imposé le plus complètement ses techniques de raisonnement juridique. Celles-ci étaient fondées sur l'idée, comme l'écrivait encore Laurent en 1878, que « les codes ne laissent rien à l'arbitraire de l'interprète » (3) et que ce n'est donc que dans des cas tout à fait exceptionnels que la loi était véritablement insuffisante.

Cette conception, fidèle à la doctrine de la séparation des pouvoirs, identifie le droit avec la loi, et charge les tribunaux de la mission d'établir les faits dont découleront les conséquences juridiques eu égard au système de droit en vigueur.

La doctrine de la séparation des pouvoirs est liée à une psychologie des facultés, où volonté et raison constituent des facultés séparées. En effet, « la séparation des pouvoirs signifie qu'il y a un pouvoir, le pouvoir législatif, qui par sa volonté fixe le droit qui doit régir une certaine société ; le droit est l'expression de la volonté du peuple, telle qu'elle se manifeste par les décisions du pouvoir législatif. D'autre part, le pouvoir judiciaire dit le droit, mais ne l'élabore pas. Selon cette conception le juge applique tout simplement le droit qui lui est donné ... Cette conception conduit à une vision légaliste ; la passivité du juge satisfait notre besoin de sécurité juridique. Le droit est un donné, qui doit pouvoir être connu par tout le monde de la même façon. Cette vision du droit conduit à un rapprochement du droit avec les sciences. Qu'on le considère comme un système déductif ou qu'on assimile le fait de rendre la justice à une pesée, le juge semble participer à une opération de nature impersonnelle, qui lui permettra de peser les prétentions des parties, la gravité des délits. etc... Mais pour que cette pesée se fasse d'une façon impartiale, dépourvue de passion — ce qui veut dire sans crainte, sans haine et aussi sans pitié — il faut que la justice ait les yeux bandés, qu'elle ne voie pas les conséquences de ce qu'elle fait : *dura lex, sed lex*. Nous voyons ici une tentative de rapprocher le droit soit d'un calcul, soit d'une certaine pesée, en tout cas de quelque chose dont l'exactitude rassurante devrait pouvoir nous protéger contre les abus d'une justice corrompue d'Ancien régime » (4). Cela nous donnerait l'idée que nous ne sommes pas à la merci des hommes, mais à l'abri des institutions, plus ou moins impersonnelles.

(3) LAURENT, *Cours élém. du droit civil*, préface, t. 1, p. 9.
(4) Cf. Ch. PERELMAN, « Droit, logique et épistémologie », *Le droit, les sciences humaines et la philosophie*, Vrin, Paris, 1973, p. 227-228.

Une fois les faits établis, il suffisait de formuler le syllogisme judiciaire, dont la majeure devait être fournie par la règle de droit appropriée, la mineure par la constatation que les conditions prévues dans la règle étaient remplies, la décision étant donnée par la conclusion du syllogisme.

La doctrine devait se borner, dans cette conception du droit, à transformer l'ensemble de la législation en vigueur en un système de droit, à élaborer la dogmatique juridique qui fournira au juge et aux justiciables un instrument aussi parfait que possible, qui comportera l'ensemble des règles de droit, dans lequel on puisera la majeure du syllogisme judiciaire.

17. Pour constituer cet instrument parfait, le système de droit devrait avoir toutes les propriétés exigées d'un système formel, à la fois complet et cohérent : il faudrait que, pour chaque situation, relevant de la compétence du juge, il y ait une règle de droit applicable, qu'il n'y en ait qu'une seule, et que cette règle soit dépourvue de toute ambiguïté (5).

Dans un système axiomatique formalisé cette dernière exigence est toujours remplie, car le langage artificiel, que l'on élabore en logique formelle ou en arithmétique, exige l'univocité des signes ainsi que des règles de leur maniement. Si le système est complet, pour chaque proposition formulée dans le langage, on devrait être à même de la démontrer *ou* de démontrer sa négation. Si le système est cohérent, il devrait être impossible d'y démontrer une proposition *et* sa négation.

L'univocité des signes et des règles de démonstration garantit l'élimination de tout désaccord et de toute controverse concernant leur interprétation. L'exigence de cohérence s'impose de façon impérative, car si un système est incohérent, parce que l'on peut en déduire une contradiction, il devient inutilisable et il faut l'amender. Quant à la troisième exigence, celle de complétude, permettant de décider d'une proposition du système si elle est ou n'est pas démontrable, elle n'est satisfaite que dans un petit nombre de systèmes formels, la plupart d'entre eux comportant des propositions indécidables (6).

Or l'article 4 du Code Napoléon, en proclamant que le juge ne peut pas refuser de juger sous prétexte du silence, de l'obscurité ou de l'insuffisance de la loi, oblige ce dernier à traiter le système de droit comme complet, sans lacunes, comme cohérent, sans antinomies, et comme clair, sans ambiguïtés donnant lieu à interprétations variées. C'est uniquement devant un pareil système que le rôle du juge serait conforme à la mission dont il avait été chargé, celle de déterminer les faits de la cause et d'en tirer les conséquences juridiques

(5) *Ibid.*, p. 229.
(6) *Ibid.*, p. 229.

qui s'imposent, sans collaborer lui-même à l'élaboration de la loi. C'est dans cette perspective que les juristes de l'école de l'exégèse s'étaient attelés à leur tâche, en cherchant à limiter le rôle du juge à l'établissement des faits, et à leur subsomption sous les termes de la loi.

Nous examinerons, un à un, les procédés de raisonnement utilisés par le juge pour remplir sa mission, qui est de juger et de motiver ses décisions.

18. La première idée qui vient à l'esprit de quelqu'un qui ignore le droit est d'assimiler l'action du juge, qui doit se former une conviction quant à la matérialité des faits dont dépend l'issue d'un procès, à celle de l'historien ou du détective s'efforçant de reconstituer le passé tel qu'il a été. C'est pourquoi, il importe d'insister sur les différences qui distinguent le raisonnement du juge, assujetti à des règles de procédure civile ou criminelle, du raisonnement du chercheur, celui dont les seules préoccupations sont d'ordre scientifique, l'établissement de la vérité objective (7).

En étudiant l'histoire de la preuve judiciaire (8), on notera qu'en Occident, jusqu'au concile de Latran (1215), et parfois même plus tard, la preuve de faits, et parfois même la preuve de la justice de sa cause, était fournie par des ordalies, considérées comme le jugement de Dieu. Celui qui triomphait dans un duel, dans l'épreuve de l'eau, du feu, ou de tout autre moyen admis, prouvait ainsi que Dieu l'avait désigné comme celui qui disait la vérité, qui défendait une juste cause.

Selon une tradition médiévale, d'inspiration différente, la réalité des faits contestés devait être attestée par le serment de l'une des parties, accompagnée d'un nombre variable de « co-jureurs », dont la présence ne manquait pas d'impressionner le juge. A partir du XIIIe siècle, de plus en plus, c'est l'aveu de l'accusé qui constitue la preuve qui inspire le plus de confiance, de sorte que l'on a cherché à se le procurer par tous les moyens, y compris la torture. Celle-ci s'étant généralisée, l'aveu arraché par des tortures devint de plus en plus suspect : aujourd'hui, dans les pays civilisés, l'aveu auquel on accorde le plus de valeur est l'aveu judiciaire, mais celui-ci n'est admis, comme preuve suffisante, que dans les affaires civiles, où seuls sont en jeu des intérêts particuliers.

Sous l'Ancien régime, suite au rejet des ordalies, s'introduisent des modes de preuves du droit savant, enseigné dans les Universités, qu'il s'agisse du droit romain ou du droit canon (9).

(7) Cf. Ch. PERELMAN, « La spécificité de la preuve juridique », *Justice et Raison*, Presses universitaires de Bruxelles, 1963, p. 206-217.

(8) V. « La preuve », *Recueils de la Société Jean Bodin*, t. 14 à 19, Librairie encyclopédique, Bruxelles, 1961 à 1965.

(9) Cf. J. Ph. LÉVY, *Le problème de la preuve dans les droits savants du Moyen âge*, *ibid.*, t. 17, p. 137 à 167.

Par opposition aux droits barbares, où très souvent c'est l'accusé qui devait se disculper, on admettra que c'est le demandeur ou l'accusateur qui doit prouver ce qu'il avance. Le rôle du serment, reste des ordalies, diminue : son rôle est réduit à celui d'une preuve supplétive. Les anciens co-jureurs se transforment en témoins de moralité. L'importance du témoignage augmente, mais son rôle se limite de plus en plus à ce que les témoins ont vu ou entendu eux-mêmes : on exigera, de plus en plus, le témoignage d'au moins deux témoins, dont les témoignages concordent sur l'essentiel. On distinguera la *probatio plena*, celle qui résulte de deux témoignages au moins, et qui procure une conviction complète, d'une *quasi probatio*, qui n'entraîne qu'une conviction partielle. Après avoir écarté la règle « *testis unus, testis nullus* », on n'accordera au témoignage d'un seul que la valeur d'une preuve demi-pleine, qui devra être complétée par des présomptions ou des indices. Par contre, les faits notoires seront admis sans preuve.

A partir de l'ordonnance de Moulins de 1667, suite aux progrès de l'instruction, la maxime « témoins passent lettres » sera remplacée par l'interdiction de témoigner contre l'écrit (« lettres passent témoins »). On distinguera alors les actes authentiques, auxquels on accordera pleine confiance, jusqu'à inscription en faux, et les actes sous seing privé, émanant de celui à l'encontre de qui ils sont produits, et qui fourniront une preuve préconstituée et parfaitement valable, à moins que l'on ne conteste l'authenticité de l'écriture ou la signature.

A la fin de l'Ancien régime s'établit une hiérarchie légale des preuves devant laquelle le juge ne peut que s'incliner, mais déjà au XVIIIe siècle, sous l'influence des écrits de Beccaria, et surtout en droit pénal, on fera de plus en plus dépendre la preuve des faits de l'*intime conviction* des juges. Ce principe triomphe à la Révolution française, dès 1791, et sa plus belle expression se trouve dans l'avertissement qui devait être lu aux jurés entrant dans la salle des délibérations :

« La loi ne demande pas compte aux jurés des moyens par lesquels ils se sont convaincus ; elle ne leur prescrit point de règles desquelles ils devraient faire particulièrement dépendre la plénitude et la suffisance d'une preuve ; elle leur prescrit de s'interroger eux-mêmes dans le silence et le recueillement, et de chercher, dans la sincérité de leur conscience, quelle impression ont faite sur la raison les preuves apportées contre l'accusé, et les moyens de sa défense. La loi ne leur dit point : *Vous tiendrez pour vrai tout fait attesté par tel ou tel nombre de témoins* ; elle ne leur dit pas non plus : *Vous ne regarderez pas comme suffisamment établie toute preuve qui ne sera pas formée de tel procès-verbal, de telles pièces, de tant de témoins et de tant d'indices* ; elle ne leur fait que cette seule question, qui renferme toute la mesure de leurs devoirs : *Avez-vous une intime conviction* ? » (10) (cf. art. 342, C. instr. crim.).

(10) Cf. J. Ph. Lévy, *L'évolution de la preuve, des origines à nos jours*, *ibid.*, t. 17, p. 31.

19. Si dans les affaires civiles, de quelque importance, la preuve sera réglementée — car on continuera à exiger des écrits, et même parfois des documents authentiques,— en droit commercial, et surtout en droit pénal, l'importance accordée à l'intime conviction du juge met au premier plan le rôle de ce dernier ; il est donc essentiel que l'on soit assuré, au préalable, de son impartialité.

Quand il s'agit d'un juge professionnel, il doit être *saisi* de l'affaire, conformément à des règles de compétence préalablement établies. Nul ne peut être distrait de son juge naturel. L'article 94 de la Constitution belge prévoit expressément qu'« il ne peut être créé de commissions ni de tribunaux spéciaux, sous quelque dénomination que ce soit ». Par contre, l'article 34 de la Constitution française du 4 octobre 1958 dispose que sont du domaine de la loi « la création de nouveaux ordres de juridiction et le statut des magistrats ». Il en résulte qu'une juridiction, quelle qu'elle soit, ne peut être instituée que par une loi ou en application d'une loi qui en autorise la création (10 *bis*).

Le juge ne devra pas avoir de préjugé quelconque, favorable ou défavorable, à l'égard des parties. S'il peut exister le moindre soupçon que son jugement puisse être influencé par des rapports de famille, d'amitié ou d'intérêt, il devra se récuser. (v. *Nouveau Code de procédure civile français*, art. 339 et s. ; *Code de procédure pénale*, art. 668 et s.).

Quand c'est un jury, désigné après coup, qui est chargé de se prononcer sur la matérialité des faits, les deux parties auront le droit de récuser, au moment de la constitution du jury, ceux dont l'impartialité leur paraît douteuse (v. *Code de procédure pénale français*, art. 297 et s.). D'ailleurs quand le procès se déroule devant des juges non professionnels, comme c'est le cas le plus souvent aux Etats-Unis, et qu'il faudra se prémunir contre leur inexpérience, le juge qui préside les débats aura le droit d'exclure des témoignages par ouï-dire, qui expriment de simples opinions, et ceux qu'il considère comme irrelevants. Notons pourtant, quand il s'agit de l'opinion, non de simples témoins, mais d'experts en la matière, qu'il faudra bien leur permettre d'en faire état pour éclairer les membres du jury.

Ce recours aux experts pose d'ailleurs tout le problème de la preuve scientifique des faits. Celle-ci est souvent indispensable pour confondre les accusés. Mais tous les procédés d'investigation sont-ils admissibles en matière de preuve ? De nos jours, aucun système de droit civilisé n'admet le recours à la torture. Mais dans quelle mesure le recours au détecteur de mensonges, à l'hypnose ou à l'administration de certaines drogues, porte-t-il, ou non, atteinte à la dignité de la per-

(10 *bis*) V. Cons. d'Et., 25 juill. 1952, D., 1953.327 ; 22 avr. 1953, D., 1954. Somm. 13. — De même le législateur a le pouvoir de fixer les limites de la compétence des juridictions de l'ordre administratif et de l'ordre judiciaire (v. *Rép. admin.* Dalloz, Mise à jour, V° *Loi*, n° 24).

sonne ? Dans quelle mesure peut-on exiger d'un accusé qu'il fournisse un alibi, alors que, en principe, présumé innocent, il a le droit le plus strict au silence (11) ?

20. Quels sont les faits qu'il y a lieu de prouver ? Tous les faits pertinents, dont dépend l'issue du procès, qui ne sont ni notoires ni incontestés. Pour la preuve des faits, l'aveu seul ne peut suffire en matière criminelle.

Mais le juge a le droit de déclarer que la preuve de certains faits est inadmissible. Il peut refuser d'admettre la preuve de faits irrelevants, dont la matérialité n'influence en rien l'issue du procès, ainsi que des faits dont la preuve n'est pas permise, par exemple de ceux dont fait état une diffamation, et ceci en vue de protéger la réputation de personnes privées. Est inadmissible également la preuve des faits auxquels s'oppose une présomption légale irréfragable, telle que l'autorité de la chose jugée. De même, le mari, présumé père de l'enfant conçu pendant le mariage, est le seul à pouvoir le désavouer, et ceci uniquement dans les conditions prévues par le Code civil ; il ne dispose d'ailleurs, pour son action, que d'un délai de six mois (C. civ., art. 316). Le juge n'admettra pas non plus la preuve de faits couverts par la prescription (12).

Alors que dans certains systèmes juridiques, le droit de témoigner n'est accordé qu'aux adeptes d'une certaine religion, que l'on n'accorde aucune valeur au témoignage d'un seul témoin, ou qu'on établit une hiérarchie entre les témoignages, en tenant compte du rang ou de la situation sociale des témoins, nos Codes de procédure se caractérisent surtout par des règles d'exclusion. C'est ainsi que, selon l'article 268 du Code (belge) de procédure civile : « Nul ne pourra être assigné comme témoin, s'il est parent ou allié en ligne directe de l'une des parties, ou son conjoint, même divorcé ». S'il n'y a pas d'opposition, des proches parents du prévenu pourront être entendus (art. 156, C. (belge) d'instr. crim.). Mais les descendants ne peuvent être entendus dans les causes où leurs ascendants ont des intérêts opposés (art. 931, C. jud. belge).

Est punissable « le coupable de faux témoignage ou de fausse déclaration, qui aura reçu de l'argent, une récompense quelconque ou des promesses » (art. 224, C. pén. belge), mais selon l'article 225 du même Code, ces dispositions ne sont pas applicables, « aux enfants de moins de 16 ans, ni aux personnes qui sont entendues sans prestation de serment, à raison de la parenté ou de l'alliance qui les unit aux accusés ou aux prévenus, lorsque ces déclarations ont été faites en faveur des accusés ou prévenus ».

(11) Cf. Ph. QUARRÉ, « Le droit au silence », *Journal des tribunaux*, (Bruxelles), 5 oct. 1974, p. 525-528.
(12) Cf. mon article « Le raisonnement juridique », dans *Droit, morale et philosophie*, L.G.D.J., Paris, 1968, p. 87.

Le nouveau Code français de procédure civile précise certes dans l'article 205, que « chacun peut être entendu comme témoin » ; mais il ajoute « à l'exception des personnes qui sont frappées d'une incapacité de témoigner en justice ». D'autre part, l'article 206 dispose que « Peuvent être dispensés de déposer les personnes qui justifient d'un motif légitime. Peuvent s'y refuser les parents ou alliés en ligne directe de l'une des parties ou son conjoint, même divorcé ». Enfin « les descendants ne peuvent jamais être entendus sur les griefs invoqués par les époux à l'appui d'une demande en divorce ou en séparation de corps ». En matière pénale, les incapacités de témoigner sont prévues par les articles 335 et 448 du Code de procédure pénale. Les témoins reprochables sont mentionnés aux articles 335, 336 et 448. Le faux témoignage et la subornation de témoins sont punis par les articles 363 et 365.

21. Qui a la charge de la preuve ? Nous avons vu que cette question a pu recevoir des réponses variées au cours de l'histoire. En droit contemporain, la réponse dépendra essentiellement du rôle que, dans le déroulement du procès, l'on attribue au juge. Celui-ci doit-il, comme dans la conception libérale et individualiste de la justice, rester neutre et apprécier la valeur des preuves qui lui sont apportées par les parties, ou est-il chargé, comme dans les systèmes des démocraties populaires, de la recherche de la vérité objective ? Dans ce dernier cas, c'est lui qui dirigera les débats et demandera, comme le fait d'ailleurs le Conseil d'Etat, aux détenteurs des preuves, et surtout des documents administratifs, de les présenter au tribunal.

Notons pourtant que la différence entre les deux systèmes, quoique non négligeable, est tempérée par des règles qui, d'une part, limitent la liberté du juge socialiste et, d'autre part, peuvent sortir le juge libéral de son attitude passive. C'est ainsi que le juge socialiste doit respecter des règles de procédure, qui exigent, en certaines matières, des peuves documentaires, le respect de la chose jugée, ainsi que celui des délais de prescription.

Le juge libéral a lui-même des pouvoirs importants dans la conduite du procès. Une critique substantielle faite au Nouveau Code de procédure civile français, promulgué le 5 décembre 1975, se fonde sur le rôle « inquisitorial » du juge. Ce dernier a le pouvoir d'ordonner d'office toutes les mesures d'instruction légalement admissibles (C. pr. civ., art. 10 ; C. jud. belge, art. 916).

Il peut, à la requête d'une partie, enjoindre à l'autre partie qui détient un élément de preuve de le produire, au besoin à peine d'astreinte. Il peut, à la requête de l'une des parties, demander ou ordonner, au besoin sous la même peine, la production de tous les documents détenus par des tiers s'il n'existe pas d'empêchement légitime (C. pr. civ., art. 11 ; C. jud. belge, art. 877).

L'article précise dans son alinéa 1er que « les parties sont tenues d'apporter leur concours aux mesures d'instruction, sauf au juge à tirer toute conséquence d'une abstention ou d'un refus ».

Le juge peut, s'il y a un risque de dépérissement de la preuve, procéder sans délai à l'audition d'un témoin, après avoir, si possible, appelé les parties (C. pr. civ., art. 208, al. 4, art. 942 du Code judiciaire). Il peut entendre à nouveau les témoins, les confronter entre eux ou avec les parties ; le cas échéant, il procède à l'audition en présence d'un technicien (C. pr. civ., art. 215, art. 962 du C. jud.). Le juge qui procède à l'enquête peut, d'office ou à la demande des parties, convoquer ou entendre toute personne dont l'audition lui paraît utile à la manifestation de la vérité (C. pr. civ., art. 218).

Le juge qui ordonne une enquête détermine les faits pertinents à prouver (C. pr. civ., art. 222, al. 2. — V. aussi art. 224, al. 2, art. 1007 du C. jud.). Il peut procéder à une enquête sur-le-champ (art. 231) ou commettre des techniciens pour l'éclairer (art. 232) en accroissant ou restreignant leur mission (art. 236), en assistant à ses opérations et en provoquant ses explications (art. 241). Il peut charger la personne qu'il commet de procéder à des constatations (art. 249 et s.) ou ordonner une expertise (art. 263 et s.) en cas de besoin.

A l'appui de leurs prétentions, les parties ont la charge d'alléguer les faits propres à les fonder (C. pr. civ., art. 6, art. 870 du C. jud.). Et il incombe à chaque partie de prouver conformément à la loi les faits nécessaires au succès de sa prétention (art. 9).

22. Chaque fois que la preuve testimoniale est admissible, elle visera à établir l'intime conviction du juge, en se fiant à ses lumières et à sa prudence, en lui fournissant tous les éléments qui lui permettent soit de constater (preuves directes), soit de présumer (preuves indirectes) la réalité des faits contestés. Il est vrai que l'article 1353 du Code civil demande que les présomptions qui seront présentées au magistrat soient « graves, précises et concordantes ». Mais la Cour de cassation a jugé, en France comme en Belgique (Civ. 2e, 24 janv. 1964, D. 1964. Somm. 101 ; 28 oct. 1970, D. 1971. Somm. 15. — Cass. belge, 23 avr. 1914), que l'article 1353 ne s'oppose pas à ce que les juges forment leur conviction sur un fait unique si celui ci leur paraît de nature à établir la preuve nécessaire. Il suffit, ajoute la jurisprudence belge, que la présomption soit « de nature à rassurer la conscience du juge et à lui dicter sa décision » (13).

Ces présomptions, qu'on appelera *les présomptions de l'homme*, en indiquant par là, que tendant à l'établissement de l'intime conviction, elles sont librement appréciées, ne diffèrent en rien du raisonne-

(13) Cf. P. Foriers, « Présomptions et fictions », dans *Les présomptions et les fictions en droit*, Bruylant, Bruxelles, 1974, p. 10.

ment commun permettant de conclure d'un fait connu à un fait inconnu. A ce point de vue, quelles que soient les précisions fournies par l'article 1353 du Code civil, elles n'ont rien de spécifiquement juridique.

Il en est tout autrement des *présomptions légales*. Celles-ci ne constituent pas des éléments de preuve, mais, au contraire, dispensent de toute preuve ceux à qui elles profitent (art. 1352, C. civ.) : elles imposent la charge de la preuve à celui qui voudrait les renverser, quand cette preuve contraire est permise.

Alors que les présomptions de l'homme ne concernent que des *faits non qualifiés* juridiquement, les présomptions légales *juris tantum*, celles qui peuvent être renversées par une preuve contraire, déterminent, aussi longtemps qu'elles ne l'ont pas été, les effets juridiques d'une situation donnée. Leur rôle est de faciliter la tâche du juge ou de l'administrateur, de celui qui se trouve dans l'obligation de juger ou de décider, alors que la preuve des faits est fort difficile à fournir. L'institution de telles présomptions se justifie essentiellement par des préoccupations de *sécurité juridique*.

Mais en établissant une telle présomption légale en faveur de l'une des parties, on lui accorde un avantage, parfois décisif, au nom d'autres considérations et d'autres valeurs que la vérité objective ou la sécurité juridique. C'est ainsi que la présomption d'innocence protège les personnes contre la calomnie et les abus du pouvoir, la présomption de paternité protège l'ordre des familles et spécialement l'enfant conçu dans le mariage. la présomption de légalité de la chose décidée par l'administration facilite l'exercice de la fonction publique.

La présomption légale *juris tantum* n'empêche pas la mise à jour de la vérité, mais en tenant compte d'autres valeurs que le système qui l'a instituée n'a pas voulu négliger. C'est la technique, qui permet la prise en considération de ces valeurs, qui donne sa spécificité au raisonnement juridique (14). En effet, le juge, obligé de juger, doit se conformer aux présomptions légales, aussi longtemps que la preuve contraire n'a pas été administrée, de façon contradictoire, au cours même du procès, car « il n'est pas autorisé à déclarer un fait constant, par cela seul qu'il en aurait personnellement acquis, en dehors du procès, la connaissance positive » (15).

23. Nous avons vu que le juge doit s'efforcer d'établir, ou de considérer comme établis, tous les faits dont découleront les conséquences juridiques eu égard à la loi ou à la convention qui, si elle

(14) Ch. Perelman, « Présomptions et fictions en droit, essai de synthèse », *ibid.*, p. 340-341.

(15) Aubry et Rau, *Cours de droit civil français*, 5e éd., Paris, 1922, t. 12, p. 73-74.

ne contient aucune clause immorale ou illicite, constitue la loi des parties. Il n'y a pas lieu de s'attarder sur tout ce qui est notoire, sur tout ce qui est objet de connaissance ou d'expérience commune, sur tout ce que le juge est disposé d'avance à admettre, sur les faits non controversés, ainsi que sur tout ce que les présomptions légales considèrent comme acquis, sans que l'adversaire cherche à fournir la preuve contraire.

Mais quels sont les faits dont il y a lieu de se préocccuper ? En principe, les faits sont en nombre indéfini et ce que l'on peut en dire comporte, à côté d'un grand nombre d'éléments insignifiants, des précisions qui importent dans le contexte juridique donné. Quand un état de choses entraîne des conséquences juridiques, c'est de l'existence ou de l'inexistence de cet état de choses qu'il faut convaincre le juge, ou d'une façon plus générale, celui qui est chargé de veiller à l'application de la loi. Mais, pour ce faire, il y a lieu de subsumer les faits sous les termes de la loi ou de la convention, c'est-à-dire de les *qualifier.*

Il est nécessaire, à ce propos, d'établir une distinction fondamentale entre la simple description des faits et leur qualification juridique. Comme ce qui intéresse le juge, c'est l'application des règles juridiques aux faits qualifiés, de façon à en tirer les conséquences prévues par le droit en vigueur, l'examen préalable et la description des faits sont orientés par le passage plus ou moins immédiat, plus ou moins difficile, des faits établis à leur qualification. De même qu'un physicien ou un médecin ne s'intéresse à certains détails que parce qu'ils confirment ou infirment une certaine théorie ou une certaine hypothèse, de même le juge ne s'intéressera qu'aux détails qui permettent ou empêchent l'application de telle règle de droit qui, en principe, dans le système de droit continental, sera un texte de loi ou la clause d'une convention établie entre parties.

Quand un texte légal est formulé dans la langue ordinaire, et de préférence quand il contient des éléments quantitatifs, déterminables par un procédé incontesté, le passage de la description à la qualification pourrait se faire de façon immédiate. Si un article du Code décide que l'on est majeur à 18 ans accomplis, il suffira de connaître la date de naissance de l'intéressé, s'il n'est pas étranger, pour opérer immédiatement la qualification. Mais s'il s'agit d'un étranger, un problème se pose : quelle règle décidera de sa majorité ? Dans les droits modernes, l'état et la capacité des personnes sont déterminés par leur loi nationale : c'est donc à celle-ci qu'il faudra se référer pour savoir s'il s'agit d'un majeur ou d'un mineur.

Si une loi établit, parmi les conditions du mariage, un âge minimum différent pour chacun des deux sexes, on devra tenir compte du sexe de chacun des époux pour l'application de la loi. La connaissance de celle-ci est donc indispensable pour la détermination des faits dont la qualification entraînerait des conséquences prévues par le droit en vigueur.

24. Mois très souvent le passage de la description à la qualification ne va pas de soi, car les notions sous lesquelles il s'agit de subsumer les faits peuvent être plus ou moins vagues, plus ou moins imprécises, et la qualification des faits peut dépendre de la détermination d'un concept, résultant d'une appréciation ou d'une définition préalable. « Si le vol commis de nuit est puni d'une peine particulièrement rigoureuse, et s'il est juridiquement établi que par le mot « nuit » l'on entend, pour la période qui va du 1er octobre au 31 mars, la durée du temps qui s'écoule entre neuf heures du soir et six heures du matin, alors la question de savoir si le vol a été commis ou non de nuit, n'est plus qu'une question de fait... C'est évidemment une question d'application du droit de savoir si le mot « nuit » ne s'applique qu'à la durée du temps entre neuf heures du soir et six heures du matin, et non plutôt au temps qui sépare le crépuscule de l'aurore. Le vol ayant été commis en novembre, entre 17 et 18 heures, on ne peut pas dire avec précision si c'est une question de pru fait ou une subsomption (résultat de la qualification) que d'estimer, compte tenu du degré d'obscurité, qu'il faisait déjà nuit » (16).

A première vue, les discussions ne devront concerner que les limites (indécises) de l'application d'une notion qualitative : c'est ainsi qu'il semblerait acquis, en tout état de cause qu'un vol commis à minuit serait, sans discussion possible, un vol commis de nuit. Pour le professeur Engisch ceci ne serait qu'une question de fait (17). Mais même sur ce point des divergences d'interprétation peuvent naître si l'on tient compte, non des termes de la loi, mais de l'intention du législateur. Nous aurons l'occasion de développer ce point ultérieurement.

En Allemagne impériale, il était interdit, le premier mai, de défiler derrière un drapeau rouge. Qu'advient-il lorsque le drapeau, saisi par la police, fait partie des pièces à conviction et est comme tel soumis à l'examen du juge statuant en appel ? Ce dernier peut-il, en constatant *de visu*, que le drapeau n'est pas rouge, mais lilas, mettre à néant la décision qui lui est déférée, pour le motif que c'est à tort que le premier juge a considéré que le drapeau était rouge, alors que, en fait, il est d'une couleur différente (18) ?

De même, si une pancarte signale aux voyageurs qu'il leur est interdit de pénétrer sur les perrons de la gare en compagnie d'un chien, le préposé doit-il en permettre l'accès à un voyageur tenant en laisse

(16) Cf. K. ENGISCH, « Le fait et le droit en droit allemand », dans *Le fait et le droit*, Bruylant, Bruxelles, 1961, p. 36-37.
(17) K. ENGISCH, *ibid.*, p. 37.
(18) K. ENGISCH, *ibid.*, p. 32-33.

un ours apprivoisé ? Faut-il faire prévaloir la lettre ou l'esprit du règlement, c'est-à-dire l'intention du législateur ?

Cette dernière notion, que nous aurons à examiner plus à fond, nous incite à la prudence, quand il s'agit de comprendre et d'appliquer un texte légal, même quand il ne contient, comme condition d'application de la loi, que des termes, à première vue, purement descriptifs.

Mais bien souvent la compréhension, et l'application, d'un texte légal, ne peuvent se concevoir sans le recours à une appréciation, à un jugement d'importance ou de valeur.

L'article 182 du Code pénal allemand punit d'un emprisonnement jusqu'à un an, « quiconque aura séduit une jeune fille irréprochable de moins de 16 ans pour avoir avec lui des relations sexuelles » (19). Quand dira-t-on d'une jeune fille qu'elle est « irréprochable » ? Dira-t-on qu'elle n'est pas irréprochable parce qu'elle a été violée, à l'âge de 10 ans, par un maniaque ?

L'application de l'article 224 du Code pénal allemand exige que la victime d'une blessure au visage ait été « grièvement défigurée ». L'application de l'article 370, 5° du même code concerne le vol d'un « objet de consommation peu important ou de valeur insignifiante ». Le vol de trois bouteilles de bordeaux peut-il être qualifié de cette façon (20) ? Il faut que le juge apprécie.

De même les notions d'*équité*, d'*intérêt public*, *d'urgence*, de *bonnes mœurs*, font appel à des critères, des « standards » que le législateur n'a pas définis. Il a recours à ces notions à cause de leur indétermination même, justement pour laisser au juge un pouvoir d'appréciation.

Quand le législateur veut diminuer ce pouvoir d'appréciation, il lui arrive de préciser les termes de la loi, en introduisant, si possible, des éléments quantitatifs. Ce fut le cas, tant dans la législation belge que dans les législations étrangères, lorsqu'il fallut, devant le nombre croissant d'accidents de la circulation, réprimer sévèrement l'ivresse au volant (21).

La notion d'ivresse a fait son apparition, en droit français, dans la loi Roussel du 23 janvier 1873. Elle est aujourd'hui précisée dans les articles L. 65 et R. 4 du Code des boissons. Mais, en raison des dangers de l'ivresse au volant, sa définition s'est modifiée et lui a été juxtaposée la notion d'état alcoolique. Conduire en un tel état est une contravention si le sang du conducteur contient un taux d'alcool pur égal ou supérieur à 0,8 gramme pour mille. Si ce taux est égal ou supérieur à 1,2 gramme l'infraction devient un délit.

(19) K. Engisch, *ibid.*, p. 28.
(20) K. Engisch, *ibid.*, p. 32.
(21) Cf. M. Th. Motte, « L'évolution de la notion d'ivresse dans la répression de l'ivresse au volant », *ibid.*, p. 245-268.

Comme ce taux peut être mesuré au moyen de tests extrêmement simples (alcootest) la liberté d'appréciation du juge est, en l'occurrence, réduite au minimum. Encore qu'il la conserve, dans la mesure où le recours à d'autres éléments de preuve de l'état alcoolique ne lui est pas interdit (Crim. 11 oct. 1960, D. 1961. Somm. 15 ; 18 déc. 1962, D. 1963. Somm. 34 ; 24 janv. 1973, D. 1973.240, note E. Robert) et où il conserve entière liberté pour établir l'ivresse (Robert, note préc.).

L'on voit, par ces quelques exemples, comment, les faits eux-mêmes étant établis, se posent les problèmes de qualification, liés à la plus ou moins grande difficulté d'interpréter et d'appliquer la loi. Ce n'est qu'à la limite que le raisonnement du juge se bornera à l'application du syllogisme judiciaire.

25. Dans la tradition de l'école de l'exégèse, les notions de « clarté » et d'« interprétation » sont antithétiques. En effet, dit-on, *interpretatio cessat in claris*, il n'y a pas lieu d'interpréter un texte clair. Mais quand dira-t-on d'un texte qu'il est clair ? Pourrions-nous prétendre qu'un texte est clair quand, à chacun de ses termes correspond une seule idée et la construction grammaticale de la phrase ne donne lieu à aucune ambiguïté, de sorte que toute personne raisonnable devrait comprendre le texte de la même façon ?

Il se peut, effectivement, que, dans certains litiges, l'interprétation de tel ou tel texte ne fasse l'objet d'aucune controverse. Cet état de choses nous permet, tout au plus, de constater que les diverses interprétations envisagées de ce texte ne présentent aucun intérêt particulier pour les parties, car elles n'avantagent aucune d'entre elles. Concrètement, quand il s'agit d'un texte rédigé dans une langue ordinaire, dire que le texte est clair, c'est souligner le fait qu'en l'occurrence, il n'est pas discuté. Au lieu de tirer de la clarté d'un texte la conséquence qu'il n'est pas possible, raisonnablement, de ne pas être d'accord sur sa signification et sa portée, c'est plutôt le contraire que nous pouvons affirmer : comme il ne fait pas l'objet d'interprétations divergentes et raisonnables, on le considère comme clair.

Si un vol a été commis à une heure du matin, ce n'est pas la peine de se demander si le terme « nuit » couvre ou non l'heure du crépuscule, car cette question ne changera en rien l'application du texte au cas d'espèce. Seul un théoricien, ou un exégète, qui s'efforcerait de préciser le sens du texte de façon à éclairer le juge dans toutes les éventualités où il pourrait être d'application, serait intéressé par de telles investigations. Mais, pour s'acquitter de cette tâche, son exégèse devrait examiner tous les cas imaginables. L'impression de clarté peut être l'expression moins d'une bonne compréhension que d'un manque d'imagination. C'est ce que le philosophe Locke a fort bien indiqué, quand il écrit : « Plus d'un homme qui, à première lecture, avait cru comprendre un passage de l'Ecriture ou une clause du Code en a tout a fait perdu l'intelligence, après avoir consulté des commentateurs dont les élucidations ont accru ses doutes ou leur ont donné naissance, et plongé le texte dans l'obscurité (22) ».

Prenons l'article 617 du Code civil qui affirme, entre autres, que l'usufruit s'éteint par la mort naturelle de l'usufruitier. L'expression « mort naturelle » est suffisamment claire et son application ne posait aucun problème : un homme était mort quand son cœur avait cessé de battre. Mais avec les récents développements techniques, permettant de faire battre le cœur d'un individu mort, éventuellement grâce à la transplantation dans le corps d'un autre individu, les spécialistes se sont mis à la recherche d'une définition plus adéquate. Cette nouvelle définition, qui fournira un nouveau critère de la mort naturelle, est-elle la seule qu'il faille retenir dorénavant (22 *bis*) ? Elle sera, en tout cas, différente de celle qu'avait dans l'esprit le législateur, qui avait voté la loi. Faut-il maintenir, dans ce cas, la thèse que le sens de la loi est celui qui exprime la volonté du législateur?

Mais quelle est cette volonté ? Il ne faut pas oublier que, dans les régimes parlementaires, le législateur n'est pas un être unique, mais un corps constitué, comportant le plus souvent quelques centaines de membres, répartis le plus souvent en deux assemblées, et dont la plupart votent suivant une discipline de parti, en se désintéressant de la question. Les plus compétents de ces membres ont souvent, sur la matière, des vues différentes, qu'ils s'efforcent d'ordinaire de concilier au moyen de compromis, obtenus fréquemment grâce au vague des formules, qui permettent, par là, des interprétations divergentes. Mais même s'ils étaient, comme dans le cas de la mort naturelle, d'accord, il y a un siècle, sur le texte et sur son sens, cela veut-il dire que le juge doit se conformer à cette volonté présumée, quelles qu'en soient les conséquences (22 *ter*) ? C'était effectivement l'idée des tenants de l'école de l'exégèse. Mais on peut, à ce propos, se demander si le rôle du juge est identique à celui de l'historien du droit, cherchant à dégager ce qui, en vérité, s'est passé lors de la discussion et du vote d'une loi ou, au contraire, doit-il rechercher l'interprétation la plus raisonnable, celle qui permettrait la solution « la meilleure », la plus équitable, du cas d'espèce conformément au droit en vigueur ? Il va de soi que, en refusant au juge le droit de contribuer à l'élaboration de la loi, l'école de l'exégèse se devait de refuser cette dernière solution.

(22) Cf. J. LOCKE, *An essay concerning human understanding*, Livre III, Chap. IX, § 9, cité dans Ch. PERELMAN et L. OLBRECHTS-TYTECA, *Traité de l'argumentation*, p. 168.

(22 *bis*) Cf. J. SAVATIER, *Et in hora mortis nostrae*, D. 1968. Chron., p. 89.

(22 *ter*) Cf. H. CAPITANT, « L'interprétation des lois d'après les travaux préparatoires », D.H. 1935. Chron., p. 77.

26. On connaît les conceptions de l'Assemblée nationale qui, en créant le tribunal de cassation, a voulu en faire un corps « d'inspecteurs de justice », de contrôleurs veillant à ce que la loi fût bien observée par les cours et tribunaux. A tel point même que, le 19 novembre 1790, l'Assemblée a voté une disposition selon laquelle : « Chaque année le tribunal de cassation sera tenu d'envoyer à la barre de l'assemblée du corps législatif, une députation de huit de ses membres qui lui présenteront l'état des jugements rendus à côté de chacun desquels sera la notice abrégée de l'affaire et le texte de la loi qui aura décidé de la cassation ».

« Surveillance, par conséquent, écrit P. Foriers, de la loi, de son contenu, de son respect par le juge du fond pour sauvegarder l'œuvre législative. Cette tâche de « protecteur des lois, surveillant et censeur des juges », pour reprendre l'expression de Robespierre, c'est bien elle encore dont se réclame notre Cour suprême ».

« Et cette conception, rappelle-t-il, était encore, en 1950, celle de Léon Cornil, procureur général de la Cour de cassation de Belgique, qui disait : « Le tribunal de cassation avait été créé pour qu'il contrôlât tous les jugements dans lesquels les juges auraient commis quelque excès en faisant autre chose que juger les litiges particuliers *conformément* aux directives générales que la nation leur avait *données par l'organe du pouvoir législatif. Telle est encore aujourd'hui la mission de la Cour de cassation* ».

Il ne faisait que répéter les réflexions de l'avocat général Sartini van de Kerckhove, dans un écrit de 1937 : « Sa mission est de défendre l'œuvre *du législateur* contre la rébellion des juges, de maintenir l'*unité de la législation* par l'uniformisation de la jurisprudence ».

A ce propos, P. Foriers remarque que « la Cour de cassation est évidemment un facteur des plus actifs du développement de la jurisprudence, et un facteur d'harmonisation de celle-ci », mais pour ces hauts magistrats, « c'est *en vue de maintenir l'unité de la législation*, non du droit ».

S'il est vrai que les juges doivent dire le droit, ce droit était, dans l'esprit de l'école de l'exégèse, réduit à une entité quasi mystique, *la Loi*, expression de la volonté nationale (23).

Selon cette conception, le rôle du juge l'obligeait, chaque fois que c'était possible, et l'on croyait que c'était l'immense majorité des cas, de rendre son jugement conformément à la loi, sans devoir se préoccuper du caractère juste, raisonnable ou acceptable de la solution proposée. Serviteur de la loi, il n'avait pas à chercher en dehors

(23) Pour tout ce qui précède, cf. P. Foriers, « La distinction du fait et du droit devant la Cour de cassation de Belgique », dans *Le fait et le droit*, p. 59-63.

de celle-ci des règles pour le guider : il était le porte-parole de la loi, que les exégètes devaient élucider autant que possible, pour lui fournir des solutions pour toutes les éventualités.

Ce n'est que dans les cas, exceptionnels, d'antinomies et de lacunes, qu'on lui attribuait un rôle plus actif, celui d'éliminer les unes et de combler les autres, mais même dans ces cas, il devait motiver ses décisions en se référant à des textes légaux. Nous verrons comment, en utilisant la latitude que lui offraient les antinomies et les lacunes, le pouvoir judiciaire a pu battre en brèche, progressivement, la théorie du droit, élaborée au XVIIIe siècle, et maintenue avec peine jusqu'au dernier quart du XIXe.

27. On dira que l'on se trouve, dans un système de droit, en présence d'une *antinomie* quand, par rapport à un cas d'espèce, il existe, dans le dit système, deux directives incompatibles, auxquelles on ne peut donc pas se conformer simultanément, soit parce qu'elles imposent deux obligations en sens opposés, soit parce que l'une interdit ce que l'autre permet, et qu'il n'y a donc pas moyen de se conformer à l'une sans violer l'autre. Les antinomies, ainsi comprises, ne concernent pas le vrai ou le faux, elles n'affirment pas simultanément deux propositions contradictoires, mais elles consistent en une norme unique ou en plusieurs normes dont l'application conduit, dans une situation donnée, à des directives incompatibles.

A première vue, l'existence d'antinomies paraît difficilement concevable. En effet, si une loi permet ce que la loi antérieure interdisait, ou inversement, on ne dira pas que l'on se trouve en présence d'une antinomie, mais on admettra, même si cela n'a pas été dit expressément, que la loi antérieure a été tacitement abrogée. De même, si un arrêté ou un règlement d'exécution n'est pas conforme à la loi, l'article 107 de la Constitution belge prescrit aux cours et tribunaux de ne pas l'appliquer.

Le problème est plus délicat quand un tribunal est invité à déclarer l'inconstitutionnalité d'une loi, car en vertu du principe de la séparation des pouvoirs, dans la plupart des Etats unitaires, la Cour de cassation, chargée de veiller au respect de la loi par les cours et tribunaux, se considérait comme incompétente, et laissait le pouvoir législatif juge en la matière. Mais il semble que la situation soit en train d'évoluer. En effet, sous l'influence du Traité de Rome, créant la Communauté européenne, les tribunaux ont été amenés à considérer comme non valable une loi contredisant une disposition du traité, auquel on a accordé le primat sur la loi interne. Mais une fois que les tribunaux se considèrent comme compétents pour mettre en question la validité d'une loi contraire à une règle de droit international conventionnel, directement applicable dans l'ordre juridique interne, on se demande si une évolution inévitable ne va pas conduire les tribunaux à se déclarer compétents en matière d'inconstitutionnalité des lois. Les récents arrêts de la Cour de cassation de Belgique (3 mai et 25 juin 1974) tendent vers le contrôle judiciaire de la constitutionnalité des lois (24), mais il se peut que, pour éviter la politisation des tribunaux, la création, comme en France, d'un organe spécialisé en cette matière constitue une meilleure solution. Quoi qu'il en soit, s'il y a conflit entre une loi et la Constitution, c'est l'un ou l'autre texte qui s'imposera, et l'on ne se trouvera pas en présence d'une antinomie.

Le problème des antinomies ne se pose, dans toute son acuité, que quand deux normes incompatibles sont également valables et qu'il n'existe pas de règles générales permettant d'accorder, en l'occurrence, la priorité à l'une ou à l'autre. C'est ainsi qu'en cas de conflit entre une loi générale et une loi spéciale, on considèrera que le législateur a voulu, par la législation spéciale, déroger à la règle générale, dont on limitera par le fait même, le champ d'application : du coup, l'antinomie sera éliminée.

Mais existe-t-il une antinomie résultant d'un conflit, dans un cas d'espèce, entre deux normes de même niveau, en l'absence d'une règle permettant de la lever ? C'est à des cas de ce genre qu'a été consacré le volume sur *Les antinomies en droit* publié par le Centre belge de recherches de logique (25).

En voici un exemple concret :

Le 29 novembre 1951, le Tribunal correctionnel d'Orléans a eu à résoudre une antinomie à propos des poursuites intentées à un « guérisseur » (26). Ces guérisseurs sont fort nombreux en France, à tel point même qu'ils sont officiellement imposés à la patente en cette qualité. Aux protestations de l'Ordre des médecins, qui s'insurgeait contre cette façon de tolérer la violation de la loi punissant l'exercice illégal de la médecine, le ministre des Finances a répondu que « la contribution des patentes est applicable à toute personne exerçant pour son compte une activité à titre lucratif, *sans qu'il y ait lieu de rechercher si cette profession est exercée en contravention des lois qui la régissent* ». S'il s'agit d'une antinomie, le ministre des Finances ne se considère pas, lui, chargé d'y mettre fin.

« Le guérisseur, nommé *Roux*, était poursuivi pour avoir, à Fleury-les-Aubrais, dans le courant de 1949 et depuis un temps non prescrit, pris part habituellement ou par direction suivie, même en présence d'un médecin, à l'établissement d'un diagnostic ou à un traitement

(24) Cf. A. van Welkenhuyzen, « L'attribution de pouvoirs spéciaux et le contrôle judiciaire de la constitutionnalité des lois », *Journal des tribunaux*, 26 oct. et 2 nov. 1974, p. 577-584, 597-607.

(25) Bruylant, Bruxelles, 1965, 407 pages.

(26) Pour ce qui suit, cf. P. Foriers, « Les antinomies en droit », dans *op. cit.*, p. 29 à 35.

de maladies ou affections chirurgicales congénitales ou acquises, réelles ou supposées, par actes personnels prévus dans une nomenclature sans être titulaire d'un diplôme d'Etat de docteur en médecine ou sans être bénéficiaire des dispositions spéciales visées au paragraphe 1 des articles 1, 2, 5 et 70 de l'Ordonnance du 24 septembre 1945.

« En d'autres termes, *Roux* était poursuivi pour exercice illégal de la médecine. Il reconnaissait les faits, mais plaidait pour sa défense qu'il avait soigné et guéri en tout cas des malades en péril de mort pour lesquels les médecins ne pouvaient plus rien et il résultait en effet des débats qu'il avait préservé d'une issue fatale de jeunes enfants atteints de poliomyélite et de méningite. Le jugement reconnut d'ailleurs qu'on ne pouvait lui reprocher aucun fait de charlatanisme, ni aucun fait contraire à la probité et à l'honnêteté ; qu'il avait souvent agi sans esprit de lucre et avec générosité et même qu'il avait « obtenu un grand nombre de guérisons étonnantes ».

« Ces faits étant acquis, il en résultait, selon *Roux*, qu'*il se savait le pouvoir de guérir* et avait en conséquence *le droit* et même l'*obligation* d'intervenir, car le Code pénal, en son article 63, alinéa 2, érigeait en délit « le refus d'assistance contre un péril quelconque », ce texte punissant d'un emprisonnement d'un mois à trois ans et d'une amende de 240 à 10 000 F ou de l'une de ces deux peines seulement « quiconque s'abstient *volontairement* de porter à une personne en péril l'assistance que sans risque pour lui et pour les tiers il pouvait lui prêter, soit par son action personnelle, soit en pratiquant un secours ». Le guérisseur faisait exactement observer que toute personne peut être tenue de l'obligation d'assistance et que cette obligation ne pèse pas seulement sur ceux qu'une loi particulière astreint à fournir à la victime protection ou secours. Dès lors qu'il se connaissait le pouvoir de guérir, il devait le mettre en œuvre s'il voulait échapper à la rigueur de la loi !

« Antinomie par conséquent : évidente contradiction entre les règles qui interdisent à une personne qui n'est pas docteur en médecine de s'immiscer dans des actes de la profession médicale et les dispositions qui obligent toute personne à porter assistance à un tiers en péril dans la mesure où on peut le faire sans courir soi-même de danger. Conflit entre l'abstention et l'action.

« Le tribunal d'Orléans, placé devant cette antinomie, va la résoudre au profit de l'obligation d'assistance ; « Attendu, dit le tribunal, que dans ce cas l'inculpé se connaissant le pouvoir de guérir avait le devoir et donc le droit d'intervenir ; qu'en effet, il ne pouvait s'abstenir sans commettre le délit prévu et puni par l'article 63 du Code pénal » (27).

(27) *Ibid.*, p. 30-33.

On admettra facilement que, dans la grande majorité des cas, quand les tribunaux ont affaire à des charlatans, ils n'hésitent pas à condamner ceux qui se rendent coupables d'exercice illégal de la médecine, mais cette fois il n'en a pas été ainsi.

28. De tels cas d'antinomies, s'ils existent indubitablement, et l'ouvrage consacré aux antinomies en a fourni plusieurs exemples, constituent des exceptions assez rares. Sauf, évidemment, quand les juges doivent appliquer des règles autres que celles du droit interne, qu'il s'agisse de règles de droit étranger, d'un droit religieux, d'un droit communautaire, du droit international.

Les conflits de lois se rencontrent le plus souvent en droit international privé, cette branche du droit où intervient un élément d'extranéité, et où pour cette raison, il y a lieu d'appliquer une loi étrangère.

Remarquons, à ce propos, que le Code Napoléon ne s'est guère occupé des conflits de lois dans l'espace, et seul l'article 3 y consacre quelques lignes : « Les lois de police et de sûreté obligent tous ceux qui habitent le territoire. Les immeubles, même ceux possédés par des étrangers, sont régis par la loi *française*. Les lois concernant l'état et la capacité des personnes régissent les *Français*, même résidant en pays étranger ».

La coutume, la doctrine et la jurisprudence ont, à partir de ces quelques lignes, systématisé une matière difficile et délicate, où les antinomies foisonnent.

Pour élaborer des règles générales, permettant de trouver la loi applicable, on a groupé les institutions et les règles de droit dans des catégories spécifiques, que l'on appelle généralement, selon la tradition, « des statuts ». On en connaît cinq : statuts *personnel*, *réel*, *local* (« locus regit actum »), d'*autonomie de la volonté* et des *lois de police* (28).

Nous n'allons pas, dans ce contexte, présenter tout un cours de droit international privé (29). Mais nous montrerons comment les questions de statut personnel, concernant l'état et la capacité des personnes, peuvent mener à des antinomies, dans des matières comme le mariage et le divorce, par exemple.

Pour arriver à la solution d'un problème concret en cette matière, il faut :

(28) R. VAN DER ELST, « Les antinomies en droit international privé », *ibid.*, p. 142-144.

(29) Cf. POULLET, *Manuel de droit international privé belge*, 2e éd., 1947 ; R. SAVATIER, *Cours de droit international privé*, 2e éd., 1953 ; H. BATIFFOL, *Aspect philosophique du droit international privé*, Paris, 1956 ; *Traité de droit international privé*.

1° déterminer si le rapport de droit échappe au droit interne par l'existence d'un élément d'extranéité (pour le cas du mariage, constater si l'un des époux est étranger ou apatride, ou si le mariage a été contracté à l'étranger) ;

2° analyser l'institution pour la classer dans un statut propre au droit international privé (le mariage relève du « statut personnel ») ;

3° déterminer, selon le facteur de rattachement propre au statut choisi, la loi de droit interne applicable (pour le mariage, c'est la loi nationale des époux) ;

4° découvrir, dans la loi interne applicable, les dispositions qui donnent, à la question posée, la solution concrète recherchée ;

5° appliquer ces dispositions au cas d'espèce.

On conçoit facilement, que, à chaque stade, des antinomies puissent surgir. Ce sera surtout le cas pour des institutions, telles le mariage et l'adoption, quand elles concernent deux personnes, le mari et la femme, l'adoptant et l'adopté, de nationalités différentes. Les antinomies, en cette matière, sont si fréquentes, que rares sont les ouvrages de doctrine qui parviennent à examiner tous les cas qui peuvent se présenter.

Le cas classique est celui du divorce entre époux de nationalités différentes, car le plus souvent les conditions autorisant le divorce varient d'un système à l'autre, allant même jusqu'à une opposition complète, quand un système l'interdit alors que le système de l'autre époux l'autorise : jusqu'il y a peu, le problème s'est posé avec acuité lorsque l'un des époux était italien et l'autre belge ou français.

Diverses juridictions saisies d'une affaire de divorce de deux époux de nationalités différentes ont adopté, successivement ou simultanément, en suivant les constructions doctrinales, les solutions les plus variées :

a) cumul de deux lois et application de la loi la plus restrictive ;
b) application de la loi nationale du demandeur ;
c) application de la loi nationale du mari ;
d) application de la loi nationale de la femme ;
e) application de la loi du domicile ;
f) application de la loi du lieu du mariage ;
g) application de la loi de l'époux innocent (30).

On pourrait y ajouter la loi du tribunal, *lex fori*.

En Belgique, ce problème est illustré par la célèbre affaire *Rossi*, où le mari était italien, alors que son épouse avait gardé la nationalité belge.

Après un arrêt de la Cour d'appel de Bruxelles, Chambres réunies, du 4 mai 1954 (*Journ. trib.*, 1954, 458), qui accordait le divorce,

(30) Cf. L. SILANCE, « Quelques exemples d'antinomies et essai de classement », dans *Les antinomies en droit*, p. 89.

en s'attachant à l'intérêt prépondérant de la victime (en appliquant la loi belge, celle de l'époux demandeur), la Cour de cassation qui avait cassé l'arrêt antérieur de la Cour d'appel de Liège, en adoptant, dans son arrêt du 16 mai 1952, la théorie du cumul, avait encore une fois, par son arrêt, Chambres réunies, du 16 février 1955 (*Journ. trib.*, 1955, 249) refusé d'accorder le divorce à l'épouse belge pour des raisons *logiques*, le divorce étant exclu par la loi italienne : « attendu qu'il ne se conçoit pas que le lien matrimonial soit rompu à l'égard de l'un des époux et subsiste à l'égard de l'autre ».

La Cour de cassation avait ajouté dans ses attendus que la solution accordant le divorce était inconcevable dans l'*état actuel de la législation*. Cet appel au législateur fut entendu, car celui-ci a édicté la loi du 27 juin 1960, dont l'article premier prévoit que, « dans le cas de mariage entre étrangers, l'admissibilité du divorce, pour cause déterminée, est régie par la loi belge, à moins que la loi nationale de l'époux demandeur ne s'y oppose ». L'article second prévoit au surplus que dans le cas de mariage d'époux de nationalités différentes, mais dont l'un est belge, l'admissibilité du divorce est régie par la loi belge ; la détermination des causes du divorce relevant de cette même loi (31).

Il a suffi donc d'une décision du législateur pour que, ce qui paraissait *inconcevable* à la Cour de cassation, parce que heurtant *la logique*, devienne une disposition s'imposant aux Cours et tribunaux. Si la Chambre des Lords ne peut pas transformer un homme en femme, le Parlement belge serait-il capable de transformer ce qui est inconcevable et illogique en une disposition qu'il impose aux juges ?

En réalité, la solution imposée par le législateur belge pouvait créer des difficultés, surtout à l'époux italien, divorcé en Belgique, mais dont le divorce n'était pas reconnu dans son propre pays : c'était une situation déplaisante, à laquelle le législateur italien vient de porter remède, en admettant comme cause de divorce, en Italie, le fait que le divorce a été accordé par un tribunal étranger.

Cet exemple nous montre clairement que, si certains juristes contestent l'existence d'antinomies en droit interne (32), leur existence s'impose dès que se présente un conflit de lois, quand le juge doit appliquer simultanément des règles de droit empruntées à des systèmes différents.

Notons, à ce propos, que la Cour de cassation de Belgique se considérait comme liée par l'état de la législation, alors qu'elle ne l'était que par la construction doctrinale qu'elle avait adoptée, celle qui, en cas de conflit de lois, préconise la solution la plus restrictive.

(31) *Ibid.*, p. 89-93.
(32) W. MALGAUD, « Les antinomies en droit ; à propos de l'étude de G. GAVAZZI », *ibid.*, p. 7 à 19.

Plus tard, en abandonnant les conceptions de l'école de l'exégèse, en admettant d'autres sources de droit que la loi positive, la doctrine, suivie par la jurisprudence, se servira de la technique de l'antinomie pour écarter l'application de textes légaux en faveur de solutions plus équitables ou plus raisonnables.

29. L'article 4 du Code Napoléon considère comme coupable de déni de justice le juge qui refusera de juger sous prétexte du silence de la loi. Par le fait même, si le juge perçoit une lacune dans la loi, il est obligé de la combler, mais sa décision devra néanmoins être motivée en droit.

La perception d'une lacune dans la loi signifie clairement que, pour le juge, la solution ne pourra pas être obtenue par déduction à partir du texte légal. S'il doit néanmoins combler la lacune, tout en motivant sa décision, il ne pourra y parvenir qu'en recourant à d'autres formes de raisonnement que celles de la logique formelle.

Le problème des lacunes est né avec le principe de la séparation des pouvoirs qui impose au juge l'obligation d'appliquer un droit préexistant et qu'il est censé connaître. Avant la révolution française, ce problème n'existait pas, car le juge devait trouver la règle applicable : en l'absence d'une règle expresse, il pouvait chercher d'autres sources de droit que la loi positive et, si ces sources n'étaient pas concordantes, il importait de savoir dans quel ordre il fallait classer ces sources de droit supplétif. Comme il n'était pas interdit aux juges de formuler des règles à l'occasion de litiges (« les arrêts de règlement »), et qu'ils n'avaient pas à motiver leurs jugements de façon expresse, on conçoit que le problème des lacunes ne se soit pas posé avant le XIXe siècle (33).

L'obligation de combler les lacunes de la loi accorde, par le fait même, au juge, le droit d'élaborer des normes. S'il n'est pas, comme dans la *common law*, nécessairement créateur de règles de droit, car ses décisions ne constituent pas des précédents que d'autres juges sont obligés de suivre, il élabore néanmoins des règles de décision qui lui fourniront la solution du problème concret qui lui est soumis. Comment éviter que le juge n'exerce ce pouvoir d'une façon arbitraire, où trouver des garanties d'impartialité ?

La solution qui s'est imposée en droit pénal et aussi en droit fiscal, consiste à admettre que, en l'absence d'une règle expresse, on acceptera, dans ces deux branches du droit, un principe général de liberté : *nullum crimen, nulla poena sine lege* : il faut une règle préalable pour motiver aussi bien une peine qu'une imposition fiscale,

(33) Cf. J. GILISSEN, « Le problème des lacunes en droit dans l'évolution du droit médiéval et moderne », dans *Le problème des lacunes en droit*, Bruylant, Bruxelles, 1968, p. 197-246.

mais cette règle ne devra pas nécessairement être interprétée de façon restrictive (le juge pénal assimile des bateaux à moteur diesel à des bateaux à vapeur et un traveler-chèque à un chèque (34).

Mais cette solution est inapplicable en droit civil ou commercial. Si un contrat, qui constitue la loi des parties, prévoit des intérêts de retard, mais n'en fixe pas le taux, faut-il débouter le demandeur sous prétexte que le contrat ne détermine pas, avec précision, les obligations du défendeur ? Pareille interprétation serait non seulement inique, mais clairement contraire à la volonté des parties.

Comment éviter, dans ce cas, l'arbitraire du juge ? En l'absence d'une règle expresse, le juge devra s'inspirer de l'esprit du droit, c'est-à-dire des valeurs et des techniques que d'autres textes légaux protègent ou utilisent.

Remarquons, à ce propos, que certains systèmes, tel le droit canon, admettent qu'il y a lacune non seulement dans le cas du silence, mais aussi dans celui de l'obscurité de la loi. Conformément à la maxime « *lex dubia lex nulla* », il affirmera l'existence d'une lacune dès que le recours à l'interprétation s'avère indispensable (35).

Mais il semble abusif d'assimiler le recours à l'interprétation au fait de combler une lacune. Car non seulement il paraît inconcevable d'admettre un principe général de liberté dès qu'il y a lieu de recourir à l'interprétation, mais tous les systèmes qui renvoient, en cas de lacune, à un droit supplétif, sont obligés de distinguer entre le silence de la loi et son obscurité, qui donne lieu à interprétation. C'est ainsi que le droit israélien prescrit de se référer, pour combler les lacunes de la loi, à la *common law* et aux doctrines d'équité en vigueur en Angleterre, mais le juge ne devra recourir à ces sources supplétives qu'*après* que les efforts d'interprétation (de la Mejelle musulmane, par exemple) se sont révélés infructueux (36).

Notons pourtant que la doctrine peut flotter dans sa façon de qualifier certaines techniques de raisonnement juridique : pour les juristes suisses le raisonnement par analogie et le recours à la *ratio legis* relèvent de l'interprétation, alors que le recours à des principes généraux du droit relève de la technique du comblement des lacunes ; pour les juristes allemands, on interprète en faisant appel à un principe général du droit et on comble une lacune en recourant à un raisonnement par analogie (37).

(34) Cf. l'étude de M. le Président Combaldieu, « A propos d'un conflit entre la raison et l'interprétation restrictive en droit pénal », *Rev. science crim.*, 1965, p. 831-835.
(35) Cf. W. Onclin, « Les lacunes de la loi en droit canonique », *Le problème des lacunes en droit*, p. 184.
(36) Cf. G. Tedeschi, « Article 46 of the Palestine order in council and the existence of lacunae », *ibid.*, p. 275.
(37) Cf. C. W. Canaris, « De la manière de constater et de combler les lacunes en droit allemand », *ibid.*, p. 162.

Quoi qu'il en soit, il est impossible d'admettre que le principe général de liberté fournisse l'unique solution du problème des lacunes. Il suffit de constater, en effet, que le problème des antinomies en droit n'existe que dans les cas où l'on ne possède pas de règle générale permettant de les résoudre, c'est-à-dire quand il y a une lacune dans la loi. Or, on ne conçoit pas que, dans ce cas, aucune des deux règles opposées ne soit applicable : il faut pouvoir décider, par exemple, que l'on accorde ou que l'on n'accorde pas le divorce, et le principe général de liberté ne fournit aucune réponse à la question. Mais il y a plus. En droit administratif l'existence d'une lacune ne donne aucune liberté d'agir à l'administration : au contraire, elle limite la liberté d'action du pouvoir administratif, même quand celui-ci devrait pouvoir agir pour s'acquitter de sa mission (38).

Il résulte de tout ce que nous venons de dire que l'on ne peut pas, purement et simplement, identifier l'existence de lacunes avec l'incomplétude d'un système formel, comme le voudraient certains formalistes (39). Un système formel est incomplet quand, des axiomes du système, au moyen de règles de déduction admises, on ne peut déduire une proposition que l'on peut formuler dans ce système, ni sa négation. Mais on ne parlera de lacune en droit que si des tentatives d'interpréter la loi n'ont pas donné de résultat satisfaisant. Or les controverses juridiques concrètes démontrent que, bien souvent, on constate, à ce propos, un désaccord entre les interprètes, ce qui entraîne, par voie de conséquence, un désaccord quant à l'existence ou à l'inexistence même de la lacune.

30. Traditionnellement on distingue trois espèces de lacunes : les lacunes *intra legem*, *praeter* ou *contra legem*.

La lacune *intra legem* est une lacune résultant d'une omission du législateur, quand, par exemple, la loi prescrit l'élaboration de dispositions complémentaires qui n'ont pas été promulguées. Ainsi, comme nous le signale le professeur Ziembiński (40), « selon l'article 2, alinéa 2, de la Constitution de la République Populaire de Pologne du 22 juillet 1952, les députés de la Diète (*Seym*) sont révocables par les électeurs qui les avaient élus au suffrage universel. Mais aucune loi concernant la révocation des députés à la Diète n'a été instituée depuis 1952; la révocation d'un député est, par conséquent, impossible. La Constitution mentionne l'institution de la révocation d'un député (c'est-à-dire ordonne de ne pas respecter le mandat d'un député qui a été révoqué par les électeurs), mais faute de règles d'organisation construisant la

(38) Cf. H. Buch, « Les lacunes en droit administratif », *ibid.*, p. 455.
(39) U. Klug, « Observations sur le problème des lacunes en droit », *ibid.*, p. 97.
(40) Z. Ziembiński, « Les lacunes de la loi dans le système juridique polonais contemporain et les méthodes utilisées pour les combler », *ibid.*, p. 132-133.

procédure de cet acte, la révocation devient irréalisable. C'est un exemple typique d'une lacune de construction ».

Mais de pareilles situations sont relativement rares. Dans la plupart des cas, les lacunes sont créées par les interprètes qui, pour l'une ou l'autre raison, prétendent que tel domaine devrait être régi par une disposition normative, alors qu'il ne l'est pas expressément, qui affirment donc l'existence d'une lacune *axiologique*, c'est-à-dire d'une lacune *praeter legem*. Mais pour d'autres interprètes le système n'est pas lacunaire, soit qu'ils étendent par analogie la portée de la loi, soit qu'ils prétendent que le domaine en question ne relève d'aucune réglementation, qu'il tombe dans le champ de ce qui échappe au droit, de ce que le professeur Carbonnier a qualifié de *non-droit* (41).

Enfin, les cas les plus flagrants sont ceux où des interprètes, désirant éviter l'application de la loi, dans une espèce donnée, en restreignent la portée par l'introduction d'un principe général qui la limite, et créent ainsi une lacune *contra legem*, qui va à l'encontre des dispositions expresses de la loi.

Un excellent exemple en est fourni par un arrêt de la Cour de cassation de Belgique du 15 juillet 1907 (*Pas.*, 1907.I.334), concernant un Belge qui « avait commis, en France, un attentat à la pudeur sans violence, ni menace, sur la personne d'une Française âgée de 13 ans. Fait non punissable en France à l'époque. La Cour de cassation a décidé que le prévenu ne pouvait pas être condamné pour la raison que la loi belge ne saurait avoir pour effet d'accorder aux étrangers sur leur propre territoire, une protection qu'ils ne trouvent pas dans leur loi nationale. Or, incontestablement, les textes obligeaient le juge belge à condamner ce Belge poursuivi en Belgique. Les articles 7, 8 et 14 de la loi du 17 avril 1818, dans leur rédaction de l'époque, étaient formels : l'inculpé devait être jugé d'après les dispositions des lois belges. La Cour de cassation en décida autrement. En se basant sur la *recherche du fondement* du droit pénal : selon elle, la protection des victimes. La solution eût été différente si la Cour suprême avait retenu l'idée d'un droit pénal exemplaire, ou de défense sociale, ou même purement rétributif » (42).

La Cour de cassation restreint la portée d'un texte légal, en arguant du but de la loi pénale, et en invoquant un principe général qui ne se trouve dans aucun texte de droit positif. Dès que la loi pénale ne s'applique pas, parce que ce cas n'aurait pas été prévu par elle, on se trouve en présence d'une lacune, dont l'effet sera d'innocenter le prévenu. Mais qui ne voit que, pour les adversaires du système adopté par la Cour de cassation, et en tout cas, pour les parti-

(41) J. CARBONNIER, *Flexible droit*, L.G.D.J., Paris, 2e éd., 1971, Droit et non-droit, p. 5-60 ; V. aussi H. COMES, *Der rechtsfreie Raum*, Duncker & Humblot, Berlin, 1976.

(42) Cf. R. LEGROS, « Considérations sur les lacunes et l'interprétation en droit pénal », dans *Le problème des lacunes en droit*, p. 388.

sans de l'école de l'exégèse, la Cour a simplement violé la loi, en créant artificiellement une lacune *contra legem* ?

Nous voyons ainsi comment, la notion même de lacune, qui, pour les partisans de l'interprétation stricte de la loi, devrait se limiter aux lacunes *intra legem*, aux lacunes de construction, a été élargie par les tenants d'une autre conception de l'interprétation légale, l'interprétation téléologique, fonctionnelle et sociologique. Ils utiliseront les techniques de qualification et d'interprétation, les antinomies et les lacunes, dans la doctrine et la jurisprudence, pour accroître le rôle du juge et l'émanciper progressivement de la tutelle du législateur.

2

Les conceptions téléologique, fonctionnelle et sociologique du droit

31. Nous avons vu, à propos de l'Ecole de l'exégèse, comment, sous l'influence du rationalisme moderne, le droit a été assimilé à un système déductif, sur le modèle des systèmes axiomatiques de la géométrie ou de l'arithmétique. Les tenants du positivisme juridique, tel qu'il s'est manifesté dans l'Ecole de l'exégèse, s'opposent aux partisans du droit naturel et de la jurisprudence universelle, parce que les axiomes sur lesquels ils fondent leur déduction ne sont pas rationnels, valables partout et toujours, mais se trouvent dans des textes légaux, expression de la volonté du législateur. Si ces textes peuvent varier d'Etat à Etat, et d'époque à époque, les conséquences qu'on en tirera devraient néanmoins s'imposer d'une façon uniforme, grâce à l'exégèse et à la déduction, à tous ceux qui auraient à appliquer la loi dans des cas d'espèce.

S'il existe des obstacles à cette assimilation du droit à un système déductif, à savoir le silence, l'obscurité et l'insuffisance de la loi, la doctrine aura pour mission d'y remédier, en présentant des solutions « scientifiques » aux difficultés.

Pour éviter l'obscurité de la loi, résultant du vague et de l'ambiguïté de ses termes, il fallait que la doctrine et la jurisprudence s'efforcent de définir, d'une façon aussi claire que possible, tous les termes dont la loi fait usage : c'était le rôle de la célèbre *Begriffsjurisprudenz*, de la doctrine des concepts, fixant, une fois pour toutes, le sens des termes juridiques, de façon à permettre, à partir des textes légaux, un raisonnement aussi strict que dans un système mathématique. Grâce à cette méthode on espérait, sinon éliminer entièrement, du moins réduire fortement, toutes les ambiguïtés qui favorisaient les controverses et diminuaient la sécurité juridique.

Il fallait aussi veiller à ce que le système de droit, élaboré à partir des textes par l'Ecole de l'exégèse, ne contienne pas d'antinomies, de conflit de lois, en formulant des règles générales de solution d'antinomies, par l'indication de critères qui permettraient d'écarter l'une des deux lois apparemment applicables au cas d'espèce.

Il fallait enfin, et c'était le plus délicat, trouver des techniques grâce auxquelles le juge pourrait combler les lacunes de la loi, en admettant un principe général de liberté, tel que « ce qui n'est pas interdit est permis », « le doute profite à l'accusé » et d'autres règles de même espèce ou, éventuellement, en recourant à un raisonnement *a pari* ou *a contrario*, par analogie ou par antithèse, qui guiderait le juge d'une façon suffisante, même devant ce qui paraîtrait, au premier abord, comme un exemple du silence de la loi.

Dans la deuxième moitié du XIXe siècle, en prolongeant les efforts de l'école historique de Savigny, l'étude historique du droit romain, telle qu'elle a été entreprise par Jhering, a conduit graduellement à un changement de perspective, à une vision fonctionnelle du droit, qui devient dominante vers la fin du siècle.

Selon cette conception, le droit ne constitue pas un système plus ou moins fermé, que les juges doivent appliquer en utilisant les méthodes déductives, à partir de textes convenablement interprétés. C'est un moyen dont le législateur se sert pour atteindre ses fins, pour promouvoir certaines valeurs. Mais, comme il ne peut pas se contenter d'énoncer ces fins, de signaler ces valeurs, car cette façon de faire introduirait dans le droit une imprécision et une insécurité inadmissibles, il doit formuler, avec une certaine précision, des règles de conduite, indiquant ce qui est obligatoire, permis ou interdit, en vue d'atteindre ces fins et de réaliser ces valeurs. Par conséquent, le juge ne peut plus se contenter d'une simple déduction à partir de textes légaux ; il doit remonter du texte à l'intention qui a guidé sa rédaction, à la volonté du législateur, et interpréter le texte conformément à cette volonté. Car ce qui compte, avant tout, c'est la fin poursuivie, l'esprit plus que la lettre de la loi.

Le juge s'inspire parfois non de l'esprit de la loi, mais de l'esprit du droit, tel qu'il a pu se manifester dans d'autres textes du même système de droit. C'est ainsi qu'une décision du Reichsgericht allemand du 11 mars 1927 (R. Ger.Str. Bd 61, p. 242 et suiv.) avait acquitté un médecin coupable d'avoir fait avorter une femme en danger de mort, alors que l'article 54 du Code pénal allemand ne prévoyait pas cette exception dans la loi qui interdisait l'avortement volontaire (1).

(1) Cf. K. ENGISCH, *Einführung in das juristische Denken*, 1977[7], p. 143-145.

Les juges avaient longuement motivé leur décision en arguant du fait que le législateur attachait plus d'importance à la vie de la mère qu'à celle du fœtus, puisqu'il punissait plus sévèrement l'homicide que l'avortement.

Le rôle de la doctrine ne se bornera plus à déterminer exactement le sens des termes employés, mais sera plutôt une recherche théorique de l'intention qui a présidé à l'élaboration de la loi, telle qu'elle s'est manifestée dans les travaux préparatoires. Et cette recherche paraissait d'autant plus impérieuse que, avec le passage du temps et l'évolution sociale et technique, de plus en plus souvent les moyens indiqués dans les textes paraissaient inadaptés aux fins poursuivies.

32. Les quelques exemples analysés dans le paragraphe 24 permettent de clarifier le changement qui s'est opéré. Reprenons leur analyse.

Quand un règlement interdit au voyageur de monter sur les perrons de la gare accompagné d'un chien, faut-il prendre ce texte à la lettre, et nier qu'il doive s'appliquer à d'autres animaux dont la présence produirait les mêmes inconvénients, et peut-être même des inconvénients plus graves que ceux qu'occasionnerait la présence d'un chien, expressément prohibée ?

Quand un texte considère comme une circonstance aggravante, pour un vol, d'avoir été commis de nuit, ce que l'on a voulu empêcher, en le punissant plus sévèrement, c'est que le voleur ne profite de l'obscurité et du sommeil de ses victimes, pour commettre plus facilement ses méfaits. Faut-il, dans ce cas, prendre le texte de la loi à la lettre et considérer comme une circonstance aggravante un vol commis à minuit même s'il fut perpétré dans un casino brillamment éclairé, au milieu d'une foule de gens ?

De même, ce que la loi allemande a voulu prévenir, en interdissant les défilés organisés le 1er mai derrière un drapeau rouge, ce n'est pas l'usage d'un drapeau d'une couleur déterminée. Ce n'est pas la couleur qui paraissait contraire à l'ordre public, mais la manifestation publique de sentiments révolutionnaires, la couleur du drapeau n'ayant en l'occurrence, qu'une valeur purement symbolique : la qualification du délit restait inchangée aussi longtemps qu'on n'avait pas à hésiter sur la portée de la manifestation.

Dans la controverse qui a opposé, en 1957, le professeur Hart d'Oxford au professeur Fuller de Harvard, relative aux problèmes que soulève l'interprétation de la loi (1 *bis*), le professeur Hart a donné comme exemple un règlement interdisant à des véhicules de pénétrer dans un parc public. Il avait indiqué que, dans certains cas à la limite, *limiting cases*, on pouvait hésiter, et se demander si une voiture d'en-

(1 *bis*) Cf. HART, « Positivism and the separation of law and morals » et FULLER, « Positivism and fidelity to law, a reply to professor Hart », *Harvard Law Review*, 1958.

fant ou une trottinette, par exemple, devaient être qualifiées de véhicules dans le sens du règlement. A cela le professeur Fuller réplique que si une association d'anciens combattants avait voulu ériger un monument, en souvenir de la dernière guerre, en plaçant, au milieu de la pelouse d'honneur, un char d'assaut enlevé à l'ennemi, fallait-il interdire l'introduction de ce char dans le parc sous prétexte que c'est incontestablement un véhicule et que le règlement ne peut manquer de s'y appliquer ?

On peut fournir des exemples moins exceptionnels pour illustrer la conception fonctionnelle de l'interprétation juridique. Supposons qu'un agent de police soit posté à l'entrée du parc pour faire observer le règlement communal. Devrait-il interdire l'entrée d'une ambulance venue chercher la victime d'un accident cardiaque, ou même celle d'un taxi appelé pour conduire à l'hôpital un enfant qui s'est cassé la jambe lors d'une chute malencontreuse ? Doit-il empêcher l'entrée d'une voiture de service chargée du ramassage des feuilles et des branches cassées par le vent ?

Tel qu'il est formulé, le règlement ne prévoit aucune exception. Mais on ne peut pas exclure la possibilité de cas de force majeure, de situations spéciales pour lesquelles on admettrait une dérogation. Si l'on s'en tient, non à la lettre du règlement, mais à son esprit, à l'intention qui a présidé à son adoption, le désir de sauvegarder la tranquillité et la sécurité dans un lieu où les enfants et les promeneurs ne soient pas incommodés ou menacés par des voitures, on conçoit que, quand une valeur plus importante est en jeu, quand il s'agit de sauver une vie, de soigner un accidenté, de permettre au service de nettoyage d'accomplir sa fonction, on envisage et admette facilement une exception à la lettre du règlement (2).

Cet exemple nous montre ce que le recours à la volonté du législateur, pour interpréter un texte légal, peut avoir d'ambigu. S'agit-il d'une volonté nettement exprimée ? Ce ne sera le plus souvent que celle d'un ministre ou d'un député, au mieux celle d'une petite fraction du corps législatif. Le cas le plus sûr est encore celui où cette volonté s'est exprimée par un vote sur un point particulier, soit en acceptant soit en rejetant un amendement à la loi.

Mais, la plupart du temps, les questions qui font l'objet d'une controverse juridique n'ont pas fait l'objet d'un débat au Parlement, ou ont donné lieu à un compromis qui laisse non résolus les problèmes les plus délicats. Dans ce cas en invoquant la volonté du législateur, on se réfère à une intention présumée, et même parfois entièrement fictive, que l'on attribue à un législateur raisonnable (2 *bis*).

(2) Ch. PERELMAN, « Droit, logique et épistémologie », dans *Le droit, les sciences humaines et la philosophie*, Vrin, Paris, 1973, p. 433.

(2 *bis*) V. en ce sens, le célèbre article de H. CAPITANT, « L'interprétation des lois d'après les travaux préparatoires », D.H. 1935. Chron., p. 77. — Comp. M. COUDERC, « Les travaux préparatoires de la loi ou la remontée des enfers », D. 1975. Chron., p. 249.

33. En se référant à l'expérience professionnelle des juristes, le professeur Tarello, dans sa communication consacrée à la spécificité du raisonnement juridique (3), a examiné treize types d'arguments qui permettent d'interpréter les textes en fonction de l'intention que l'on attribue au législateur.

Ces arguments ne relèvent pas de la logique formelle, car ils concernent non la forme, mais la matière du raisonnement, l'établissement de prémisses à partir de textes. Les voici (4) :

I. — L'argument *a contrario.*
II. — L'argument *a simili* ou l'argument analogique.
III. — L'argument *a fortiori.*
IV. — L'argument *a completudine.*
V. — L'argument *a coherentia.*
VI. — L'argument psychologique.
VII. — L'argument historique.
VIII. — L'agument apagogique.
IX. — L'argument téléologique.
X. — L'argument économique.
XI. — L'argument *ab exemplo.*
XII. — L'argument systématique.
XIII. — L'argument naturaliste.

Examinons-les plus en détail.

I, II, III. — Les trois premiers types d'arguments, que nous avons déjà eu l'occasion de signaler, sont les plus connus, dans la mesure où rares sont les raisonnements juridiques qui puissent s'en passer. Ils ressemblent, en effet, à des techniques d'interprétation littérale d'un texte, mais en sont néanmoins assez différents pour que l'on doive, pour y avoir recours, se référer à la volonté du législateur.

L'argument *a contrario* « est un procédé discursif d'après lequel, une proposition juridique étant donnée, qui affirme une obligation (ou une autre qualification normative) d'un sujet (ou d'une classe de sujets), faute d'une autre disposition expresse, on doit exclure la validité d'une proposition juridique différente, qui affirme cette même obligation (ou une autre qualification normative) à l'égard de tout autre sujet (ou classe de sujets) » (5).

C'est ainsi que si une disposition oblige tous les jeunes gens, ayant atteint l'âge de vingt ans, à accomplir leur service militaire, on en conclura, *a contrario*, que les jeunes filles ne sont pas soumises à la même obligation.

(3) Cf. le volume complémentaire des actes du Congrès de Bruxelles de 1971, *Die juristische Argumentation*, Archiv für Rechts-und Sozialphilosophie, Beih eft, Neue Folge 7, Steiner, Wiesbaden, 1972, p. 103-124.
(4) *Ibid.*, p. 104-108.
(5) Tarello, *ibid.*, p. 104.

Remarquons qu'on ne devrait pas recourir à l'argument, mais à une interprétation littérale si la disposition disait expressément que *seuls* les jeunes gens sont soumis à l'obligation sus-mentionnée. En effet, en l'absence de cette restriction, on aurait pu raisonner *a simili* ou par analogie, en disant que, une proposition juridique étant donnée, qui affirme une obligation juridique relative à un sujet ou à une classe de sujets, cette même obligation existe à l'égard de tout autre sujet, ou classe de sujets, ayant avec le premier sujet (ou classe de sujets) une analogie suffisante pour que la raison qui a déterminé la règle à l'égard du premier sujet (ou classe de sujets) soit valable à l'égard du deuxième sujet (ou classe de sujets). C'est ainsi que le fait d'avoir interdit à un voyageur de monter sur le perron accompagné d'un chien nous conduit à la règle qu'il faut également l'interdire à un voyageur accompagné d'un animal tout aussi incommode.

L'argument *a fortiori*, dont on peut distinguer deux formes, l'argument *a minori ad maius* et *a maiori ad minus*, « est un procédé discursif d'après lequel, une proposition étant donnée, qui affirme une obligation (ou une autre qualification normative) d'un sujet (ou classe de sujets), on doit conclure à la validité et à l'existence comme disposition juridique, d'une différente disposition juridique qui affirme cette même obligation (ou une autre qualification normative) d'un autre sujet (ou classe de sujets) qui soit (ou soient) en état de mériter, à plus forte raison que les premiers, la qualification normative que la première disposition accordait à ceux-ci » (6).

La première forme, *a minori ad maius* s'applique dans le cas d'une prescription négative, la deuxième *a maiori ad minus*, dans le cas d'une prescription positive. Exemples du premier cas : s'il est interdit de blesser, il est interdit de tuer ; s'il est interdit de marcher sur le gazon, il est *a fortiori*, interdit d'arracher ce gazon.

La deuxième forme se manifeste dans le brocard : « Qui peut le plus, peut le moins ». Si l'article 2265 du Code civil déclare que « celui qui acquiert de bonne foi et par juste titre un immeuble en prescrit la propriété par dix ans, si le véritable propriétaire habite dans le ressort de la Cour d'appel dans l'étendue de laquelle l'immeuble est situé ; et par vingt ans, s'il est domicilié hors dudit ressort », on peut dire grâce à un raisonnement *a maiori ad minus* que, de la même façon, on pourra devenir titulaire de tout autre droit réel, moins important que celui de propriété.

M. Kalinowski présente cet argument comme une thèse qui relève de la logique formelle (7), à condition que tout ce qui est moins important soit inclus dans ce qui est considéré comme plus important (« Si tous les X peuvent faire A et tout B est A, alors tous les X peuvent faire B »).

(6) Tarello, *ibid.*, p. 105.
(7) Kalinowski, *Introduction à la logique juridique*, p. 163-164.

Mais un exemple montrera que cette réduction n'est pas toujours possible, et qu'il ne s'agit pas d'une règle que l'on puisse formaliser.

A première vue, il semble que celui qui est autorisé à acheter dans un débit de boissons trois bouteilles d'alcool puisse acheter une seule bouteille, car tout groupe de trois bouteilles contient une bouteille. Pourtant l'article 2 de la célèbre loi Vandervelde, du 29 août 1919, réglementant en Belgique le commerce de boissons spiritueuses, autorise ces opérations « pour autant que chaque vente ou livraison comporte au moins deux litres ». Mais il était interdit aux commerçants de vendre des quantités moindres.

Le but de cette loi, d'apparence paradoxale, a été d'empêcher les salariés de prélever, chaque semaine, une part de leur salaire pour l'achat de boissons spiritueuses, car le coût de deux litres d'alcool dépassait le salaire hebdomadaire moyen. La loi n'empêchait en rien l'achat de quantités plus importantes d'alcool, car elle visait essentiellement la protection de l'ouvrier et de sa famille. Elle a d'ailleurs parfaitement rempli son rôle éducatif. Et elle fournit un excellent exemple du fait que l'argument *a maiori ad minus* n'est pas de nature purement formelle.

IV. — L'argument *a completudine* ou de la complétude du système juridique « est un procédé discursif d'après lequel, puisqu'on ne trouve pas de proposition juridique attribuant une qualification juridique quelconque à chaque sujet par rapport à chaque comportement matériellement possible, on doit conclure à la validité et à l'existence d'une disposition juridique attribuant aux comportements non réglés de chaque sujet une qualification normative, particulière : ou toujours indifférents ou toujours obligatoires, ou toujours interdits, ou toujours permis » (8).

Cet argument est fondé sur l'idée que tout système juridique est complet, et doit donc contenir une règle générale concernant tous les cas qui ne sont pas réglés par des dispositions particulières. Cette conception, assez répandue au XIXe siècle, car elle était complémentaire de l'idée que le juge n'avait pas à participer à l'élaboration du droit, supposait l'absence de lacunes, et donc aussi d'antinomies, car celles-ci résultent de l'absence d'une règle permettant d'écarter l'application d'une des deux règles incompatibles, dans une espèce donnée. Elle est, par ailleurs, opposée à l'idée qu'il existe des comportements que le droit ne régit pas (« le non-droit »), et qui échappent, par ce fait, à la compétence de tout tribunal.

V. — L'argument *a coherentia* est celui qui, partant de l'idée qu'un législateur raisonnable — et que l'on suppose aussi parfaitement prévoyant — ne peut pas régler une même situation de deux façons incompatibles, il existe une règle permettant d'écarter l'une

(8) TARELLO, *ibid.*, p. 105-106.

des deux dispositions provoquant l'antinomie. Cet argument permet au juge d'intervenir pour résoudre l'antinomie, mais si l'on s'en tient strictement à l'hypothèse de la cohérence du droit cette solution préexisterait dans le système juridique.

VI. — L'argument *psychologique* consiste dans la recherche de la volonté du législateur concert, grâce au recours à des travaux préparatoires. Cet argument, qui est utilisé plus fréquemment quand il s'agit d'une loi récente, a été un de ceux qu'a analysés le professeur G. Lazzaro dans son étude sur l'argumentation des juges, illustrée par des arrêts de la Cour de cassation d'Italie (9). De telles recherches permettent de préciser la raison de la loi, en reconstruisant l'intention du législateur, en songeant au problème concret qu'il avait à résoudre, aux principes auxquels il se réfère, aux amendements apportés au projet primitif. Cette argumentation permet, plus particulièrement, de réfuter une interprétation de la loi qui aurait pu paraître plausible en l'absence de ces indications (10).

VII. — L'argument *historique*, ou de présomption de continuité, suppose que le législateur est conservateur, c'est-à-dire qu'il reste fidèle à la manière dont il a voulu régler une certaine matière, à moins de modifier expressément les textes légaux. Notons que cet argument est parfois écarté, au profit d'autres arguments, sans quoi il n'y aurait jamais eu de renversement de jurisprudence (11).

VIII. — L'argument *apagogique*, ou de réduction à l'absurde, selon laquelle on suppose que le législateur est raisonnable, et qu'il n'aurait pas pu admettre une interprétation de la loi qui conduirait à des conséquences illogiques ou iniques (12). Nous aurons à revenir sur cette dernière argumentation, parce qu'elle sera au centre de tous les raisonnements qui se préoccupent des conséquences d'une décision judiciaire, du fait qu'elle est juste ou injuste, et qui s'écartent par là d'une conception purement positiviste du droit. Cette façon de raisonner, quoique pas entièrement absente à l'époque que nous examinons, sera plus répandue après la deuxième guerre mondiale.

IX. — L'argument *téléologique*, concernant l'esprit et le but de la loi, que l'on ne reconstitue pas, cette fois, à partir de l'étude concrète des travaux préparatoires, mais à partir de considérations sur le texte même de la loi. Cette façon plus abstraite d'argumenter s'impose quand l'étude historique ne permet pas d'éclairer l'interprète, parce que les problèmes soulevés sont nouveaux et ne se posaient pas à l'époque.

(9) G. Lazzaro, « Argomenti dei Giudici », extrait de *Argomentazione Giuridica*, Torino, 1970, 114 p.
(10) G. Lazzaro, *ibid.*, p. 73 94.
(11) G. Lazzaro, *ibid.*, p. 53-72.
(12) G. Lazzaro, *ibid.*, p. 95-114.

X. — L'argument *économique* ou hypothèse du législateur non redondant. Il affirme essentiellement qu'une interprétation doit être écartée, parce que, si elle était admise, le texte se bornerait à répéter ce qui résulte d'un texte légal antérieur, et qu'il deviendrait, par le fait même, superflu. Mais cet argument ne s'impose pas toujours, car il se peut qu'une réglementation particulière ne soit que l'application d'un principe général (13).

XI. — L'argument *ab exemplo* qui permet d'interpréter la loi conformément aux précédents, à une décision antérieure ou à la doctrine généralement admise.

XII. — L'argument *systématique* part de l'hypothèse que le droit est ordonné, et que ses diverses normes forment un système, dont les éléments peuvent être interprétés en fonction du contexte où ils se trouvent insérés.

XIII. — L'argument *naturaliste*, ou de la nature des choses, ou hypothèse du législateur impuissant.

Cet argument conclut du fait, que dans une situation donnée, un texte de loi est inapplicable, car la nature des choses s'y oppose. Nous verrons plus tard, comment une pareille situation peut se présenter (13 *bis*).

34. La conception fonctionnelle du droit ne voit en celui-ci qu'un moyen en vue d'une fin recherchée par le législateur. « Le droit positif, selon la définition de Lon Fuller, n'est qu'une entreprise qui vise à subordonner la conduite humaine à la direction des règles » (14)

Cela exclut l'assimilation d'un système de droit à un système mathématique ou à un jeu, car un système purement formel, et un jeu avec ses règles, n'étant pas des moyens visant à réaliser une fin sociale, n'ont pas à prendre en considération les conditions de leur fonctionnement efficace. Mais le droit ne se comprend qu'en rapport avec le milieu social auquel il est applicable. Si ce milieu se transforme, sous l'influence de nouveautés techniques ou d'un changement dans les mœurs ou dans les valeurs socialement admises, le rôle du juge est-il d'invoquer l'argument historique, et la présomption de continuité qu'il implique, ce qui conduit à une conception statique de l'interprétation judiciaire, ou peut-il adapter le texte d'une façon dynamique, en considérant que la loi n'a pas prévu cette nouvelle situation et que, devant une lacune de la loi, il doit décider « selon les règles qu'il établirait s'il avait à faire acte de législateur » (art. 1er du Code suisse des obligations de 1911) ?

(13) G. Lazzaro, *ibid.*, p. 31-52.

(13 *bis*) Le professeur Tarello a repris le problème de l'argumentation dans l'interprétation de la loi dans une étude récente : « L'argomentazione dell'interpretazione » dans les *Annales de la Faculté de Droit de l'Université de Gênes*, 1977, vol. XVI, p. 997 à 1012.

(14) Lon Fuller, *The Morality of Law*, Yale University Press, New Haven, 1964, p. 96 (Law is the enterprise of subjecting human conduct to the governance of rules).

Une réponse à cette question ne peut pas être générale, car l'on conçoit que, dans certains domaines, tels que le droit pénal et le droit fiscal, le juge soit bien plus conservateur que dans d'autres. Néanmoins, il arrive, même en droit pénal, que, devant une situation analogue, et ayant à appliquer des textes très semblables, deux Cours de cassation arrivent à des conclusions différentes, l'une d'elles adoptant une interprétation statique et l'autre une interprétation dynamique. C'est ce que nous pouvons observer en analysant les décisions des Cours suprêmes d'Allemagne et des Pays-Bas en face d'un nouveau problème, celui posé par le vol d'électricité.

L'article 242 du Code pénal allemand définit le vol comme le fait de soustraire, dans le but de se l'approprier d'une façon illicite, un objet meuble qui appartient à autrui. A deux reprises, le Tribunal d'Empire (*Reichsgericht*, V. 29, p. 111 et s. et V. 32, p. 165 et s.) a refusé de considérer le vol d'électricité comme tombant sous le coup de l'article 242, l'électricité n'étant pas un objet, de sorte que, en 1900, le Parlement allemand a été obligé de voter un nouvel article (l'article 248) pour rendre ce vol punissable. Et encore, comme le texte précisait que le vol devait s'effectuer au moyen d'un conducteur, le Tribunal d'Empire a refusé de subsumer sous cet article un vol s'effectuant d'une autre façon (par l'introduction d'un faux jeton dans un appareil automatique, par exemple), de sorte que le Parlement a dû voter, en 1935, une deuxième loi, devenue l'article 265 du Code pénal, punissant tout usage abusif d'un appareil automatique (15).

Par contre la Haute Cour des Pays-Bas (Hoge Raad), n'a pas hésité à subsumer un vol d'énergie électrique sous l'article 310 du Code pénal néerlandais qui parle de la soustraction d'un bien (*goed*) (arrêt du 23 mai 1921, W 10798, W.J., 1921, 568) (16). Il a assimilé, par extension, l'énergie électrique à un bien, alors que le législateur, qui ne connaissait pas ce genre de vol, ne l'avait certainement pas envisagé au moment où il a adopté la loi.

Ceci soulève une question fondamentale : dans quelle mesure est-ce la tâche du juge, plutôt que du législateur, d'adapter les textes légaux aux nécessités sociales ? Faut-il, comme le montre l'exemple du vol d'électricité, que le juge ne prenne aucune initiative dans ce domaine et, en attendant celle du législateur, qu'il retarde d'autant l'ajustement du droit aux besoins sociaux, ou faut-il qu'il se charge lui-même de cette tâche de mise à jour, en modifiant, quand la nécessité s'en fait sentir, la jurisprudence antérieure ? Il y a des cas où les tribunaux, comme dans l'affaire *Rossi*, tout en faisant appel au législateur, se refusent à innover ; mais il y en a d'autres, où ils n'hésitent pas à le faire. C'est ainsi que, malgré l'article 1119 du Code civil, qui

(15) Cf. K. ENGISCH, *Einführung in das juristische Denken* (1956), 1977[7], p. 46-47.

(16) Cf. R. L. DRILSMA, *De woorden her wet of de wil van de wetgever*, North Holland, Amsterdam, 1948, p. 123.

empêche en général la stipulation au profit d'un tiers, ce qui constituait une entrave au développement d'une branche importante des assurances, l'assurance sur la vie, la Cour de cassation de France, par un arrêt du 29 juin 1896 (D. P., 1897.1.73) a décidé que l'assurance sur la vie n'était pas visée par le texte en question.

Le plus souvent le juge continental distingue assez nettement entre la législation en vigueur (*de lege lata*) et la législation souhaitable (*de lege ferenda*) et ne s'arroge pas les pouvoirs du législateur. Pourtant, quand la situation juridique devient insupportable, et que la réforme par voie législative s'avère très difficile, si pas impossible, il lui arrive, pour y remédier, de recourir à des mécanismes spécifiquement juridiques, tels que le recours aux présomptions jurisprudentielles irréfragables et même, à l'extrême rigueur, à la fiction.

35. Nous avons vu, au paragraphe 22, qu'à côté des présomptions de l'homme, existent des présomptions légales *juris tantum*, qui admettent la preuve contraire et, pour cette raison, relèvent du domaine de la preuve. Ces présomptions résultent le plus souvent d'une disposition légale : mais elles peuvent aussi être d'origine jurisprudentielle, telle que la présomption de légalité des actes de l'administration, la présomption de constitutionnalité des règlements, qui orientera leur interprétation, le renversement de la présomption, en matière d'accidents de circulation, imposant la charge de la preuve au chauffeur de la voiture qui a renversé un piéton.

Mais à côté des présomptions simples, *juris tantum*, on connaît en droit, des présomptions irréfragables, *juris et de jure*, qui, parce qu'elles n'admettent pas la preuve contraire, ont été souvent assimilées, à mon avis à tort, à des fictions (17). En réalité, en posant une telle présomption, qui peut être d'origine législative ou jurisprudentielle, on crée une règle de droit nouvelle, qui tire des conséquences juridiques d'un état de fait donné. C'est ainsi que quand « l'administration, saisie d'un recours gracieux, garde le silence pendant quatre mois, cela peut signifier qu'elle n'entend pas donner suite à la demande, mais aussi qu'elle a, par négligence, laissé dormir le dossier, ou même qu'elle hésite encore entre le oui et le non. Le législateur (français) a refusé de laisser le juge s'engager dans cette recherche de la signification véritable du silence : il y attache une présomption irréfragable de rejet. La présomption peut correspondre à la véritable intention de l'administration, elle peut aussi en donner une traduction erronée : peu importe. La coïncidence avec la vérité n'est pas exclue, comme elle l'est, par principe, dans la fiction. Mais elle n'est pas recherchée. Peu importe qu'elle se produise ou non. Ce n'est pas elle, mais la version

(17) Cf. à ce propos ma communication « Présomptions et fictions en droit, essai de synthèse », dans *Les Présomptions et les fictions en droit*, p. 342-347.

officielle, donnée par la règle de droit, qui servira de base à la démarche du juriste» (18).

Cette présomption irréfragable a un effet éducatif indéniable car, en donnant au silence de l'administration une interprétation légale, qui ouvre la voie à un recours contre ce qui est considéré légalement comme un refus, elle oblige le fonctionnaire responsable à tenir compte de cette présomption et à se comporter en conséquence. Dorénavant, le fait de ne pas donner suite à une requête pendant plus de quatre mois aura toutes les chances d'être un refus délibéré : l'interprétation légale deviendra conforme à la réalité.

De même, en instaurant en présomption irréfragable l'adage « Nul n'est censé ignorer la loi », personne ne pourra, surtout en droit pénal, présenter comme une excuse valable le fait d'ignorer les prescriptions légales, à moins de prouver une ignorance invincible due au manque de publicité ou de diffusion de textes légaux, ce qui peut constituer un cas de force majeure général, ou à d'autres circonstances extraordinaires (19).

La plupart des règles du droit international privé sont d'origine d'abord doctrinale, puis jurisprudentielle. C'est ainsi que « les jurisprudences française et belge ont consacré la règle existant depuis le XIVe siècle *mobilia personam sequuntur, immobilia vero territorium*, soumettant ainsi la succession mobilière à la loi du domicile du défunt et la succession immobilière à la loi de la situation de l'immeuble » (20). En ce qui concerne les meubles, on peut considérer cette règle comme posant une prétomption irréfragable, qu'il n'y a pourtant pas lieu d'assimiler à une fiction.

36. La fiction juridique, à la différence de la présomption irréfragable, est une qualification des faits toujours contraire à la réalité juridique. Si cette réalité est déterminée par le législateur, sa décision, quelle qu'elle soit, ne constitue jamais une fiction juridique, même si elle s'écarte de la réalité de sens commun. C'est ainsi qu'en accordant la personnalité juridique à des associations, le législateur n'institue pas une fiction juridique, même si l'assimilation des groupements à des personnes physiques s'écarte de la réalité psychologique et morale.

Mais si le juge accorde à un groupement, qui n'a pas la personnalité juridique, le droit d'ester en justice, alors que ce droit est réservé

(18) Cf. J. RIVERO, « Fictions et présomptions en droit public français » *ibid.*, p. 102-103.

(19) Cf. Ch. HUBERLANT, « La présomption de connaissance de la loi dans le raisonnement juridique », *ibid.*, p. 186-228 et G. BOLAND, « La publication des lois et arrêtés, condition du caractère obligatoire et du délai de ercours en annulation : présomptions ou fictions ? », *ibid.*, p. 229-258.

(20) Cf. Marthe WESER, « Présomptions et fictions en droit internationa privé », *ibid.*, p. 146.

par la loi aux seules personnes juridiques, il recourt à une fiction. A moins de prétendre, comme la Cour de cassation de France (arrêt du 28 janv. 1954, D., 1954.7217) « que la personnalité civile n'est pas une création de la loi ; qu'elle appartient en principe à tout groupement pourvu d'une possibilité d'expression collective pour la défense d'intérêts licites, dignes par suite d'être juridiquement reconnus et protégés » (21).

Le recours aux fictions jurisprudentielles est le plus fréquent en droit pénal, quand le jury veut éviter l'application de la loi qu'il trouve injuste, du moins dans les circonstances précises de l'espèce.

Un exemple connu, et caractéristique, est celui de la révolte générale des juges anglais, opposés à la législation en vigueur au début du XIXe siècle, qui prévoyait la peine de mort pour tous les coupables de *grand larceny*, c'est-à-dire de crime majeur, la loi énumérant parmi les crimes majeurs tout vol d'une valeur de 40 shillings au moins. Pendant des années, les juges ont estimé à 39 shillings, au plus, tout vol quel qu'il soit, pour ne pas devoir punir le vol de la peine de mort. Jusqu'au jour où, dans un procès plaidé en 1808, ayant évalué à 39 shillings le vol de 10 livres sterlings, c'est-à-dire de 200 shillings, la fiction devint éclatante, et la loi fut modifiée peu après (22).

En Belgique et en France, dans plusieurs cas d'euthanasie, alors que les faits étaient patents et non controversés, le jury a répondu négativement à la question « L'accusé est-il coupable de la mort de telle personne ? ».

C'est ainsi qu'une mère de famille respectée, ayant sciemment avec l'aide de son médecin catholique, provoqué la mort de son enfant, né monstrueux par suite des effets néfastes, mais inconnus à l'époque, d'une drogue, le softénon, a été céclarée non-coupable par le jury de Liège, alors que ni la loi belge ni la loi française ne distinguent les cas d'euthanasie d'un meurtre pur et simple.

Jusqu'il n'y a pas bien longtemps, la jurisprudence constante de la Cour de cassation de France, et de Belgique, a été de casser un jugement uniquement dans le cas de violation de la loi, et non dans celui de la violation d'une règle de droit, comme le fait depuis la dernière guerre la Cour de cassation d'Allemagne. Mais, bien souvent, devant une décision qui violait non pas une loi, mais un principe général de droit, les cours de cassation, belge ou française, n'hésitaient pas à casser le jugement, en motivant leur arrêt par la violation fictive d'un article du Code, avec lequel le jugement cassé n'avait que des rapports fort lointains, mais que néanmoins la requête en cassation devait indiquer.

(21) Cf. J. Van Compernolle, « La personnalité morale, fiction ou réalité ? », *ibid.*, p. 335.
(22) Cf. à ce propos G. Gottlieb, *The logic of choice*, Allen and Unwin, London, 1968, p. 44.

L'obligation de recourir à la fiction est significative, car elle indique que la réalité juridique constitue un frein inadmissible à la bonne administration de la justice.

« En somme, conclut à ce propos le professeur P. Foriers, on sauvegarde l'apparence et partant le sytème. D'où la possibilité d'un nouveau pas. Si c'est la violation de la règle qui est essentielle, importe peu que cette règle soit écrite *ou non écrite*. Partant, notamment la violation d'un principe général de droit *faisant partie du droit non écrit* peut être invoquée comme telle dans la requête *sans référence à un texte légal*. Il y a là certes certaines difficultés formelles, mais « ces difficultés ne sont pas exceptionnelles », elles relèvent selon M. le Procureur général Ganshof van der Meersch, de la mission de la Cour. « La Cour casse aujourd'hui en se fondant sur les principes généraux du droit. *Il doit s'en déduire que le demandeur*, en tant qu'il invoque le principe général du droit, *satisfait à ses obligations en indiquant exactement celui-ci dans sa requête*» (Ganshof van der Meersch, *Journ. trib.*, Bruxelles), 1970, p. 596).

« La fiction arrive ainsi à son terme grâce à cet artifice. Elle a permis une réforme sage et justifiée à laquelle le législateur eût été bien inspiré de procéder » (23).

Le recours à la fiction jurisprudentielle est l'expression d'un malaise, qui disparaît grâce à l'intervention du législateur ou à une interprétation de la loi qui tient compte de la modification de l'idéologie juridique : on est en train, de plus en plus, d'abandonner l'idée que le droit se limite à la loi écrite : on se trouve déjà dans la troisième phase d'évolution de la pensée juridique postérieure au Code Napoléon.

Nous constatons le même phénomène à l'œuvre quand il s'agit de contrôler la constitutionnalité des lois. Jusqu'à nos jours, mais avec de plus en plus de réticences, la Cour de cassation de Belgique se déclare incompétente pour juger de la constitutionnalité des lois. Mais elle se tire souvent d'affaire en posant, comme une présomption irréfragable, que les lois se conforment à la Constitution et qu'elle a le droit d'interpréter les textes légaux en conséquence. Il s'agit, alors, d'une présomption purement fictive, mais qui ne voit qu'on est en train, comme dans l'exemple précédent, de préparer la voie à un revirement jurisprudentiel (ou peut-être législatif) soumettant la constitutionnalité des lois au contrôle judiciaire (24) ?

Celui qui recourt à la fiction juridique manifeste une révolte contre la réalité juridique, la révolte de celui qui croit n'avoir pas de qualité pour la modifier, mais qui refuse de s'y soumettre, parce que

(23) P. Foriers, « Présomptions et fictions », dans *Les présomptions et les fictions en droit*, p. 25 et 26.

(24) Cf. A. Vanwelkenhuyzen, « La présomption de constitutionnalité de la loi et du décret en droit belge », *ibid.*, p. 263-274.

celle-ci l'obligerait à prendre une décision jugée injuste, inadéquate ou déraisonnable.

Pour y mettre fin, la manière la plus conforme à la tradition, qui soumet le pouvoir judiciaire au législatif, serait de modifier les textes légaux. Mais si le législateur tarde à se manifester, les tribunaux peuvent également mettre fin à la fiction, en réinterprétant les textes, en sortant de l'idéologie positiviste et légaliste du droit, selon laquelle le droit est l'expression de la volonté de la nation, dont le législateur est l'unique porte-parole qualifié, en vertu de la doctrine de la séparation des pouvoirs.

Cette tendance vers l'accroissement du pouvoir des juges, dans l'élaboration du droit, s'est accentuée, suite aux méfaits du régime national-socialiste et au retentissement mondial du procès de Nuremberg. Le regretté professeur Marcić a pu parler, à ce propos, du passage de l'Etat gouverné par les lois à l'État gouverné par les juges (25). Avec cette nouvelle vision des rapports entre le législatif et le judiciaire, va de pair une conception renouvelée du raisonnement juridique, et spécialement judiciaire, qui semble s'imposer, en Occident, dans la deuxième moitié du xxe siècle. C'est à elle que nous consacrerons la troisième section de cette première partie.

(25) René Marcić, *Vom Gesetzesstaat zum Richterstaat*, Springer, Wien, 1957.

3

Le raisonnement judiciaire après 1945

37. Les conceptions modernes du droit et du raisonnement judiciaire, telles qu'elles se sont développées après la dernière guerre mondiale constituent une réaction contre le positivisme juridique, et ses deux aspects successifs, d'abord celui de l'école de l'exégèse, et de la conception analytique et déductive du droit, ensuite celui de l'école fonctionnelle ou sociologique, interprétant les textes légaux en fonction de la volonté du législateur.

Le positivisme juridique, opposé à toute théorie du droit naturel, associé au positivisme philosophique, négateur de toute philosophie des valeurs, a été, en Occident, l'idéologie démocratique dominante jusqu'à la fin de la deuxième guerre mondiale. Il élimine du droit tout recours à l'idée de justice et, de la philosophie, tout recours à des valeurs, cherchant à modeler le droit, comme la philosophie, sur les sciences, considérées comme objectives et impersonnelles, et dont il y a lieu d'éliminer tout ce qui est subjectif, donc arbitraire.

Le positivisme juridique de Hans Kelsen et de son école présente le droit comme un système hiérarchisé de normes, qui diffère d'un système purement formel en ce que la norme inférieur n'est pas déduite de la norme supérieure par des transformations purement formelles, comme en logique ou en mathématiques, mais par la détermination des conditions selon lesquelles pourra être autorisée la création de normes inférieures, l'efficacité du système dépendant de l'adhésion présupposée à une norme fondamentale, la *Grundnorm*, qui sera la Constitution originelle.

Contrairement à un système formel, qui est purement statique, le droit sera conçu comme un système dynamique, la norme supérieure déterminant le cadre dans lequel celui à qui est donnée l'autorité d'exercer un pouvoir légal, législatif, exécutif ou judiciaire, peut choisir librement une ligne de conduite, à condition de ne pas sortir des limites fixées par la norme supérieure.

C'est ainsi que l'huissier pourra effectuer une saisie, conformément à un jugement exécutoire. Le juge pourra rendre sa sentence, dans la mesure où il a été nommé régulièrement, où il a été saisi d'un litige entrant dans le domaine de sa compétence, aussi bien matérielle que territoriale, et s'il se conforme aux prescriptions légales, tant sur le fond qu'en matière de procédure. Le législateur pourra discuter, voter et promulguer des lois, conformément aux règles constitutionnelles et aux pratiques admises. Il en sera de même du pouvoir exécutif, dans la mesure où il se conforme à la Constitution et aux dispositions légales. Seule la norme constitutionnelle, en tant que norme fondamentale, ne devra se conformer à aucune norme préalable.

Mais une fois qu'il a qualité pour agir légalement, et dans la mesure où il se conforme aux règles prescrites, le législateur, l'administrateur ou le juge, est libre de son action, le législateur est libre de voter toute loi qui n'est pas contraire aux normes supérieures, le juge, chargé de dire le droit dans les cas d'espèce, est libre de choisir comme bon lui semble parmi les interprétations admissibles d'un texte donné.

La théorie pure du droit, telle que Kelsen l'a élaborée devrait, pour rester scientifique, éliminer de son champ d'investigations toute référence à des jugements de valeur, à l'idée de justice, au droit naturel, à tout ce qui concerne la morale, la politique ou l'idéologie. La science du droit se préoccupera des conditions de légalité, de validité, des actes juridiques, de leur conformité avec les normes qui les autorisent. Kelsen reconnaît, sans doute, que le juge n'est pas un simple automate, dans la mesure où les lois qu'il applique, permettant des interprétations variées, lui donnent une certaine latitude, mais le choix entre ces interprétations relève non de la science du droit, ni de la connaissance, mais d'une volonté libre et arbitraire, qu'une recherche scientifique, qui se veut objective, et étrangère à tout jugement de valeur, ne peut guider d'aucune façon.

Dans la conception de Kelsen, les rapports entre la volonté et la raison, caractéristiques de la pensée du XVIIIe siècle, selon laquelle la loi est l'expression de la volonté de la nation, et le juge, qui dit le droit dans une espèce particulière, est la raison logique et purement déductive, sont légèrement modifiés. En effet, Kelsen reconnaît que l'indétermination du cadre légal dans lequel le juge exerce son activité, lui fournit l'occasion, non seulement de déduire la solution concrète à partir de la règle générale, mais de procéder librement à une interprétation de la loi, celle-ci résultant d'un choix exercé par sa volonté : le juge parachève l'épure que la loi lui présente avant d'en faire la majeure du syllogisme judiciaire. Mais, en procédant ainsi, en passant de la norme générale à la décision judiciaire, qui constitue une norme particulière, il agit comme un administrateur, chargé d'une fonction, qu'il exerce au mieux en tenant compte de considérations d'opportunité. Les décisions de celui-ci ne pourraient être annulées par le Conseil d'Etat que s'il viole la légalité, en abusant de son pouvoir ou en transgressant les limites des pouvoirs qui lui ont été accordés. Il en serait de même de l'action du juge. La Cour de cassation n'aurait à unifier la jurisprudence que pour autant qu'il lui incombe de déterminer le cadre légal, à l'intérieur duquel les décisions du juge devraient être considérées comme des questions de fait échappant, comme telles, au contrôle de la Cour suprême.

Dans la mesure où le droit n'est pas assimilé à un système déductif, mais est envisagé comme un moyen en vue d'une fin voulue par le législateur, l'étude des prescriptions légales, de leur efficacité et de leur évolution, devrait être entreprise par les méthodes traditionnelles des sciences sociales, les enquêtes, les recherches statistiques, l'observation en droit comparé et, si possible, l'expérimentation. Les conceptions téléologiques et fonctionnelles du droit, après Von Jhering, Saleilles et Gény, qui sonnent, en Allemagne et en France, le glas de l'école de l'exégèse, ont été développées, en même temps que la sociologie juridique, par Eugen Ehrlich, Hermann Kantorowicz, Léon Duguit, Olivier Wendell Holmes et Roscoë Pound, pour ne mentionner que les noms les plus connus. C'est ainsi que le programme élaboré par Roscoë Pound en 1911-1912 en arrive à considérer le droit beaucoup plus comme l'expression de réalités sociales, économiques et politiques, que comme l'expression d'une volonté de diriger et d'orienter ces mêmes réalités.

La réduction du droit à la sociologie, comme si l'élaboration de règles de droit était un phénomène naturel, auquel la volonté et les aspirations des hommes étaient étrangères, est la conséquence qui saute aux yeux, de cette tentative de traiter le droit comme une science.

Elle fait pendant aux inconvénients de la théorie pure du droit de Kelsen, qui sépare d'une façon beaucoup trop rigide le droit du fait, accorde trop à l'arbitraire du juge dans le cadre de la loi, néglige le rôle essentiel de la règle de justice formelle, demandant le traitement égal de situations essentiellement semblables, et refuse toute référence à des jugements de valeur, comme si la justice et l'équité étaient des notions étrangères au droit.

Aussi longtemps que la pratique juridique ne s'écartait pas trop des mœurs, des habitudes et des institutions sociales et culturelles du milieu régi par un système de droit donné, la conception positiviste du droit pouvait exprimer d'une façon suffisante la réalité du phénomène juridique. Mais avec l'avènement de l'Etat criminel que fut l'Etat national-socialiste, il a paru impossible, même à des positivistes avérés, tels que Gustav Radbruch, de continuer à défendre la thèse que « La loi est la loi », et que le juge, en tout cas, doit s'y conformer. Une loi injuste, dira Radbruch (1), n'est pas du droit. Et cette révolte antipositiviste ne sera pas sans importance dans l'Allemagne d'après-guerre, car elle permettra aux tribunaux de condamner un officier, qui avait tué un soldat, absent sans avoir demandé son congé, et qui prétendait s'être conformé à un ordre de Hitler (*Katastrophenbefehl*), qui autorisait tout membre des forces armées de tuer immédiatement tout déserteur, lâche ou traître. Le Tribunal fédéral, par son arrêt du 12 juillet 1951 (B.G.H.Z., 3, 94) a refusé de reconnaître à l'ordre du Führer la qualité d'une règle de droit et a condamné l'officier au payement de dommages à la mère du soldat exécuté sans jugement (2).

Les événements qui se sont passés en Allemagne, après 1933, ont montré qu'il est impossible d'identifier le droit avec la loi, car il y a des principes qui, même s'ils ne font pas l'objet d'une législation expresse, s'imposent à tous ceux pour qui le droit est l'expression, non seulement de la volonté du législateur, mais de valeurs qu'il a pour mission de promouvoir, au premier plan desquelles figure la justice.

Cette réaction à l'égard de la souveraineté, incontestée auparavant, du législateur, signifie-t-elle la renaissance du droit naturel, le retour à la jurisprudence universelle, qui a dominé les XVIIe et XVIIIe siècles ? Certainement pas, dans la mesure où le droit naturel rationaliste croyait pouvoir formuler des principes univoques d'une portée universelle. Mais certainement oui, s'il s'agit de rejeter la conception positiviste, légaliste et étatiste du droit, expression de la volonté arbitraire d'un pouvoir souverain, que ne limite aucune norme et qui n'est soumis à aucune valeur.

38. Ce long détour par l'histoire des idéologies juridiques postérieures au Code Napoléon, nous conduit à une conclusion, qui semble généralement admise aujourd'hui, mais que l'on a perdu de vue dans la conception formaliste et légaliste du droit : le juge ne peut pas se considérer comme satisfait s'il a pu motiver sa décision d'une façon acceptable ; il doit aussi apprécier la valeur de cette

(1) Cf. G. RADBRUCH, *Rechtsphilosophie*, 4e éd., par E. WOLF, 1950, p. 353.

(2) Cf. Heinrich ROMMEN, « Natural law in decisions of the federal supreme Court and of the constitutional Courts in Germany », dans *Natural Law Forum*, 1959, vol. 4, p. 10 et 11.

décision, et juger si elle lui paraît juste, ou, du moins, raisonnable. La Cour de cassation elle-même, qui est pourtant plus attachée que les juges du fond à l'aspect technique de la motivation judiciaire, ne casse pas un arrêt, mal motivé, mais dont le dispositif lui paraît conforme au droit. Elle se contente, dans ce cas, de substituer aux motifs fournis par les juges du fond une motivation plus satisfaisante.

Si le raisonnement juridique est un instrument de justification, indispensable depuis la résolution française dans tout système moderne de droit, le primat est néanmoins accordé au dispositif. Celui-ci doit-il uniquement se conformer à la loi, ou faut-il qu'il satisfasse également à notre besoin de justice et d'équité ?

Mais à ce propos, il faut insister sur le fait que les notions de *justice* et d'*équité* sont vagues et interviennent, non seulement en droit, mais aussi en morale, en politique, en religion. Le juge est-il libre de faire connaître, à ce propos, son appréciation subjective du juste et de l'injuste, quelle qu'en soit l'inspiration, et motiver sa décision par des considérations morales, politiques ou religieuses, pour remplir, d'une façon satisfaisante, la mission qui lui a été confiée ? Peut-il faire fi de la loi et prétendre qu'il accomplit néanmoins sa mission de dire le droit ?

Une réponse affirmative, et qui a fait scandale, a été donnée par le président Magnaud, qui a présidé de 1889 à 1904 le Tribunal de première instance de Château-Thierry. Ses jugements, célèbres à l'époque, ont attiré l'attention des juristes français et étrangers. Ils ont été réunis et édités en deux volumes : *Les jugements du président Magnaud* (1900) et *Les nouveaux jugements du président Magnaud* (1904).

Dans la deuxième édition de son ouvrage, *Méthode d'interprétation et sources en droit privé positif* (1re édition, 1899), le doyen François Gény, qui fut un vrai précurseur de la conception moderne du droit, a consacré une vingtaine de pages à ce qu'il a appelé « Le phénomène Magnaud ». Gény y voyait une caricature de ses propres idées, mettant en évidence leurs inconvénients et, par là, faisant obstacle à leur propagation. Car la méthode qu'il préconisait, à la manière dont elle était représentée par le président Magnaud, « devait aboutir fatalement à l'incertitude et à l'instabilité des solutions positives, partant à une sorte d'anarchie juridique, abolissant tout frein dans les jugements, ruinant toute sécurité dans les affaires. En effet, du moment qu'on laisse descendre le pouvoir de formuler les règles abstraites, de la sphère intangible, où le contenait la plénitude souveraine de la loi, au domaine versatile du jugement individuel, on s'expose à un flottement déconcertant des décisions en droit » (3).

(3) F. GÉNY, *Méthode d'interprétation et sources en droit privé positif*, 2e éd., 1919, vol. 2, p. 287-289.

Le président Magnaud voulait être « le bon juge, favorable aux miséreux, sévère aux privilégiés ». Ne se préoccupant ni de la loi, ni de la jurisprudence, ni même de la doctrine, il se comportait comme s'il était l'incarnation du droit : « C'est l'appréciation subjective, écrit Gény, qui domine et anime, en même temps, tout le processus du jugement du président Magnaud. Celui-ci prétend voir, lui-même, et du premier coup, le motif de la décision. Et, s'il fait intervenir la loi, c'est pour en estimer la valeur à son jugement propre. Aussi, critique-t-il, de haut et sans ménagement, la jurisprudence établie, qui ne répondrait pas à ses vues personnelles. Mais, chose plus grave encore, cette appréciation subjective ne consiste qu'en vagues considérations, plus aptes à toucher le sentiment qu'à affermir la raison, mais qu'il est, en tout cas, impossible de condenser, soit en principes fermes, soit en moyens pratiques, constitutifs, dans leur ensemble, d'un système bien lié » (4).

39. Le fait que le droit, tel que nous le concevons, ne peut pas négliger la sécurité juridique, et qu'il doit, pour cette raison, éviter la subjectivité et l'arbitraire, qu'il constitue une entreprise publique — car le juge tient son autorité de l'Etat qui lui confère compétence et pouvoir — ne permet pas de ramener, purement et simplement, ce qui est juste conformément au droit à ce qui paraît juste à un individu. Ne perdons pas de vue, en effet, que tous les litiges dont l'issue dépend d'une question de droit, opposent des adversaires qui défendent, sur ce point, des thèses diamétralement opposées : l'affirmation que telle thèse est préférable en droit suppose l'existence d'un ordre juridique, car autrement il serait impossible de motiver, d'une façon juridiquement valable, le dispositif du jugement.

Il est rare que, socialement, une solution s'impose d'une façon unanime, sans que l'on parvienne pour autant, dans l'état de la législation, à la motiver d'une façon cohérente. Ce cas n'est pourtant pas à exclure entièrement, car il s'est présenté pendant plus d'un siècle, à propos des décisions judiciaires relatives aux « inconvénients extraordinaires du voisinage » (5).

Prenons le cas d'un propriétaire, ayant reçu l'autorisation de bâtir sur son terrain un immeuble de plusieurs étages et dont la construction a pour effet de supprimer le tirage de la cheminée d'une petite maison adjacente. Le voisin doit-il subir ce dommage sans obtenir réparation ? Et si non, quel motif invoquer pour obliger le propriétaire du grand immeuble à réparer le dommage ? Pendant des années, les tribunaux ont été d'accord pour condamner ce dernier à reconstruire la cheminée de façon à rétablir le tirage, supprimé par la

(4) *Ibid.*, vol. 2, p. 299.
(5) Cf. J. Miedzianagora, *Philosophies positives du droit et droit positif*, L.G.D.J., Paris, 1970, p. 38 à 54.

nouvelle construction. Mais les motivations de ces décisions variaient, et aucune n'était conforme à l'interprétation normale des textes invoqués. La plupart invoquaient l'article 1382 du Code civil « Tout fait quelconque de l'homme qui cause à autrui un dommage, oblige celui par la faute duquel il est arrivé à le réparer ». Il est clair que, normalement, le seul fait de causer un dommage à autrui n'oblige pas à réparer : il faut, de plus, que le dommage soit la conséquence d'une faute. Mais quelle faute pouvait-on reprocher à celui qui construisait, sur son propre terrain, un immeuble conforme à l'autorisation qu'il avait reçue ?

« Certains arrêts, écrit Me Silance (6), considèrent comme constitutif de faute le seul fait de causer au voisin des inconvénients anormaux ou excessifs (arrêts des 4 juill. 1850, *Pas.*, 1851.I.169 ; 5 août 1858, *Pas.*, 1858.I.314 ; 2 janv. 1896, *Pas.*, 1896.I.67) ; l'arrêt du 5 février 1914 (*Pas.*, 1914.I.91) impute à faute l'usage anormal de la propriété qui entraîne des inconvénients excédant les inconvénients normaux du voisinage ; l'arrêt du 17 novembre 1927 (*Pas.*, 1928.I.13) considère comme faute le seul fait de léser le droit de propriété du voisin. La Cour tentait ainsi d'étendre la notion de faute en lui attribuant un contenu purement objectif, suivant la théorie du procureur général Paul Leclercq (arrêt de la Cour de cassation de 1929 *Pas.*, 1929.I.26) : le lésion du droit d'autrui serait en soi un fait illicite, c'est-à-dire une faute. Cette jurisprudence ne fut pas suivie.

Après avoir décidé le 7 avril 1949 (*Pas.*, 1949.I.273) que l'obligation contenue dans l'article 544 du Code civil « trouve sa sanction dans l'article 1382 du Code civil », la Cour y ajoute dans son arrêt du 25 juin 1953 (*Pas.*, 1953.I.857), « que la responsabilité fondée sur l'article 1382 suppose nécessairement une faute » et « qu'en accueillant l'action des défendeurs pour le seul motif que les dégâts dont réparation est demandée ont eu leur cause directe dans les travaux exécutés par le demandeur dans l'immeuble voisin dont il est propriétaire, sans constater que le demandeur a commis une faute, l'arrêt attaqué a violé les dispositions légales visées au moyen » et notamment les articles 544 et 1382 du Code civil.

En équité, la solution admise s'imposait à tous, mais l'absence de motivation satisfaisante empêchait l'établissement de la paix judiciaire : il fallait trouver une construction juridique qui, tout en aboutissant au même résultat, lui fournisse un fondement juridique acceptable.

Deux arrêts du 6 avril 1960 (*Pas.*, 1960.I.932), inspirés par la construction juridique élaborée par De Page et Dekkers (7), abandon-

(6) L. SILANCE, « Un moyen de combler les lacunes en droit : l'induction amplifiante », dans *Le problème des lacunes en droit*, p. 491-492.

(7) DE PAGE et DEKKERS, *Traité élémentaire de droit civil belge*, livre V, IIe partie, p. 814-815. Cf. aussi DABIN, « Le devoir d'indemnisation en cas de trouble du voisinage », *Revue critique de jurisprudence belge*, 1960, p. 286-308.

nent le système antérieur et spécialement la référence à l'article 1382. L'avocat général Mahaux, dont l'avis a été suivi par la Cour se demande « si la confusion qui règne ainsi en doctrine et en jurisprudence », ne doit pas nécessairement amener « à reconsidérer le problème et à se demander si le fondement donné à l'indemnisation cadre avec la notion de faute aquilienne et avec la nature de la réparation que cette faute comporte dans la doctrine classique ». En effet, cette dernière aurait exigé que l'immeuble fautivement construit fût détruit : or cette solution n'était préconisée par personne, car il tombait sous le sens que le coût des terrains, au centre des villes, imposait de bâtir en hauteur comme seule solution du problème économique.

La construction juridique, présentée par l'avocat général Mahaux, et acceptée par la Cour de cassation de Belgique, invoquera un principe, qui n'est énoncé par aucun texte légal, mais dont s'inspirent plusieurs dispositions, tant légales que constitutionnelles : celui de l'égalité des citoyens devant les charges de la vie en société.

Le principe peut être induit, non seulement des articles 6 et 112 de la Constitution belge, qui affirment respectivement l'égalité des Belges devant la loi et l'interdiction de privilèges en matière d'impôts, mais aussi, et plus spécialement, de l'article 11 de la Constitution, qui établit le droit de tous les Belges à une juste et préalable indemnité en cas d'expropriation pour cause d'utilité publique. Par ailleurs plusieurs textes légaux affirment qu'il y a lieu d'indemniser tous ceux auxquels des activités autorisées, et spécialement utiles, causeraient un dommage. Pour trouver une réponse au problème posé par les troubles extraordinaires du voisinage, il suffisait d'appliquer ce principe de l'égalité à l'article 544 du Code civil qui définit le droit de propriété ; c'est la motivation adoptée dans les arrêts du 6 avril 1960 :

« Les propriétaires voisins ayant un droit égal à la jouissance de la propriété, il en résulte qu'une fois fixés les rapports entre leurs propriétés, compte tenu des charges normales résultant du voisinage, l'équilibre, ainsi établi, doit être maintenu entre les droits respectifs des propriétaires.

Attendu que le propriétaire d'un immeuble qui, par un fait non fautif, rompt cet équilibre, en imposant à un propriétaire voisin un trouble excédant la mesure des inconvénients ordinaires du voisinage, lui doit une juste et adéquate compensation rétablissant l'égalité rompue ;

Qu'en effet portant par là atteinte au droit de propriété du voisin, il doit l'indemniser, conformément à la tradition et au principe général consacré notamment par l'article 11 de la Constitution » (8).

(8) Cf. sur ce point J. Miedzianagora, *op. cit.*, 1re partie, Chap. III, « Les inconvénients extraordinaires du voisinage », p. 38-53.

Ces arrêts, ayant fondé en droit une solution équitable, ont pu rétablir, sur ce point, la paix judiciaire.

La jurisprudence française a, quelques années plus tard, connu de ce même problème. Et, comme, la Cour suprême belge, la Cour de cassation française a décidé que le dommage anormal au regard des charges de voisinage justifie le principe d'une réparation pécuniaire même en l'absence de faute de l'auteur du dommage (8 *bis*).

40. La justification trouvée fait appel à un principe général, qu'aucun texte ne formule expressément, mais dont le droit positif fournit plusieurs cas d'application. Il peut donc être dégagé, par induction amplifiante, et fournir la solution de cas non prévus par la loi. On peut donc dire que ce principe général trouve son fondement dans la loi.

Mais à côté de tels principes, que l'école de l'exégèse aurait pu admettre, on constate, après la deuxième guerre mondiale et le procès de Nuremberg, que les tribunaux font appel, de plus en plus souvent, et d'une façon de plus en plus avouée, à des principes généraux du droit, communs à tous les peuples civilisés.

L'idée qui a dominé le procès de Nuremberg était que les crimes abominables commis par les dirigeants de l'Allemagne hitlérienne ne pouvaient pas échapper à la justice, même en l'absence de dispositions légales expresses, à moins de considérer comme telles les règles du droit international public. Il fallait donc, pour respecter le principe *nullum crimen sine lege*, pas de crime sans loi préalable, affirmer l'existence d'un principe général reconnu par les nations civilisées, concernant le respect de la dignité de la personne humaine.

S'agit-il d'un retour au droit naturel classique ? Je dirais plutôt que c'est un retour à la conception d'Aristote qui, à côté de lois spéciales, écrites, affirme l'existence d'un droit général, « tous ces principes non écrits qui sont censés être reconnus partout » (9).

Voici comment ils sont présentés par le procureur général W.J. Ganshof van der Meersch, dans une remarquable mercuriale prononcée à l'audience solennelle de rentrée du 1er septembre 1970 :

« Les principes généraux du droit, qui sont « applicables même en l'absence d'un texte » (arrêt *Aramu*, Conseil d'Etat français, 26 oct. 1945, G.A., p. 260), ne sont pas une création jurisprudentielle et ne sauraient se confondre avec de simples considérations d'équité. Ce ne sont pas non plus des règles coutumières : le juge, en les appliquant

(8 *bis*) Civ. 3e, 19 févr. 1971, *Bull. civ.* III, p. 94 ; 18 juill. 1972, D., 1973. 27 et D., 1974.73, note S. de la Marnierre ; *J.C.P.*, 1972.II.17203, rapport Fabre ; 27 juin 1973, D. 1973. Somm. 195.

(9) *Rhétorique*, I, 1368, b, 8-9.

ou en en contrôlant l'application, ne se réfère pas à la constance dans l'application. Ils ont valeur de droit positif ; leur autorité et leur force ne se rattachent pas à une source écrite ; ils existent en dehors de la forme que leur donne le texte lorsque celui-ci s'y réfère ; le juge les *déclare* ; il en *constate l'existence*, ce qui permet de dire que la détermination des principes généraux du droit n'autorise pas une recherche scientifique libre. Ils se forment en dehors du juge mais, une fois formés, ils s'imposent à lui. Le juge est *tenu* d'en assurer le respect » (10).

De plus en plus, la doctrine et la jurisprudence de nos pays feront appel à de tels principes (11) : la Cour de cassation de Belgique admet actuellement que, instituée pour réprimer les contraventions à la loi, elle pourra casser un arrêt pour violation d'un principe général du droit. Par voie de conséquence, et contrairement à l'interprétation stricte de l'article 1080 du Code judiciaire, qui exige que la requête en cassation contienne « l'indication des dispositions légales dont la violation est invoquée », il suffira au demandeur d'indiquer le principe général du droit que l'arrêt contre lequel il se pourvoit en cassation n'aurait pas respecté (12).

41. L'exemple le plus incontesté d'un principe général unanimement respecté est celui du droit de la défense : *audiatur et altera pars*. Ce principe a été expressément reconnu par la Cour de cassation de Belgique comme « inséparable de tout acte de juridiction » (cass., 2 mai 1961, *Pas.*, 1961.I.926 et 928 ; 21 mai 1963, *Pas.*, 1963.I.1010) (13). Son respect conditionne l'administration impartiale de la justice. Cependant, il y en a d'autres qui ne se réfèrent pas à l'idée de justice, mais à des principes fondamentaux du droit public, tels que celui de la permanence de l'Etat et de la continuité de ses pouvoirs constitués.

Examinons, à ce propos, un arrêt caractéristique de la Cour de cassation de Belgique, rendu peu après la fin de la première guerre mondiale, le 11 février 1919 (*Pas.*, 1919.I., p. 8).

Pendant la guerre 1914-1918, la Belgique ayant été presque entièrement occupée par les armées allemandes, le Roi et le gouvernement belge se trouvant au Havre, le pouvoir législatif était exercé par le Roi *seul*, sous forme d'arrêtés-lois.

(10) W. J. GANSHOF VAN DER MEERSCH, *Propos sur le texte de la loi et les principes généraux du droit*, Bruylant, Bruxelles, 1970, p. 43-44.
(11) *Ibid.*, p. 66.
(12) Cf. *supra*, p. 64, note 23 et W. J. GANSHOF VAN DER MEERSCH, *Propos sur le texte de la loi et les principes généraux du droit*, Bruxelles, Bruylant, 1970, p. 133.
(13) *Ibid.*, p. 122 et, plus spécialement, du même auteur : « Le droit de la défense, principe général de droit », in *Mélanges en l'honneur de Jean Dabin*, 1963, t. II, p. 594-614. — V. également J. BOULANGER, « Principes généraux du droit et droit positif », *Le droit privé français*, études offertes à G. RIPERT, 1950.

« L'impossibilité de réunir les Chambres, conséquence de la guerre empêchait incontestablement que l'on respectât l'article 26 de la Constitution (Le pouvoir législatif s'exerce collectivement par le Roi, la Chambre des Représentants et le Sénat). Mais aucune disposition constitutionnelle ne permettait d'y déroger, même dans des circonstances aussi exceptionnelles. L'article 25 énonce le principe que les pouvoirs « sont exercés de la manière établie par la Constitution », et l'article 130 dit expressément que « la Constitution ne peut être suspendue ni en tout ni en partie » (14).

C'est en se fondant sur ces deux articles de la Constitution que la légalité des arrêtés-lois pris pendant la guerre a été attaquée, parce que contraire à l'article 26 de la Constitution, qui précise comment s'exerce le pouvoir législatif.

Si la théorie de Hans Kelsen était conforme à la réalité juridique, et si le texte constitutionnel devait constituer la norme fondamentale du droit belge, la Cour de cassation n'aurait pu que souscrire à l'argumentation du demandeur, attaquant, comme anticonstitutionnels, les arrêtés-lois pris par le Roi seul. Mais, en fait, elle n'a pas hésité à affirmer que « c'est par application des principes constitutionnels que le Roi, resté pendant la guerre le seul organe du pouvoir législatif ayant conservé sa liberté d'action, a pris les dispositions ayant force de loi que commandaient impérieusement la défense du territoire et les intérêts vitaux de la nation ».

Comment a-t-elle pu arriver à une décision manifestement contraire au texte constitutionnel ? Pour le comprendre, reprenons les conclusions prises avant l'arrêt par le procureur général Terlinden, à cause de leur caractère général et fondamental.

« Une loi n'est jamais faite que pour une période ou un régime déterminé. Elle s'adapte aux circonstances qui l'ont motivée et ne peut aller au-delà. Elle ne se conçoit qu'en fonction de sa nécessité ou de son utilité ; aussi, une bonne loi ne doit pas être intangible, car elle ne vaut que pour le temps qu'elle a voulu régler. La théorie peut envisager des abstractions. La loi, œuvre essentiellement pratique, ne s'applique qu'à des situations essentiellement concrètes. C'est ce qui explique que si la jurisprudence peut étendre l'application d'un texte, il y a à cette extension des limites, et que celles-ci se trouvent atteintes chaque fois qu'à la situation qu'avait envisagée l'auteur de la loi, viennent s'en substituer d'autres, en dehors de ses prévisions.

« Une loi — constitution ou loi ordinaire — ne statue donc jamais que pour des périodes normales, pour celles qu'elle peut prévoir.

(14) A. VANWELKENHUYZEN, « De quelques lacunes du droit constitutionnel belge », in *Le problème des lacunes en droit*, p. 347.

« Œuvre de l'homme, elle est soumise, comme toutes les choses humaines, à la force des choses, à la force majeure, à la nécessité.

« Or, il est des faits que la sagesse humaine ne peut prévoir, des situations qu'elle n'a pu envisager et dans lesquelles la norme étant devenue inapplicable, il faut, comme on pourra, en s'écartant le moins possible des prescriptions légales, parer aux brutales nécessités de l'heure et opposer des moyens de fortune à la force invincible des événements » (15).

Ce qui l'emporte, en l'occurrence, sur la lettre de la Constitution, ce sont des principes que le procureur général Terlinden considérait comme « des axiomes de droit public » :

« I. — La souveraineté de la Belgique n'a jamais été suspendue.

II. — Une nation ne peut se passer d'un gouvernement.

III. — Pas de gouvernement sans loi, c'est-à-dire sans pouvoir législatif.

On voit immédiatement que, de ces axiomes, va découler la nécessité inéluctable pour le Roi de légiférer seul lorsque les deux autres branches du pouvoir législatif sont empêchées de remplir leur fonction » (16).

La solution de la Cour de cassation s'imposait, si l'on considère que tout système de droit ne constitue pas un ensemble de règles juridiques, dont le sens et la portée sont indépendants du contexte politique et social — comme l'affirmait la théorie pure du droit de Hans Kelsen — mais qu'ils sont subordonnés à des fins, en fonction desquelles il faut les interpréter.

Si l'on avait dû interpréter à la lettre l'article 130 de la Constitution, l'arrêt de la Cour de cassation aurait été, sans aucun doute, *contra legem*. Mais en limitant la portée de cet article aux situations normales et prévisibles, la Cour de cassation introduit une lacune dans la Constitution, qui n'aurait pas statué pour des situations extraordinaires, causées par « la force des choses », « la force majeure », « la nécessité ».

Ces considérations, notons-le, s'appliquent à toute disposition législative. Dans la mesure où le juge peut les faire intervenir dans ses considérants, et où les notions qui viennent ainsi limiter le champ d'application de la loi dépendent, en définitive, de son appréciation, des éléments d'indétermination peuvent s'introduire dans les textes qui semblent, à première vue, parfaitement clairs. C'est ainsi, avons-nous vu, qu'un règlement communal interdisant l'entrée des véhicules dans un parc, ne vaudra que pour des situations normales, quand la force majeure ou la nécessité ne peuvent pas être invoquées.

(15) *Ibid.*, p. 348-349.
(16) *Ibid.*, p. 349.

Remarquons, d'ailleurs, que la détermination de ce qui constitue, dans chaque espèce, un cas de « force majeure », de ce qui permet d'invoquer « l'état de nécessité » (17), est souvent objet de controverses. Pour les uns, qui admettent l'exception, le juge doit combler une lacune de la loi. Leurs adversaires, par contre, n'hésitent pas à affirmer qu'il s'agit d'une décision contraire à la loi, et que l'on crée « une fausse lacune », pour ne pas devoir se conformer aux prescirptions légales impératives.

41 *bis*. En France l'existence des principes généraux du droit vient d'être récemment rappelée par un très important arrêt du Conseil d'Etat (Cons. d'Et., sect. 4 oct. 1974, D., 1975.369, note Auby). L'arrêt déclare que la publicité des débats judiciaires est un principe général du droit. Qu'il appartient, en conséquence, au seul législateur, d'en étendre ou d'en restreindre les limites. L'article 83, alinéa 2, du décret du 20 juillet 1972 qui avait accordé au président du tribunal le droit de décider que les débats auront lieu dans certains cas en chambre du conseil, a donc été annulé. La jurisprudence judiciaire française a mentionné depuis longtemps ces principes généraux (17 *bis*), particulièrement en droit pénal (17 *ter*). Mais le Conseil d'Etat avait lui même, à maintes reprises, consacré l'existence de principes généraux ne concernant pas le droit administratif. Parmi ceux-ci on relève en particulier : — les principes généraux du droit pénal (Cons. d'Et., 19 oct. 1962, D., 1962.687 ; *J.C.P.*, 1963.II.13068, note Debbasch ; *Rev. admin.*, 1962.623, note Liet-Veaux). — le respect des droits de la défense (Cons. d'Et., 3 déc. 1969, D., 1970.79, concl. Gentot), du caractère contradictoire de la procédure contentieuse (Cons. d'Et., 13 déc. 1968, *Rev. Cons. d'Et.*, p. 645; 4 juill. 1969, *ibid.*, p. 358).

42. Plusieurs théories juridiques ont été élaborées pour relativiser certains textes, et empêcher leur application dans les cas visés par elles. Telle la théorie de l'abus de droit.

Selon les paroles de M. Planiol « Le droit cesse où l'abus commence, et il ne peut pas y avoir usage abusif d'un droit quelconque, par la raison irréfutable qu'un seul et même acte ne peut être tout à la fois conforme au droit et contraire au droit » (18).

(17) P. Foriers, *De l'état de nécessité en droit pénal*, Bruylant, Bruxelles 1951.

(17 *bis*) V. G. Ripert, *Les forces créatrices du droit*, n° 123 ; J. Boulanger, « Principes généraux du droit et droit positif », *Etudes Ripert*, t. 1, p. 51 ; Léauté, « Les principes généraux relatifs aux droits de la défense », *Rev. science crim.*, 1953.47 ; Auby, note D., 1975.372.

(17 *ter*) Crim., 12 juin 1952, *J.C.P.*, 1952.II.7241, note Brouchot ; D. 1953. Somm. 2 ; 21 févr. et 5 août 1952, *Rec. Penant*, 1953.8, note de Soto et Léauté.

(18) M. Planiol, *Traité élém. de droit civil*, t. 2, n° 871.

« Dans de très nombreux cas, écrira L. Josserand, la faute commise par le titulaire consiste à avoir utilisé son droit de façon dommageable pour autrui, sans intérêt appréciable pour lui-même, ... c'est, par exemple, un propriétaire qui ... ayant le choix entre plusieurs manières d'exercer son droit, opte, sans en retirer un profit personnel, pour le mode d'exécution le plus défavorable à son entourage » (19).

Cette théorie a été suivie par la Cour de cassation de Belgique (16 novembre 1961, *Pas.*, 1962.I.333) qui proclame que, entre différentes façons d'exercer son droit, avec la même utilité, il n'est pas permis de choisir celle qui est dommageable pour autrui, qui méconnaît l'intérêt général.

Le Procureur général à la Cour de cassation de Belgique cite, à ce propos, un texte du grand juriste belge H. De Page :

« Qu'on s'en réfère, pour déterminer l'abus, à l'intention méchante, au mobile injustifié, à la faute dans l'exécution ou à la destination économique ou sociale des droits, le principe demeure identique dans ses résultats : le seul contenu technique du droit — et le meilleur, son énoncé, sa lettre — ne suffit pas pour déterminer la licéité des attitudes humaines. La conformité *extérieure* aux lois n'épuise pas l'œuvre de justice » (20).

Et il ajoute qu'un principe général de droit « a une existence autonome comme source de droit ; le juge n'a qu'un rôle « déclaratif », le révèle, l'interprète et l'applique » (21).

Alors que l'article 544 du Code civil définit la propriété comme « le droit de jouir et disposer des choses de la manière la plus absolue, pourvu qu'on n'en fasse pas un usage prohibé par les lois ou par les règlements », la théorie de l'abus de droit insiste sur le fait que les droits subjectifs ne peuvent pas s'exercer d'une façon contraire à l'intérêt général. En demandant que le droit de propriété s'exerce d'une façon qui ne soit pas, sans utilité pour le propriétaire, nuisible à autrui, la doctrine et la jurisprudence introduisent une limitation du droit de propriété qui n'était pas prévue par l'article 544.

De même, grâce à la notion d'« ordre public international », la doctrine et la jurisprudence érigent en principes d'application universelle des règles du droit interne, dont l'effet sera d'interdire l'application, en Belgique, de certaines dispositions de la loi étrangère, quand celles-ci heurtent trop violemment la conscience du juge belge. C'est ainsi que, alors que l'état et la capacité des personnes sont régis par

(19) L. Josserand, *De l'esprit des droits et de leur relativité*, 1939, p. 382. — Rappr. A. Pirovano, « La fonction sociale des droits », D. 1972. Chron., p. 67.

(20) H. de Page, *A propos du gouvernement des juges*, 1931, p. 112-113.

(21) W. J. Ganshof van der Meersch, *Propos sur le texte de la loi et les principes généraux du droit*, p. 97.

la loi nationale de l'étranger, et que la loi marocaine permet à un Marocain d'épouser quatre femmes, celui-ci ne pourra pas épouser une deuxième femme devant un officier belge d'état-civil, car la bigamie est considérée, en Belgique, non seulement comme contraire à l'ordre public interne, parce que punissable en vertu de l'article 391 du Code pénal, mais aussi comme contraire à l'ordre public international. Mais ce sera à la doctrine et à la jurisprudence de préciser la portée de cette notion. C'est ainsi qu'un Marocain, s'il ne peut pas contracter un deuxième mariage devant l'officier d'état-civil, ne sera pourtant pas poursuivi en Belgique s'il vient s'installer avec deux épouses légitimes, et l'on admettra que la deuxième épouse puisse également introduire une action en réparation si son époux a été victime d'un accident de la circulation.

Ces deux exemples de constructions juridiques indiquent clairement que celles-ci, contrairement aux théories scientifiques, qui ne sont que des hypothèses à soumettre au contrôle de l'expérience, servent à guider l'action, et spécialement à orienter les Cours et tribunaux : elles fourniront à ceux-ci des justifications en droit conformes à l'intérêt public et à la morale dominante. Elles jouent un rôle analogue à celui des théories philosophiques, morales ou politiques.

43. La dogmatique juridique ne peut pas éviter de prendre position dans les controverses, où des jugements de valeur opposés viennent à se heurter dans un cas d'espèce. Son rôle est de fournir des arguments qui permettront aux praticiens, et surtout aux juges, de choisir une position et de la motiver en droit. Mais les théories ainsi élaborées et les principes généraux qu'elles permettent de dégager sont-elles pure création du juriste ou les trouve-t-il dans la réalité juridique ? Ceux qui, comme H. De Page sont opposés à l'idée du droit naturel préféreront les concevoir comme une création de la jurisprudence, alors que le procureur général Ganshof van der Meersch, pour rester fidèle à l'idée que le juge n'a pas à créer des principes de droit, dira que « le juge n'a qu'un rôle déclaratif » (22). En fait, il ne s'agit ni d'une création arbitraire ni d'une simple constatation, mais d'une situation intermédiaire, que nous tâcherons d'analyser de plus près dans la deuxième partie de ce travail.

Mais nous devons, dès à présent, attirer l'attention sur les travaux originaux du professeur J. Esser, de Tübingen, principalement *Grundsatz und Norm in der richterlichen Fortbildung des Privatrechts*, 1956, 1964² et *Vorverständnis und Methodenwahl in der Rechtsfindung*, 1970, qui élaborent une synthèse combinant une conception plus souple et plus sociologique du raisonnement juridique avec la recherche d'une décision judiciaire qui soit équitable, raisonnable, en un mot, acceptable.

(22) *Ibid.*, p. 97.

Les efforts du professeur Esser sont continués, en Allemagne, surtout par les professeurs Martin Kriele (*Theorie der Rechtsgewinnung*, 1967) et Othmar Ballweg (*Rechtswissenschaft und Jurisprudenz*, 1970), aux Pays-Bas par le professeur Ter Heide (*Judex viator : Probleem of systeemdenken of gesystematiseerd probleemdenken*, *Ars Aequi*, 1967), en Belgique, par le professeur W. Van Gerven (*Het beleid van de rechter*, 1973), au Mexique, par le juriste espagnol L. Recaséns Siches (*Nueva filosofía de la interpretación del derecho*, 1956). Ces ouvrages trouvent leur pendant dans les analyses des juristes anglo-américains, tels que K. N. Llewellyn (*The Common law Tradition, Deciding Appeals*, 1960), R. M. Dworkin (*The Model of Rules*, 1967, repris dans *Law, Reason and Justice*, 1969, p. 3-43), E. Bodenheimer, (*Jurisprudence*, 1974²), et les travaux de J. Stone (*Human Law and human justice*, 1964 *et Legal system and Lawyer's Reasoning*, 1964). En France, ce sont les travaux de L. Husson (*Les transformations de la responsabilité*, 1947, *Nouvelles études sur la pensée juridique*, 1974) qui vont le plus nettement dans le même sens.

L'ensemble de ces études se caractérise par le fait que, tout en constituant une réaction contre le positivisme juridique, elles ne sont pas fondées sur une idéologie préalable, ou une quelconque théorie du droit naturel, mais résultent d'une analyse du raisonnement judiciaire, d'une réflexion d'ordre essentiellement méthodologique.

Dans les pages qui suivent nous analyserons ce courant, le plus récent, de la pensée juridique moderne, essentiellement à partir des travaux du professeur Esser.

44. J. Esser constate, dans son plus récent ouvrage (23) que l'énumération des méthodes d'interprétation des textes, le recours aux précédents et aux principes généraux, aux fins et aux valeurs que le législateur cherche à promouvoir et à protéger, tout cet arsenal d'arguments est totalement insuffisant pour guider le juge dans l'exercice de ses fonctions, car aucun système établi *a priori* ne peut lui indiquer, dans un cas concret, à quelle méthode de raisonnement il doit recourir, s'il doit appliquer la loi littéralement ou, au contraire, restreindre ou élargir la portée de celle-ci. « Le style des motivations, écrit-il, a manifestement une portée secondaire par rapport aux considérations qui priment, celles relatives à tout ce qui, dans le cas d'un litige, constitue une décision à la fois juste et conforme au droit » (23).

La théorie qu'il s'efforce d'élaborer se dégagera de la pratique judiciaire. Or celle-ci s'inspire moins d'un désir de comprendre et d'interpréter les textes légaux conformément à des méthodes d'école (interprétation littérale ou grammaticale, systématique, historique, téléologique, etc.) que d'une intention consciente de la recherche d'une solution

(23) J. Esser, *Vorverständnis und Methodenwahl in der Rechtsfindung*, Athenäum Verlag, Frankfurt, 1970, p. 7.

juste, conforme à la nature du problème. Les motivations et les justifications de la décision visent essentiellement à montrer le caractère raisonnable de la solution, en l'insérant dans le système juridique en vigueur.

Il résulte de ces considérations que la solution juste du litige n'est pas simplement, comme l'affirmerait le positivisme juridique, le fait qu'elle est conforme à la loi, c'est-à-dire légale. Il est bien rare, en effet, qu'il n'y ait qu'une seule façon de concevoir la légalité de la solution : c'est plutôt l'idée préalable de ce qui constituera une solution juste, raisonnable, acceptable, qui guidera le juge dans sa recherche d'une motivation juridiquement satisfaisante. Mais, dans ce cas, l'idée préalable que l'on se forme d'une solution socialement et moralement acceptable dans un milieu donné n'est pas une considération extra-juridique, comme le voudrait, par exemple, la théorie pure du droit, qui s'efforce d'exclure de la science du droit tout jugement de valeur. Ce sont, au contraire, des jugements de valeur relatifs au caractère adéquat de la décision qui guident le juge dans sa recherche de ce qui, en l'espèce, est juste et conforme au droit, cette dernière préoccupation étant normalement subordonnée à la précédente. Mais ce caractère adéquat ne sera pas déterminé selon des critères subjectifs, à la manière du président Magnaud, mais d'une façon intersubjective, dans la mesure où elle correspond aux préoccupations du milieu qui doit l'admettre.

Le raisonnement juridique cesse d'être, dans cette perspective, une simple déduction syllogistique dont la conclusion s'impose, même si elle paraît déraisonnable ; mais il n'est pas, non plus, simple recherche d'une solution équitable (*ars aequi*), que l'on parvienne ou non à l'insérer dans l'ordre juridique en vigueur. Car du coup, le juge cesserait d'être lié par le législateur, ce qui supprimerait la distinction traditionnelle entre le juste *de lege lata* et le juste *de lege ferenda*. La tâche que le juge s'impose est donc la recherche d'une synthèse tenant compte, à la fois, de la valeur de la solution et de sa conformité au droit : le théoricien n'aura qu'à examiner les méthodes dont le juge se sert pour arriver à ce résultat.

L'interprétation de la loi, pour être appliquée dans un cas d'espèce, doit être considérée comme une hypothèse, que l'on n'adoptera, en définitive, que si la solution concrète à laquelle elle aboutit s'avère comme acceptable (24). C'est uniquement en tenant compte de cette double exigence, qui nécessite un va-et-vient de l'esprit, de la situation vécue à la loi applicable (25), que l'on comprendra la spécificité de la pensée juridique.

(24) Cf. à ce propos, M. Kriele, *Theorie der Rechtsgewinnung*, Duncker und Humblot, Berlin, 1967, § 53.

(25) Cf. K. Engisch, *Logische Studien zur Gesetzesanwendung*, 1960, p. 14. – V. aussi du même auteur, *Einführung in das juristische Denken* (1956), 1977[7].

En effet, aucun juriste ne peut nier que la sécurité juridique, qui donne la capacité de prévoir, d'une façon pratiquement satisfaisante, les réactions de ceux qui sont chargés de dire le droit, qu'il s'agisse de juges ou d'agents de l'administration, constitue une valeur centrale du droit, tel qu'il est conçu actuellement.

Le respect des précédents, la recherche d'une solution assurée par la dogmatique juridique, guident les justiciables : le désir de ne pas les décevoir constitue un obstacle de taille à tout changement jurisprudentiel ou doctrinal, et même législatif. Mais cet obstacle, comme l'histoire nous l'enseigne, n'est pas insurmontable, car de nouvelles lois sont votées et promulguées, la jurisprudence et la doctrine changent, quoique d'une façon progressive, et rarement révolutionnaire. C'est que le système juridique n'est pas un système fermé, isolé du contexte culturel et social dans lequel il s'insère : au contraire, il en subit des impulsions constantes. Le droit judiciaire s'élabore à l'occasion de conflits que le juge doit arbitrer, en leur trouvant des solutions convaincantes, et satisfaisantes en droit, parce que juridiquement bien motivées. Et toute nouvelle législation ne fait que répondre à un besoin du milieu politique, économique et social.

Cette dialectique, impliquée par la recherche d'une solution convaincante, instauratrice de la paix judiciaire, parce que, à la fois raisonnable et conforme au droit, place le pouvoir judiciaire dans un rapport nouveau par rapport au pouvoir législatif. Ni entièrement subordonné, ni simplement opposé au pouvoir législatif, il en constitue un aspect complémentaire indispensable, qui lui impose une tâche non seulement juridique, mais aussi politique, celle d'harmoniser l'ordre juridique d'origine législative avec les idées dominantes sur ce qui est juste et équitable dans un milieu donné. C'est la raison pour laquelle l'application du droit, le passage de la règle abstraite au cas concret, n'est pas un simple processus déductif, mais une adaptation constante des dispositions légales aux valeurs en conflit dans les controverses judiciaires (26).

La nette opposition de cette conception à l'égard du positivisme juridique est soulignée dans le passage suivant qui prend, pour ainsi dire, le contrepied de la théorie pure du droit de Hans Kelsen :

« La capacité du droit de fonctionner comme un système juridique est entièrement dépendante de l'insertion contrôlée des jugements de valeur préjuridiques ou du moins prépositifs. Aucune opération discursive juridique, aussi élémentaire soit-elle, ne peut être comprise, en l'examinant de plus près, sans un tel jugement de valeur. La pensée en termes de valeur ne peut pas fournir de contribution constructive indépendante, mais elle guide l'effort de la dogmatique à partir de ses présupposés et elle permet de contrôler le caractère raisonnable de

(26) J. Esser, *Vorverständnis und Methodenwahl in der Rechtsfindung*, p. 189-190.

la décision : actes dont la portée ne se limite nullement à leur portée sociologique pour la politique judiciaire. La « policy of courts » s'élabore nécessairement dans le cadre d'un consensus sur des valeurs et ne prétend pas à un contrôle autonome de la pensée juridique, qui abandonnerait aux laïcs toute expression en termes de jugements de valeur » (27).

Les valeurs dans leur opposition, les intérêts en litige, ne peuvent pas fournir de solution judiciaire indépendamment du système juridique que le juge doit appliquer quand il dit le droit. C'est la raison pour laquelle l'existentialisme judiciaire, la libre appréciation par le juge des situations concrètes, sont des théories inadmissibles dans un système de droit qui attache du prix à la sécurité juridique et cherche à réduire, dans toute la mesure du possible, l'arbitraire des décisions de justice.

Toute la problématique du raisonnement juridique, et spécialement judiciaire, s'efforcera donc d'élaborer une dialectique (28), où la recherche d'une solution satisfaisante enrichira l'arsenal méthodologique permettant de maintenir la cohérence du système, tout en l'assouplissant. C'est dans cette perspective qu'il y a lieu de souligner le rôle croissant accordé par les théoriciens du raisonnement juridique aux principes généraux du droit et à la topique juridique.

45. L'importance croissante accordée aux principes généraux du droit, dans le droit continental de l'après-guerre, se manifeste non seulement par le nombre de plus en plus imposant de publications consacrées à cette matière, mais aussi par un changement d'attitude des Cours de cassation, même les plus conservatrices, et les plus respectueuses de la volonté du législateur.

Alors que, dans d'autres pays, tels l'Allemagne et l'Italie, les tribunaux suprêmes admettaient depuis longtemps qu'un jugement puisse être cassé pour violation d'une norme juridique quelle qu'en soit la source — cette tendance a été favorisée en Allemagne par l'article 20 de la Constitution fédérale du 23 mai 1949, qui soumet les juges à la loi et *au droit* — en Belgique, comme nous l'avons déjà vu, toute requête en cassation devait indiquer la loi qui a été violée. Il est vrai que, bien des fois ce rappel d'un texte légal a été plus fictif que réel (fournissant des exemples de ce que J. Stone a qualifié de *illusory reference*) (29) et la violation du droit de la défense était depuis longtemps considérée, tant en France qu'en Belgique, comme un motif de cassation, même si l'on n'invoquait que des textes qui le protégeaient dans des matières spéciales, étrangères au cas d'es-

(27) J. Esser, *ibid.*, p. 165.
(28) Cf. K. Larenz, *Methodenlehre der Rechtswissenschaft*, Berlin, 1969², p. 227.
(29) J. Stone, *Legal System and Lawyer's Reasonings*, Chap. 7.

pèce (30). Depuis l'arrêt du 13 janvier 1970 (*Pas.*, 1970.I.399), la Cour de cassation de Belgique marque, à ce sujet, un remarquable renversement de la jurisprudence.

Une fois que, en suivant l'exemple retentissant du procès de Nuremberg, on reconnaît aux principes généraux du droit, en l'absence de tout texte écrit, le caractère de règles de droit obligatoires, l'opposition nette et tranché que le positivisme juridique a cherché à maintenir entre le droit positif, légaliste et étatique, et le droit naturel, tend à disparaître. S'il est vrai qu'un principe général, pour devenir une règle de droit positif doit être « déclaré » par une instance judiciaire, qui en détermine la portée et en circonscrit les limites, on ne peut nier que ces principes reprennent, d'une façon plus moderne, plusieurs des règles de droit traditionnelles, auxquelles on reconnaît un champ d'application plus vaste qu'en droit romain classique (31).

46. Toutes les règles formulées dans le titre 50 du *Digeste* « *De diversis regulis juris antiqui* », n'énoncent pas des principes généraux du droit; certaines formulent de simples maximes (32).

M. Ganshof van der Meersch les décrit ainsi : « Les maximes de droit, que l'on dénomme aussi « adages » ou « brocards » sont les proverbes du droit, écrit H. de Page. Les plus anciens figurent au *Corpus juris*. Formules concises, brèves synthèses résultant de l'expérience et de la tradition, elles trouvent leur crédit dans leur ancienneté et dans leur forme lapidaire. Au point de vue de la forme « ce sont des formules brillantes, concises et frappantes », généralement en latin. Au point de vue du fond, ce sont des vérités d'ordre général, qui ne tiennent pas compte des exceptions et ignorent l'évolution du droit. Nombre de maximes sont donc incomplètes, généralement incertaines, voire inexactes, parfois même directement contraires à la loi. Le professeur Carbonnier les appelle « une doctrine anonyme et immémoriale ». Comme telles, elles sont étrangères au droit positif » (33).

Quoique différentes par nature des principes généraux du droit, les maximes représentent des points de vue dont la tradition juridique tient compte et fournissent des arguments que ne peut négliger la nouvelle méthodologie, qui cherche à concilier la fidélité au système avec le caractère raisonnable et acceptable de la décision.

(30) V. pour le Conseil d'Etat français, R. ODENT, « Les droits de la défense », *Etudes et Documents*, 1953, p. 155.

(31) Cf. P. STEIN, *Regulae juris, from juristic rules to legal maxims*, Edinburgh, 1966.

(32) Cf. B. JOUANNEAU, *Recueil des maximes et citations latines à l'usage du monde judiciaire*, 1952 ; DAGUIN, *Axiomes, aphorismes et brocards français du droit*, 1926 ; ROUAST, *Cours de doctorat*, Paris, 1951.

(33) W. J. GANSHOF VAN DER MEERSCH, *Propos sur le texte de la loi et les principes généraux du droit*, p. 51-52.

Cette méthodologie a contribué à remettre à la mode les *Topiques juridiques*, qui ont été bien oubliées, mais qui, jusqu'au milieu du XVIIIe siècle, désignaient les ouvrages consacrés au raisonnement spécifique des juristes. Il suffit, pour s'en convaincre, de constater le retentissement extraordinaire du livre, petit mais substantiel, de Theodor Viehweg, *Topik und Jurisprudenz* qui, depuis 1953, a bénéficié de cinq éditions en Allemagne, et de nombreuses traductions étrangères.

Les topiques juridiques se réfèrent aux lieux *spécifiques* d'Aristote, ceux qui concernent les matières particulières, opposés aux lieux *communs*, que l'on utilise dans le discours persuasif en général, et dont Aristote a traité dans ses *Topiques*. Signalons, en passant, pour montrer l'actualité du sujet, liée d'ailleurs à la renaissance de l'intérêt pour la rhétorique et le raisonnement dialectique, que le 3e symposium aristotélicien, tenu à Oxford en 1968, lui a été consacré (34).

L'importance des lieux spécifiques du droit, c'est-à-dire des topiques juridiques, est de fournir des raisons permettant d'écarter des solutions non équitables ou déraisonnables, dans la mesure où celles-ci négligent des considérations que ces lieux permettent de synthétiser et qui s'intègrent dans une vision globale du droit comme *ars aequi et boni*.

47. Un effort méritoire, soulignant le rôle et l'importance des topiques juridiques, a été entrepris récemment par Gerhard Struck. Celui-ci, dans son étude *Topische Jurisprudenz* (35), a dégagé le rôle des topiques juridiques tant dans la législation que dans la jurisprudence allemandes actuelles, et a pu ainsi réunir un catalogue des lieux spécifiques utilisés en droit.

Gerhard Struck indique comme sous-titre de son livre « Argument et lieu commun dans le travail juridique » (*Argument und Gemeinplatz in der juristischen Arbeit*), et ceci pour mettre en évidence, le double aspect de ces lieux qui se présentent tantôt comme un argument, tantôt comme un point de vue, dont la prise en considération donnera lieu à des arguments.

Le catalogue des lieux, présenté par Struck, en relève soixante-quatre. Il n'est pas nécessaire de les énumérer tous, car la liste ainsi dressée n'est nullement exhaustive. Mais il est utile d'en examiner un certain nombre pour que l'idée de topique juridique, qui a été perdue de vue à l'époque contemporaine, soit suffisamment illustrée. Il apparaîtra assez rapidement que les lieux spécifiques signalés ne sont que des arguments qui se retrouvent dans toutes les branches du droit et

(34) Cf. *Aristotle on Dialectics*, Proceedings of the third Symposium Aristotelicum, publié par G. E. L. OWEN, Oxford, 1968.
(35) Athenäum Verlag, Frankfurt, 1971, 118 p.

qu'ils donnent sa portée réelle au raisonnement juridique qui ne veut pas se limiter à la citation de textes. Certains affirment des principes généraux du droit, d'autres constituent des maximes ou adages, formulés en latin, d'autres enfin indiquent les valeurs fondamentales que le droit protège et met en œuvre.

Voici quelques échantillons du catalogue de Struck, avec l'indication de leur numéro d'ordre (36) :

1. — *Lex posterior derogat legi priori.*

Le principe que « la loi postérieure déroge à la loi antérieure » est à la base de l'une des techniques d'abrogation implicite des règles de droit. Si une disposition postérieure, émanant de la même autorité, ou d'une autorité supérieure, s'oppose à une disposition plus ancienne, celle-ci est implicitement abrogée.

Remarquons, à ce propos, que l'application de ce principe donne naissance à des difficultés quand la disposition juridique postérieure est un texte constitutionnel, car l'on peut toujours se demander si le texte nouveau abroge de plein droit les lois antérieures qui lui sont opposées, ou s'il s'agit seulement d'une déclaration d'intention, d'un programme qui ne prendra effet qu'après le vote d'une nouvelle loi.

C'est ainsi que la Constitution allemande de 1949 consacre, dans son article 3, alinéa 2, l'égalité des sexes en droit allemand et l'article 117, alinéa 2, prévoit que « le droit contraire à l'alinéa 2 de l'article 3 reste en vigueur jusqu'à son adaptation à cette disposition de la Loi Fondamentale, mais non au-delà du 31 mars 1953 ».

Qu'en est-il, après cette date, si le Parlement n'a pris aucune disposition abrogeant la loi antérieure ? Peut-on dire qu'il en résulte une lacune *intra legem* qu'il incombe aux tribunaux de combler, ou va-t-on maintenir en vigueur l'ancienne législation ? Si l'adaptation prévue par la Constitution et qui devait modifier les articles 1353 à 1363 du Code civil, n'a été édictée que par la loi du 18 juin 1957, les Cours et Tribunaux n'ont pourtant pas hésité, dès 1953, à déroger à plusieurs dispositions de la législation antérieure (37).

Un problème analogue s'est posé aux Tribunaux du Venezuela. Le dernier paragraphe de l'article 220 du Code civil vénézuélien dispose que « les enfants issus des relations extra-matrimoniales, adultérins, sacrilèges ou incestueux, ne pourront intenter d'action en recherche de paternité illégitime aussi longtemps que subsiste un obstacle au mariage de leurs parents ». Or, l'article 75 de la Constitution du Venezuela de 1961, postérieure au Code civil, proclame : « La loi pourvoira

(36) Cf. Struck, *ibid.*, p. 20-34.
(37) Cf. Gernhuber, *Lehrbuch des Familienrechts*, München, 1971 ; Labrusse-Riou, *L'égalité des époux en droit allemand*, 1965.

à ce que chaque enfant, quelle que soit sa filiation, puisse connaître ses parents ». Mais le texte constitutionnel, contrairement à l'article 117 de la loi fondamentale d'Allemagne fédérale, ne prévoit pas de date à laquelle les textes contraires à la Constitution devraient être abrogés.

Le 25 février 1969, un tribunal de première instance a considéré que le dernier paragraphe de l'article 220 du Code civil n'est plus applicable, mais la Cour suprême du Venezuela, toutes Chambres réunies, en a décidé autrement dans un arrêt du 27 juin 1969 (38).

Quelle solution adopter en cas de conflit entre un traité et une loi nationale postérieure ? Un arrêt belge du 26 novembre 1925 (Pas. 1926, I, 76) avait assimilé le traité à une loi : dans ce cas, c'est la volonté la plus récente du législateur qui doit prévaloir. Mais un arrêt plus récent, du 27 mai 1971 (Pas. 1971, I, 888) considère qu'une stipulation *self-executing* d'un traité ne peut pas être abolie par une disposition de droit interne (cf. *Ganshof van der Meersch.* Le juge belge à l'heure du droit international et du droit communautaire : *Journal des Tribunaux*, 1969, p. 537).

De tels problèmes concernant la solution d'une antinomie, sont inconcevables en logique formelle ou dans les sciences : ils témoignent de la spécificité du raisonnement juridique et des controverses auxquelles il peut donner naissance.

2. — *Lex specialis derogat legi generali* : une loi spéciale déroge à une loi générale.

L'application de cette règle, assez simple quand la loi spéciale est postérieure, peut susciter des controverses quand c'est la loi générale qui est postérieure, car il y a lieu de déterminer si la nouvelle législation s'applique ou non à *toute disposition antérieure* qui lui est opposée.

4. *Res judicata pro veritate habetur* : la chose jugée doit être reconnue comme vraie.

Le principe affirmant l'autorité de la chose jugée, et que l'article 1351 du Code civil ne fait que confirmer, pose une présomption légale *juris et de jure*, et a pour but de mettre une fin à des litiges ; il a donné lieu à une abondante littérature concernant son champ d'application. L'article 1351 du Code civil (remplacé en Belgique par les articles 23 à 28 du Code judiciaire de 1967) s'énonce : « L'autorité de la chose jugée n'a lieu qu'à l'égard de ce qui a fait l'objet du jugement. Il faut que la chose demandée soit la même, que la demande soit fondée sur la même cause ; que la demande soit entre les mêmes parties, et formée par elles et contre elles en la même qualité ». Mais il n'en est pas de même au pénal. Plusieurs décisions de la Cour de cassation tant belge que française, déclarent que « Les décisions ren-

(38) Cf. H. PETZOLD PERNIA, *La noción de igualdad en el derecho de algunos Estados de América Latina*, Maracaibo, 1974, p. 97, 316-319.

dues au criminel ont envers et contre tous l'autorité de la chose jugée, soit quant à l'existence même du fait poursuivi, soit quant à son imputabilité » (Cass. belge, 4 juill. 1878, *Pas.*, 1878.286, Cass. fr., 9 déc. 1902, *Pas.* fr., 1903.I.351).

5. — *De minimis non curat praetor* : le préteur ne s'occupe pas de choses de faible importance.

Cette maxime trouve son application, entre autres, dans la détermination de la compétence de différentes juridictions, dans l'appréciation des faits qui peuvent donner lieu à révision et dans celle de l'importance de la lésion qui peut donner lieu à l'annulation d'un contrat de vente.

6. — *Ne ultra petita* : la condamnation ne peut dépasser la demande, qu'il s'agisse d'un procès civil ou pénal.

7. — *Et audiatur altera pars* : il faut aussi entendre la partie adverse. C'est l'expression lapidaire du principe du droit de la défense, considéré comme fondamental dans l'administration impartiale de la justice.

9. — *In dubio pro reo* ou *in dubio pro libertate* : dans le doute, on décidera en faveur de l'accusé ou en faveur de la liberté. Ce principe est à la base de la présomption d'innocence. Il pose, d'une façon plus générale, un principe de liberté, qui doit être reconnue, en l'absence de dispositions claires qui la limitent.

16. — *Nemo plus iuris transferre potest quam ipse haberet* : personne ne peut transférer plus de droit qu'il n'en a. Cet adage rappelle celui, le plus fréquemment utilisé en droit public, « *ex iniuria ius non oritur* : de ce qui est contraire au droit ne peut naître un droit.

19. — *Casum sentit dominus* : c'est le propriétaire qui supporte le dommage résultant du hasard. C'est à partir de cet adage que s'est élaborée toute la jurisprudence et la législation concernant les accidents du travail.

27. — *Quisquis praesumitur bonus* : chacun est présumé bon (ou innocent).

28. — *Venire contra factum proprium* : on ne peut s'attaquer à ce qui résulte de son propre fait. En droit administratif cette règle oblige l'administration à se conformer aux règles qu'elle a elle-même instituées : *patere legem quam ipse fecisti* (39).

29. — *Jura scripta vigilantibus* : les lois ont été écrites pour ceux qui ne sont pas négligents. La négligence ne peut pas constituer un motif d'excuse.

(39) Cf. H. Buch, « La règle de droit en droit administratif », *La règle de droit*, Bruylant, Bruxelles, 1971, p. 276.

38. — *Favor legitimatis* : le droit favorise ce qui est légitime. La règle vaut tant dans le domaine de la preuve que dans celui de l'interprétation.

A côté de ces adages latins, d'autres règles sont énoncées en allemand, et semblent relever d'une conception moderne du droit.

3. — Les exceptions sont d'interprétation stricte.

Cette règle d'interprétation est fondamentale, aussi bien quand il s'agit de textes législatifs que de traités. Elle suppose que l'on connaît le champ d'application de la règle par rapport à laquelle une disposition particulière constitue une exception.

8. — On ne peut être juge dans sa propre cause.

Personne ne peut être juge et partie. Mais il faut préciser quand le juge peut être récusé ou doit s'abstenir : les articles 828 et 831 du Code judiciaire belge de 1967 énumèrent longuement les cas de récusation, les situations qui peuvent donner lieu à un soupçon de partialité. C'est ainsi, entre autres, que le juge peut être récusé si lui ou son conjoint est parent ou allié de l'une des parties jusqu'au quatrième degré, si lui, son conjoint ou leurs ascendants et descendants ont un différend sur une question pareille à celle dont il s'agit entre les parties, s'ils sont créanciers ou débiteurs de l'une des parties, etc.

On voit ici clairement la différence entre un adage et une règle de droit. L'adage est vague, alors que la règle tâchera de préciser en détail, dans la mesure du possible, dans tous les motifs possibles de récusation.

10. — *Einmal ist kein Mal* : qui se produit une seule fois ne compte pas. Cet adage implique une certaine tolérance, aussi bien dans les affaires criminelles, que civiles. On aura tendance à faire preuve d'indulgence à l'égard d'une infraction unique, mais on sera d'autant plus sévère s'il y a récidive.

11. — La simple possibilité de doute ne peut être déterminante : il faut se contenter, pour la conviction du juge, d'un degré de certitude suffisant pour la vie pratique.

12. — Il faut rendre ce qui a été acquis sans raison juridique.

Cet adage correspond au principe de l'enrichissement sans cause, admis comme tel par l'arrêt de la Cour de cassation de France du 15 juin 1892 (D., 1892.596) et par l'arrêt de la Cour de cassation de Belgique du 27 mai 1909 (*Pas.*, 1909.I,.823).

« L'action en répétition de l'enrichissement sans cause légitime, réalisé aux dépens d'autrui, n'est pas admise en droit civil seulement, elle l'est aussi en droit administratif » (40) (Conseil d'Etat fr., 14 avr. 1961, *J.C.P.*, II.12255).

14. — Dans le doute, il faut diviser en parts égales.

L'égalité correspond à la justice, s'il n'y a pas de raison de s'en écarter. Si la division est impossible, on appliquera la règle suivante.

15. — Dans une division, on aura recours, en dernier ressort, au tirage au sort.

Il y a des situations où, ce qui au premier abord semble irrationnel, peut devenir la seule solution raisonnable d'un litige.

17. — Interdiction de conclure des conventions à charge de tiers.

18. — Celui qui favorise, défavorise en même temps.

C'est le grand argument contre la subvention d'entreprises privées. Il justifie aussi les limites imposées aux donations dans les successions.

23. — Celui qui a commis une faute doit en supporter les conséquences.

Le principe vaut tant en droit civil (contrat, divorce) qu'en droit pénal (homicide, blessures, incendie).

25. — Le silence n'oblige à rien.

30. — Ce qui importe c'est ce qui a été voulu, et non ce qui aurait été souhaitable : c'est la volonté manifestée qui importe, et non l'intention qui ne l'a pas été.

32. — Le droit exige des sanctions.

C'est, pour beaucoup de juristes, le trait spécifique du droit. Cette mesure s'impose surtout au législateur. Dans ce contexte on peut considérer comme sanction la nullité d'un acte juridique.

33. — La chicane est interdite.

Cette maxime se trouve à la base de la théorie de l'abus du droit.

(40) Cf. W. J. Ganshof van der Meersch, *Propos sur le texte de la loi et les principes généraux du droit*, p. 109 ; cf. aussi M. Waline, « Un nouveau principe général du droit », *Rev. dr. publ.*, 1959, 767.

39. — La confiance mérite protection.

Cette maxime est à la base de toutes les dispositions qui protègent le possesseur de bonne foi.

40. — Le droit ne doit pas céder à ce qui est violation du droit.

D'où le principe de la légitime défense.

43. — Obligation d'utiliser les moyens les moins dommageables.

Il vaut mieux exercer son droit en évitant des dommages aux tiers pour ne pas devoir les réparer.

44. — Le nécessaire est permis.

A comme pendant le principe suivant :

50. — A l'impossible nul n'est tenu.

Ces deux principes justifient les cas de force majeure et l'état de nécessité. Il ne s'agit pas, dans ces deux cas, de nécessité et d'impossibilité logiques, mais de situations qui dérivent « de la nature des choses ». Une de ses applications sont les articles 1949 à 1953 du Code civil concernant le dépôt nécessaire.

45. — L'action opportune est permise.

Cet adage justifie la gestion d'affaires.

46. — Des exceptions sont permises pour des cas très malheureux.

47. Seulement ce qui est déterminé est pertinent en droit.

51. L'arbitraire est interdit.

Cette maxime limite le pouvoir discrétionnaire, qui ne peut s'exercer d'une façon déraisonnable.

54. Ce qui est insupportable ne peut être de droit.

Si le déni de justice est punissable, on ne peut pas interdire au juge de suppléer aux insuffisances du législateur; de même, il faut interpréter la loi de façon que ses conséquences ne soient pas insupportables.

Cet adage est illustré par l'arrêt *Romain* du 6 octobre 1952, par lequel la Cour de cassation de Belgique a rejeté le pourvoi formulé contre l'acquittement d'un transporteur routier.

Romain, qui faisait la collecte de beurre chez les fermiers et le livrait aux revendeurs à Namur, est traduit devant le tribunal de simple police sur le fondement de l'article 20 de la loi belge du 8 juillet 1935, combiné avec l'article 23, paragraphe 5, 2°. L'article 20 interdit « de transporter pour la vente ou pour la livraison des beurres, margarines ou graisses préparées contenant moins de 82% de graisse». L'article 23, paragraphe 5, 2°, punit «ceux qui à leur insu auront contrevenu aux dispositions de l'article 20».

Or pour établir la déficience des matières grasses, un expert a dû procéder à un examen microscopique. Romain a été relaxé parce qu'il était dans l'impossibilité absolue de connaître le contenu du beurre transporté, sans faire procéder à une analyse préalable. La Cour de cassation a confirmé ce jugement, en arguant que «suivant un principe général du droit, dont l'article 71 du Code pénal fait application, l'ignorance, lorsqu'elle est invincible, ou la force majeure, constitue une cause de justification».

55. On ne peut pas admettre des demandes qui n'ont pas de bornes.

On n'admettra aucune action en dommages qui peut se reproduire à l'infini. C'est la raison pour laquelle des tribunaux allemands ont refusé de faire droit à la plainte en dommages d'un voisin, fondée sur des considérations d'esthétique.

A côté de ces adages et principes, Struck formule un certain nombre de lieux juridiques, c'est-à-dire des points de vue, dont tant le législateur que le juge doivent tenir compte, dans l'élaboration et dans l'application du droit.

Ces points de vue concernent : (13) la compensation, (20) la responsabilité et l'initiative, (21) la priorité (premier venu, premier servi), (22) l'égalité, (26) l'autonomie de la volonté, (36) les *standards* (critères usuels), (37) la protection des comportements habituels, (42) la proportionnalité, (48) le praticable, (56) le danger d'abus, (57) la finalité, (58) l'intérêt, (59) l'intérêt général, (60) la protection sociale, (61) l'intérêt économique, (62) le principe d'ordre, (63) la sécurité juridique, (64) la possibilité d'abréger les procédures dans les cas évidents.

48. La principale *critique* adressée aux partisans des topiques juridiques par les adeptes d'une conception plus dogmatique et plus systématique du droit consiste dans le vague de ces lieux et dans le fait que, dans un conflit, il est rare que les parties ne puissent invoquer l'un ou l'autre lieu en leur faveur.

A cette objection, Struck répond que si certains lieux sont l'objet d'un consensus général, c'est parce qu'ils se prêtent à des interprétations différentes, de sorte qu'un accord sur un lieu peut ne constituer qu'un accord sur une formule vide : la discussion devra, dans ce cas, comme quand il y a conflit entre des lieux différents, aboutir à une interprétation ou à un choix qui semble fournir la solution la plus raisonnable dans la situation litigieuse.

Mais sa réfutation fondamentale du point de vue dogmatique résulte de la constatation qu'aucune règle de droit, de même qu'aucune valeur, n'est absolue, et qu'il y a toujours des situations où une règle, quelle qu'elle soit, devra être limitée et une valeur, quelle que soit son importance, devra céder devant des considérations qui l'emportent en l'occurrence (41).

C'est ainsi que si la liberté de parole est considérée comme une valeur prioritaire dans la constitution américaine, il est néanmoins admis qu'on ne peut permettre son exercice quand il constitue un danger indubitable et imminent. Celui qui crie « au feu » dans un théâtre bondé, et ceci afin de provoquer une panique, ne peut pas arguer de son droit à la liberté de parole pour se soustraire aux poursuites judiciaires.

Le recours aux topiques juridiques n'est nullement opposé à l'idée d'un système de droit, mais plutôt à l'application rigide et irréfléchie des règles de droit. Il permet, au contraire, le développement d'arguments juridiques, de controverses, où, tous les points de vue ayant été évoqués, une décision réfléchie et satisfaisante pourra être prise. Comme la sécurité juridique est une des valeurs centrales en droit, qui contribue au respect des règles de droit, des précédents, des coutumes et des habitudes sociales, les partisans des topiques juridiques ne peuvent jamais perdre de vue les inconvénients de l'incertitude en matière de droit. De même, parce qu'une communauté, régie par des règles de droit est, en même temps, une communauté linguistique, on supposera que les termes utilisés dans les textes légaux doivent être compris dans un sens communément accepté, à moins que des raisons spéciales ne justifient qu'on s'en écarte.

S'il est vrai que, grâce aux topiques juridiques, le juge disposera d'une plus grande liberté dans l'interprétation des textes légaux, dans leur assouplissement, celle-ci, au lieu de conduire à l'arbitraire, accroît les moyens intellectuels dont le juge dispose dans sa recherche d'une solution raisonnable, acceptable, équitable (42).

Ce qui s'oppose à l'acceptation d'un système de droit rigide est le fait que, devant les différentes techniques d'interprétation, telles qu'elles ont été présentées par Von Savigny, par exemple, il n'a jamais été possible de les hiérarchiser de façon telle que l'on puisse indiquer, *a priori*, à quelle technique d'interprétation il faut accorder la priorité quand des interprétations divergentes sont opposées les unes aux autres (43). En effet, ce qui déterminera le choix de l'une

(41) STRUCK, *Topische Jurisprudenz*, p. 47.
(42) *Ibid.*, p. 42.
(43) *Ibid.*, p. 55.

ou l'autre technique, ce ne sont pas des considérations d'ordre général, qui seraient valables partout et toujours, mais plutôt le fait que telle technique d'interprétation permet, dans le cas considéré, d'aboutir à une solution plus équitable, plus acceptable, quand on a bien pesé le pour et le contre, et examiné les effets de la décision adoptée, aussi bien pour le cas litigieux que, comme précédent, pour la solution des cas de même espéce.

Le grand avantage des topiques juridiques consiste dans le fait que, au lieu d'opposer dogmatique et pratique, ils permettent d'élaborer une méthodologie juridique qui s'inspire de la pratique, et guident des raisonnements juridiques qui, au lieu d'opposer le droit à la raison et à la justice, s'efforceront, au contraire, de les concilier (44).

(44) *Ibid.*, p. 64-65.

DEUXIÈME PARTIE

Logique juridique et nouvelle rhétorique

49. Aussi longtemps que l'on considérait le raisonnement juridique relatif à l'application de la loi, qu'il s'agisse d'une décision judiciaire ou administrative, comme une simple opération déductive, la solution devant être appréciée uniquement selon le critère de légalité, sans s'occuper de son caractère juste, raisonnable ou acceptable, on pouvait prétendre qu'une théorie pure du droit se devait d'ignorer les jugements de valeur. En effet, dans la mesure où ceux-ci interviennent, sans qu'il en résulte une violation de la loi, ils ne relèveraient que de la conscience du juge, échappant de ce fait à tout contrôle d'ordre juridique. Mais si, en suivant Esser, Kriele et Struck, les jugements de valeur relatifs à la décision elle-même sont inéliminables du droit, parce qu'ils guident tout le processus d'application de la loi, on ne peut plus négliger la question de savoir si ces jugements sont l'expression de nos pulsions, de nos émotions et de nos intérêts, et par là subjectifs et entièrement irrationnels, ou si, au contraire, il existe une *logique des jugements de valeur*.

La théorie positiviste admettait qu'un raisonnement pouvait conclure à un jugement de valeur ou à une norme, mais à condition qu'un jugement de valeur ou une norme figure dans l'une des prémisses. Mais elle n'admettait pas, et ceci depuis les analyses de Hume, qu'un jugement de valeur, ou une norme, pût être dérivé d'un jugement de fait. Le passage d'un jugement de fait à un jugement de valeur, de l'être au devoir être, ne pouvait pas être rationnel, car il ne relevait pas de la logique. Il fallait, par conséquent, admettre l'existence de jugements de valeur ou de normes primaires, de principes non-dérivés, expression de la volonté ou de l'émotion subjective du sujet qui les pose. C'est là une thèse commune à tous les positivistes, depuis Hume jusqu'à Ayer, et qui a été bien présentée par le professeur Léonard G. Miller dans son article « Du scepticisme moral », que j'ai critiqué il y a plusieurs années (1)

Ce qui semble justifier le point de vue positiviste, c'est que, grâce à l'expérience et à la démonstration, on peut établir la vérité de certains faits et de certaines propositions, logiques et mathématiques, alors que les jugements de valeur restent controversés, sans que l'on ait pu trouver une méthode rationnelle permettant d'établir un accord à leur sujet. Très souvent, en effet, quand il faut surmonter les désaccords qu'ils suscitent, et prendre une décision, c'est la raison du plus fort qui s'impose comme la meilleure, le plus fort étant celui qui l'emporte par les armes ou par un vote majoritaire. Il arrive parfois que ces deux techniques se combinent, le droit de vote n'étant accordé qu'à une minorité privilégiée, soutenue par le pouvoir militaire. Dans certaines républiques d'Amérique latine, les décisions politiques importantes étaient prises à la majorité des votants, seuls les généraux bénéficiant du droit de vote.

La conception positiviste avait pour conséquence inévitable de limiter le rôle de la logique, des méthodes scientifiques et de la raison, à des problèmes de connaissance, purement théoriques, en niant la possibilité d'un usage pratique de la raison. Elle s'opposait par là à la tradition aristotélicienne, qui admettait une raison pratique s'appliquant à tous les domaines de l'action, depuis l'éthique jusqu'à la politique, et justifiant la philosophie comme recherche de la sagesse.

Personnellement, j'ai toujours cherché à étendre le rôle de la raison et c'est dans cette perspective que j'ai entamé, il y a plus de trente ans, mon analyse de la notion de justice (2). En appliquant à cette notion une méthode d'analyse d'inspiration positiviste, j'ai obtenu un premier résultat : j'ai pu dégager une notion de justice formelle qui correspond à la règle de justice, selon laquelle il est juste de traiter de la même façon des situations essentiellement semblables (3). Cette règle, qui est centrale dans toute application d'une norme à des situations particulières, est indispensable dans toute conception positiviste du droit. Elle semble, à première vue, étrangère à tout jugement de valeur. Mais dès que l'on veut utiliser cette règle, il faut décider si une situation nouvelle est ou n'est pas essentiellement semblable à une autre qui pourrait servir de précédent, et le recours à un jugement

(1) Pour cet article et la critique, cf. mon recueil *Droit, morale et philosophie*, L.G.D.J., Paris, 1968, p. 65-78.
(2) Cf. « De la justice », *Justice et Raison*, p. 9-80.
(3) *Ibid.*, p. 26.

de valeur devient inévitable : il faut en effet déclarer que les différences qui distinguent les deux cas sont ou ne sont pas négligeables. Or, en 1944, quand j'ai rédigé cette première étude sur la justice, je considérais les jugements de valeur comme entièrement arbitraires (4).

Mais cette réponse, qui équivaut au renoncement à toute philosophie pratique, ne pouvait me satisfaire, car elle signifiait que l'on abandonne aux émotions, aux intérêts et, en fin de compte, à la violence, le règlement de tous les problèmes relatifs à l'action humaine, et spécialement à l'action collective, tous ceux qui relèvent traditionnellement de la morale, du droit et de la politique. En effet, si l'on se tient à la méthode positiviste, l'idée d'un choix, d'une décision, d'une solution *raisonnable*, impliquant la possibilité d'un usage pratique de la raison, devait être exclue. Mais même si l'on dépasse l'approche positiviste, il ne suffisait pas de souhaiter une conception élargie de la raison : il fallait encore élaborer une méthodologie qui permette de la mettre en œuvre, en élaborant une logique des jugements de valeur qui ne fasse pas dépendre ceux-ci de l'arbitraire de chacun.

50. Pour élaborer une telle logique, je n'ai pas cru mieux faire que de m'inspirer de la méthode utilisée par le célèbre logicien allemand Gottlob Frege, pour renouveler la logique formelle. En partant de l'idée que l'on trouvera dans les déductions des mathématiciens les meilleurs échantillons d'un raisonnement logique, il a analysé leurs techniques de preuve pour dégager les procédés de ceux qui, ne se contentant pas d'un recours à l'intuition et à l'évidence, cherchent à démontrer leurs théorèmes d'une façon rigoureuse. Une analyse analogue ne devrait-elle pas, à partir des raisonnements impliquant des valeurs, permettre de dégager ce que l'on pourrait appeler une logique des jugements de valeur ?

Une telle entreprise, entamée dès 1947, avec la précieuse collaboration de Madame Olbrechts-Tyteca, a débuté par des analyses de textes variés, de traités philosophiques, d'articles politiques, d'ouvrages de morale et d'esthétique. Elle nous a conduits, après près de deux ans d'efforts, à la conclusion inattendue qu'il n'y avait pas de logique spécifique des jugements de valeur, mais que, dans les domaines examinés, comme dans tous ceux où il s'agit d'opinions controversées, quand on discute et qu'on délibère, on recourt à des techniques d'argumentation. Celles-ci avaient été analysées, depuis l'antiquité, par tous ceux qui s'intéressaient au discours visant à persuader et à convaincre, et qui avaient publié des ouvrages intitulés *Rhétorique*, *Dialectique* et *Topiques* (5).

(4) *Ibid.*, p. 75-76.

(5) Cf. notre article, « Logique et rhétorique », publié en 1950 dans la *Revue philosophique de la France et de l'étranger*, et repris dans *Rhétorique et Philosophie*, Presses universitaires de France, Paris, 1952, p. 1 à 43.

Cette découverte n'est pas sans pertinence pour la logique juridique. Car, si le raisonnement du juge doit s'efforcer d'aboutir à des solutions qui soient équitables, raisonnables, acceptables, indépendamment de leur conformité à des normes juridiques positives, il est essentiel de pouvoir répondre à la question : « Par quels procédés intellectuels le juge arrive-t-il à considérer telle décision comme équitable, raisonnable ou acceptable, alors qu'il s'agit de notions éminemment controversées ».

C'est quand il s'agit de telles notions qu'il y a lieu, d'après Platon, de recourir à la dialectique. Citons, à ce propos, un extrait d'un fort intéressant article du professeur J. Moreau (6) qui, paraphrasant et commentant un texte de *Platon* (*Euthyphron* 7 b-d) écrit : « Si nous différions d'avis, toi et moi, dit Socrate à Euthyphron, sur le nombre (des œufs dans un panier), sur la longueur (d'une pièce d'étoffe) ou sur le poids (d'un sac de blé), nous ne nous disputerions pas pour cela ; nous n'entamerions pas une discussion ; il nous suffirait de compter, de mesurer ou de peser, et notre différend serait résolu. Les différends ne se prolongent et ne s'enveniment que là où nous manquent de tels procédés de mesure, de tels critères d'objectivité ; c'est le cas, précise Socrate, quand on est en désaccord sur le juste et l'injuste, le beau et le laid, le bien et le mal, en un mot, sur les valeurs. Or, si l'on veut éviter en pareil cas que le désaccord ne dégénère en conflit et ne soit résolu par la violence, il n'est d'autre moyen que d'avoir recours à une discussion raisonnable. La dialectique, art de la discussion, apparaît comme la méthode appropriée à la solution des problèmes pratiques, ceux qui concernent les fins de l'action où sont engagées des valeurs ; c'est à l'examen de telles questions qu'elle est employée dans les dialogues socratiques et c'est la raison de l'estime où elle est tenue par Platon ».

C'est en l'absence de techniques unanimement admises que le recours aux raisonnements *dialectiques et rhétoriques* s'impose, raisonnements visant à établir un *accord* sur des valeurs et leur application, quand celles-ci font l'objet d'une controverse.

On voit apparaître ainsi le caractère central de la notion d'accord, si négligée dans les philosophies rationalistes ou positivistes, où ce qui importe c'est la *vérité* d'une proposition, l'accord venant par surcroît, une fois que la vérité a été établie par le recours à l'intuition ou à la preuve. Mais la notion d'accord devient centrale quand les moyens de preuve sont absents ou insuffisants, et surtout quand l'objet du débat n'est pas la vérité d'une proposition, mais la valeur d'une décision, d'un choix, d'une action, considérés comme justes, équitables, raisonnables, opportuns, honorables, ou conformes au droit.

(6) J. Moreau, « Rhétorique, dialectique et exigence première », *Théorie de l'argumentation*, Nauwelaerts, Louvain, 1963, p. 207.

Comment obtient-on l'accord d'autrui, et le sien propre dans le cas d'une délibération intime ?

C'est ce que nous avons examiné dans un *Traité de l'argumentation* que nous avons intitulé également « La nouvelle rhétorique » (7).

Nous consacrerons le premier chapitre à l'argumentation en général et le deuxième à l'argumentation spécifique au droit. Nous montrerons ainsi successivement l'importance de la nouvelle rhétorique comme instrument de la raison pratique et son importance particulière pour la logique juridique.

(7) Cf. Ch. PERELMAN et L. OLBRECHTS-TYTECA, *Traité de l'argumentation, La nouvelle rhétorique*, Editions de l'Université de Bruxelles, 1976³ (1re éd., Presses universitaires de France, 1958).

1

La nouvelle rhétorique et les valeurs

51. La Rhétorique, qui a été élaborée par les Anciens, et à laquelle ont été consacrés les ouvrages bien connus d'Aristote, de Cicéron et de Quintilien, est une discipline qui, après avoir été considérée comme le couronnement de l'éducation gréco-romaine, a dégénéré au XVIe siècle quand elle a été réduite à l'étude des figures de style, puis a entièrement disparu des programmes de l'enseignement secondaire. Cette rhétorique a été définie par Aristote comme l'art de rechercher, dans toute situation, les moyens de persuasion disponibles (1). En prolongeant et développant la définition d'Aristote, nous dirons qu'elle a pour objet l'étude des techniques discursives visant *à provoquer ou à accroître l'adhésion des esprits aux thèses qu'on présente à leur assentiment* (2).

Cette définition doit être complétée par *quatre remarques* qui permettront d'en préciser la portée.

La première est que *la rhétorique cherche à persuader au moyen du discours*. Quand on a recours à l'expérience pour obtenir l'adhésion à une affirmation, il ne s'agit pas de rhétorique. Il est vrai que, pour

(1) ARISTOTE, *Rhétorique*, I, 1355, b 26-27.
(2) Ch. PERELMAN et L. OLBRECHTS-TYTECA, *Traité de l'argumentation*, p. 5.

adhérer à l'énoncé d'un fait, l'expérience ne peut suffire sans un accord préalable sur le sens des mots utilisés dans l'énoncé. Dès que l'on discute du sens des mots, et pour obtenir un accord à ce propos, il sera indispensable de recourir à la rhétorique au sens large, qui englobe également les topiques et la dialectique, les techniques propres au débat et à la controverse.

Nous excluons également de la rhétorique la violence comme la caresse, mais il est difficile d'en éliminer la menace et la promesse, car celles-ci se servent du langage pour gagner l'adhésion.

La deuxième remarque concerne *la démonstration et les rapports de la logique formelle à la rhétorique.*

La preuve démonstrative, celle qui est analysée par la logique formelle, est plus que persuasive, elle est convaincante, mais ceci à condition d'admettre la vérité des prémisses dont elle part. En effet, la validité d'une démonstration ne garantit la vérité de la conclusion que si l'on est disposé à reconnaître celle des prémisses.

Descartes et les rationalistes ont pu négliger la rhétorique dans la mesure où la vérité des prémisses était garantie par leur *évidence*, résultant du fait que celles-ci concernaient des idées claires et distinctes, à propos desquelles aucune discussion n'était possible. En présupposant l'évidence du point de départ, les rationalistes se sont désintéressés de tous les problèmes que pose le maniement d'un langage. Mais dès qu'un mot peut être pris dans plusieurs sens, dès qu'il s'agit de clarifier une notion vague ou confuse, se pose un problème de choix et de décision, que la logique formelle est incapable de résoudre ; il y a lieu de fournir les raisons du choix pour obtenir l'adhésion à la solution proposée, et l'étude des arguments relève de la rhétorique.

La troisième remarque est que *l'adhésion à une thèse peut être d'une intensité variable*, chose essentielle quand il s'agit non de vérités, mais de valeurs. En effet, nous admettons au départ que les faits et les vérités sont toujours compatibles, et deux propositons évidentes ne peuvent pas affirmer des thèses contradictoires : C'est une évidence, écrira Brentano (3) que celui qui affirmerait « la négation de ce qu'affirme celui qui juge avec évidence, ne peut pas juger avec évidence ». Si c'était le cas, un des *faits* perdrait son statut et deviendrait apparence, une des « vérités » serait disqualifiée et deviendrait erreur. Mais il n'en est pas de même quand il s'agit d'un choix entre valeurs. Quand l'on ne peut obtenir l'une qu'en sacrifiant l'autre, dire qu'on ne sacrifie qu'une valeur apparente, c'est ignorer la signification du sacrifice. Si Abraham, pour obéir à Jahve, est prêt à sacrifier son fils unique, ce n'est pas parce qu'il ne lui est pas attaché. Au contraire,

(3) E. Brentano, *Die Lehre vom richtigen Urteil*, Berne, 1930, p. 192. Cf. mon article « De l'évidence en métaphysique », in *Le champ de l'argumentation*, p. 241.

tout le récit biblique met en valeur l'immensité de son sacrifice. Les martyrs de la foi témoignent de leur conviction, car ils sont prêts à payer de leur vie leur fidélité religieuse. La grandeur de celle-ci se mesure à la grandeur de leur sacrifice. Quand il s'agit d'adhérer à une thèse ou à une valeur, l'intensité d'adhésion peut toujours être utilement augmentée, car on ne sait jamais avec quelle thèse ou quelle valeur elle pourrait entrer en compétition, en cas d'incompatibilité, et donc de choix inévitable.

La quatrième remarque, qui distingue la rhétorique de la logique formelle ou même des sciences positives, c'est qu'*elle ne concerne pas tant la vérité que l'adhésion*. Les vérités sont impersonnelles, et le fait qu'on les reconnaît, ou non, ne change rien à leur statut. Mais l'adhésion est toujours l'adhésion d'un ou plusieurs esprits auxquels on s'adresse, c'est-à-dire d'un auditoire.

52. La notion d'*auditoire* est centrale en rhétorique. Car, un discours ne peut être efficace que s'il est adapté à l'auditoire qu'il s'agit de persuader ou de convaincre.

Dans sa rhétorique, Aristote analyse longuement les différents types d'auditoires, différenciés par l'âge ou la fortune. En pensant à la foule réunie sur la place publique, il souligne que la rhétorique a pour tâche de gagner l'adhésion d'un auditoire non spécialisé et qui n'est pas capable de suivre un raisonnement compliqué (4), mais rien ne nous oblige à nous limiter de cette façon. En effet, une argumentation persuasive ou convaincante peut s'adresser à n'importe quel auditoire, qu'il s'agisse de savants ou d'ignorants, que l'on s'adresse à une personne, à un petit nombre ou à l'humanité tout entière. On argumente aussi avec soi-même, dans une délibération intime. Il arrive également qu'un même discours puisse s'adresser simultanément à plusieurs auditoires ; l'orateur peut, dans un discours au Parlement, subdiviser son auditoire en autant d'éléments qu'il y a de partis politiques ; il peut chercher à gagner à sa cause l'opinion publique nationale ou internationale, qui ne réagiront pas nécessairement de la même façon à chacun de ses arguments.

De là la supériorité, au point de vue théorique, d'arguments qui seraient admis par chacun, c'est-à-dire par l'auditoire universel : on dira alors que l'on adresse un appel à la raison, que l'on utilise des arguments convaincants, qui devraient être acceptés par tout être raisonnable. C'est cette espèce d'arguments qu'Aristote analyse dans les *Topiques* où la notion d'auditoire n'est pas explicite, car il s'agit de raisonnements dialectiques qui peuvent être utilisés dans toute controverse, à l'égard de n'importe quel interlocuteur, et qu'il n'y a donc pas lieu d'adapter aux particularités de tel ou tel auditoire.

(4) ARISTOTE, *Rhétorique*, Liv. I, 1357, 1-4.

La nouvelle rhétorique, considérant que l'argumentation peut s'adresser à des auditoires variés , ne se bornera pas, comme la rhétorique classique, à l'examen des techniques du discours public, adressé à une foule non spécialisée, mais s'intéressera également au dialogue socratique, à la dialectique, telle qu'elle a été conçue par Platon et Aristote, à l'art de défendre une thèse et d'attaquer celle de l'adversaire, dans une controverse. Elle englobera donc tout le champ de l'argumentation, complémentaire de la démonstration, de la preuve inférentielle qu'étudie la logique formelle.

53. Toute argumentation étant relative à l'auditoire, qu'elle se propose d'influencer, présuppose, tant dans le chef de l'orateur que dans celui des auditeurs — et j'entends par là également celui qui présente ses arguments par écrit ainsi que ceux auxquels il s'adresse — le désir de réaliser et de maintenir un contact des esprits ,de vouloir persuader, dans le chef de l'orateur, de vouloir écouter, dans le chef de l'auditoire. Or ceci ne va nullement de soi. On ne donne pas à n'importe qui, sur n'importe quel sujet, dans n'importe quelle circonstance, l'occasion de se faire entendre. Les enfants n'ont, le plus souvent, que le droit de se taire. Seuls les députés et les sénateurs, ainsi que les responsables de l'exécutif, peuvent normalement prendre la parole à la Chambre ou au Sénat. Dans les Cours et tribunaux, il faut une qualité particulière pour avoir droit à la parole ; il en est de même dans la plupart des sociétés savantes ou autres. La libre circulation des idées n'existe que dans certains pays privilégiés ; dans la plupart des Etats, seuls des porte-parole du pouvoir peuvent s'adresser au grand public et la censure empêche la diffusion des idées subversives.

D'autre part, c'est déjà appréciable si l'on cherche à gagner votre adhésion, si l'on cherche à vous persuader, au lieu de vous ignorer ou de vous donner des ordres, sans se préoccuper de votre avis.

Le contact des esprits exige un langage commun, qui puisse être compris des auditeurs, qui leur soit même familier. Ceci ne pose aucun problème si l'on s'adresse à des auditeurs qui ont la même formation, la même profession, ou si l'on s'adresse, sur des problèmes non spécialisés, à son milieu habituel. Mais dès que le milieu est inconnu, ou que l'on cherche à obtenir, à propos de questions techniques, l'adhésion d'un auditoire non initié, l'adaptation de l'orateur à son auditoire peut présenter des difficultés non négligeables. C'est tout le problème de la *vulgarisation.*

L'adaptation à l'auditoire ne concerne pas uniquement des questions de langage, car il ne suffit pas que l'auditoire comprenne l'orateur pour qu'il donne son adhésion aux thèses que celui-ci présente à son assentiment.

Pour persuader son auditoire, il faut d'abord le connaître, c'est-à-dire connaître les thèses que l'auditoire admet au préalable, et auxquelles on pourra accrocher l'argumentation. Il est important non seulement de savoir quelles sont les thèses que les auditeurs admettent, mais en plus, avec quelle intensité ils y adhèrent, car ce sont elles qui fourniront le point de départ de l'argumentation. En effet, le plus souvent, dans une controverse, des thèses sont opposées les unes aux autres, et l'emportera celle à laquelle on accorde le plus de poids, à laquelle on adhère avec le plus d'intensité. Rattacher une argumentation à des prémisses auxquelles on n'accorde qu'une adhésion de façade, est aussi désastreux qu'accrocher un lourd tableau à un clou mal enfoncé dans le mur : le tout risque de s'écrouler et, au lieu de voir les conclusions adoptées, par suite de la solidarité que l'on établit entre elles et les thèses de départ, ce sont celles-ci qui seront abandonnées par l'auditoire, si les conclusions auxquelles aboutit l'argumentation lui semblent moins acceptables que les thèses auxquelles on les rattache. C'est la raison d'ailleurs pour laquelle certains discours, tels les éloges funèbres, les cérémonies patriotiques et religieuses, les commémorations de toute espèce, sont si importants pour renforcer l'adhésion aux valeurs qui pourraient être mises à l'épreuve en d'autres occasions. Ces discours, qui ne mènent à aucune décision concrète, à aucune action particulière, créent néanmoins une disposition préalable, essentielle pour orienter les choix futurs.

54. Nous percevons, sur ce point, une nette différence entre le discours sur le réel et le discours sur des valeurs. En effet, ce qui s'oppose au vrai ne peut qu'être faux, et ce qui est vrai ou faux pour certains doit l'être pour tous : on n'a pas à choisir entre le vrai et le faux. Mais ce qui s'oppose à une valeur ne cesse pas d'être une valeur, même si l'importance qu'on lui accorde, l'attachement qu'on lui témoigne, n'empêchent pas, éventuellement, de la sacrifier pour sauvegarder la première. Rien ne garantit d'ailleurs que la hiérarchie des valeurs de l'un sera reconnue par un autre. Bien plus, rien ne garantit que la même personne, au cours de son existence, restera toujours attachée aux mêmes valeurs : le rôle de l'éducation, de la formation spirituelle, la possibilité d'une conversion, supposent que les attitudes, les prises de position, les hiérarchies de valeurs, ne sont pas immuables.

Alors que les raisonnements démonstratifs, les inférences formelles, sont corrects ou incorrects, les arguments, les raisons que l'on fournit pour ou contre une thèse, sont plus ou moins forts, et font varier l'intensité d'adhésion d'un auditoire. Toutes les techniques d'argumentation visent, en partant de ce qui est admis, à renforcer ou à affaiblir l'adhésion à d'autres thèses, ou à susciter l'adhésion à des thèses nouvelles, celles-ci pouvant d'ailleurs résulter de la réinterprétation et de l'adaptation des thèses primitives.

55. Aristote avait distingué trois genres oratoires, le délibératif, le judiciaire et l'épidictique, les deux premiers présupposant une controverse politique ou un litige judiciaire, alors que l'épidictique ne menait à aucune décision particulière. Les discours épidictiques n'étaient pour lui qu'un spectacle, et le rôle des auditeurs, d'après lui, n'était pas de prendre une décision, mais d'apprécier le talent de l'orateur (5). Mais, en fait, on peut transformer en spectacle ou œuvre littéraire, n'importe quel genre de discours : tel le *Pro Milone* de Cicéron, que celui-ci avait modifié pour en faire un chef d'œuvre littéraire, après la condamnation de Milon ; tel le discours d'Antoine dans le *Jules César* de Shakespeare, composé longtemps après les événements. Contrairement à l'opinion d'Aristote, les discours épidictiques ont un effet sérieux, celui de créer une communion autour de certains événements, certaines personnes, certaines réalisations, dont la mise en valeur caractérise la culture d'une société. C'est à cela que servent l'histoire patriotique, les idéologies et les mythes communautaires, auxquels la science historique et les philosophies vont opposer des valeurs universelles, qui caractérisent les cultures humanistes. Ces dernières se présentent comme visant à la vérité et à l'objectivité, donc à des valeurs qui s'imposent à tous. C'est ainsi qu'apparaît l'ambiguïté de la notion de vérité, tantôt étrangère aux valeurs, tantôt valeur universelle, s'imposant à tous, et primant toutes les autres valeurs. Nous verrons, dans le dernier chapitre, quels enseignements intéressants le droit nous livre à ce propos.

S'il est incontestable que toute argumentation présuppose l'adhésion de l'auditoire à certaines thèses, à certaines opinions préalables, on ne peut que récuser l'épistémologie empiriste qui s'efforce de dériver toutes nos idées de l'expérience. Car elle oublie que, à côté de l'expérience, dont le rôle est indéniable pour contrôler et corriger nos idées, celles-ci constituent un élément préalable, transmis par la tradition et l'éducation, et qui nécessite l'existence d'une langue commune, synthèse et symbole d'une culture. L'insertion des jeunes dans une communauté suppose qu'ils ont appris ses usages et ses particularités, et plus particulièrement la langue commune et toutes les représentations auxquelles elle renvoie. Mais l'apprentissage d'une langue signifie aussi l'adhésion aux valeurs que cette langue charrie d'une façon explicite ou implicite, aux théories dont elle porte la trace, aux classifications qui sont sous-jacentes à l'emploi des termes. L'enfant s'intègre par l'imitation de ses parents et de ses maîtres, auxquels il accorde une valeur qu'il transfère sur leurs façons d'agir, de parler et de penser. En effet, sans les sentiments d'amour, de respect, d'admiration dont l'éducateur se sert pour réaliser ce transfert, il ne peut agir que par la menace ou la promesse d'une récompense, en se servant du bâton ou de la carotte proverbiales.

(5) *Ibid.*, 1358 b 1-7.

C'est bien à cette conclusion que sont arrivés les utilitaristes depuis Hobbes, qui en négligeant les émotions qui favorisent la socialisation de l'enfant, se sont arrêtés aux valeurs biologiques, le désir de vivre et la crainte de mourir, le plaisir et la douleur, qui guideront l'intérêt bien compris de chacun. Mais même dans ce cas, quand on ne voit dans les valeurs sociales et culturelles que des valeurs dérivées, des moyens en vue de fins égoïstes, l'effort éducatif des épicuriens et des utilitaristes visera à hiérarchiser les plaisirs et les douleurs au moyen d'arguments de toute espèce, qui ne manqueront pas de faire appel aux sentiments d'amour-propre, d'ambition, d'honneur, pour promouvoir certaines valeurs, un certain idéal de l'homme, qui prévalent dans tel milieu, tel groupe culturel ou professionnel. Ce qui permettra, dans l'argumentation entre adultes, de considérer comme reconnues non seulement des valeurs d'ordre purement égoïste, mais des traditions, des institutions, des modèles, souvent d'inspiration religieuse, qui donnent à chaque culture son originalité propre.

56. Les réflexions consacrées, depuis Aristote jusqu'à Goblot, au raisonnement pratique, à la délibération, à la logique des jugements de valeur (6), ont surtout insisté sur l'aspect technique de ces raisonnements : une fin étant recherchée, quels sont les meilleurs moyens d'y parvenir, quels sont les obstacles à lever, seules les valeurs instrumentales, dérivées, faisant l'objet d'une délibération, d'une réflexion dont on dégageait la logique. La valeur des fins n'était pas discutée ou mise en question.

Cette façon de procéder peut suffire, à la rigueur, quand la fin poursuivie est unique : mais qu'arrive-t-il si sa poursuite est incompatible avec d'autres fins, d'autres valeurs et d'autres normes, auxquelles on est également attaché ? Dans la vision traditionnelle et rationaliste de la philosophie occidentale, on a toujours cherché à éliminer ce pluralisme des valeurs et des normes, grâce à une systématisation et à une hiérarchisation, que l'on prétendait objective, de tous les aspects du réel. Ce qui était opposé à l'ontologie ainsi élaborée était disqualifié comme erreur ou apparence; les valeurs ainsi disqualifiées étant subordonnées à ce qui est vraiment réel ou à ce qui est réel d'une façon éminente. Par cette façon de faire, au lieu de mettre en évidence ce qui distingue les valeurs des vérités, on cherche un fondement objectif aux valeurs et aux normes, grâce à l'ontologie, placée sous le signe de la vérité, comme si elle n'était qu'une science parmi d'autres.

Les utilitaristes, qui ont récusé l'ontologie, ont cherché néanmoins à guider les conduites humaines, en faisant dépendre la solution rationnelle de tous les problèmes pratiques des sentiments de plaisir et de douleur, dont la grandeur serait déterminable quantitativement, d'une

(6) Aristote, *Ethique à Nicomaque*, Liv. III ; E. Goblot. *La logique des jugements de valeur*, Paris, 1927.

façon identique par tous les hommes. Dans la pensée de Bentham, l'arithmétique des plaisirs permettrait, grâce à des éléments scientifiques, et objectifs, de mettre fin à toutes les controverses concernant les valeurs.

Par le recours à l'ontologie ou à une science de la conduite, on transforme chaque fois les problèmes concernant des valeurs en problèmes relatifs à la vérité, des problèmes pratiques en problèmes théoriques : on continue, sous diverses variantes, la morale du sage qui espère, par une meilleure connaissance de l'ordre universel, de la nature humaine ou des commandements divins, trouver la bonne solution, l'unique solution des problèmes que pose l'action, en mettant ainsi fin aux désaccords et aux controverses.

Notons que, dès l'antiquité, ceux qui avaient accordé quelque attention à ces controverses, n'ont pas manqué de reconnaître l'existence d'un certain pluralisme, dont le sens commun a toujours eu conscience. C'est ainsi que, pour Aristote, s'il est indéniable que tous les hommes recherchent le bonheur, néanmoins certains identifient le bonheur avec le plaisir, d'autres avec l'honneur, d'autres enfin préfèrent la vie contemplative à la vie politique, et trouvent le bonheur dans la connaissance (7).

Pour les stoïciens, et spécialement pour Epictète, l'existence d'un accord sur ce qu'ils qualifient de « prénotions », qui sont des valeurs de sens commun, universellement admises, n'empêche pas des désaccords sur des cas d'application, quand il s'agit de passer des valeurs communes aux conduites concrètes qu'elles devraient guider. Voici, à ce propos, un passage caractéristique des *Entretiens* d'Epictète :

« Les prénotions sont communes à tous les hommes. Aucune prénotion n'est en contradiction avec une autre. Qui d'entre nous n'admet que le bien est chose utile, souhaitable, à rechercher et à poursuivre en toutes circonstances ? Qui n'admet que le juste est chose belle et convenable ? Alors à quel moment y a-t-il contradiction ? Quand on applique les prénotions aux réalités particulières, quand l'un dit « Il a agi honnêtement, c'est un homme courageux » et l'autre « Non, c'est un insensé ». Il y a ainsi conflit des hommes entre eux. Tel est le conflit qui oppose Juifs, Syriens, Egyptiens et Romains : qu'il faille avant tout rechercher la sainteté, et la rechercher en tout, ce n'est pas en question ; mais on se demande s'il est ou non conforme à la sainteté de manger du porc. Tel est le conflit qui oppose Agamemnon et Achille. Convoque les devant toi. Que diras-tu Agammemnon ? Ne faut-il pas agir comme on doit et avec honnèteté ? Il le faut. Et toi, Achille, que dis-tu ? N'est-tu pas d'avis qu'il faut agir honnêtement ? Je suis absolument de cet avis. Appliquez maintenant ces prénotions : voilà où commence le conflit. L'un dit qu'il ne faut pas rendre

(7) ARISTOTE, *Ethique à Nicomaque*, Liv. I, 5, 1095 b 13-35, 1096 a 1-4.

Chryséis à son père, l'autre dit qu'il faut la rendre. De toutes façons, l'un des deux applique mal la prénotion du devoir» (8).

Devant la multiplicité des caractères humains, la pluralité des opinions, le rôle traditionnel des philosophes était, en établissant une hiérarchie entre ces caractères, en enseignant le vrai sens des mots, de fournir la réponse valable, objectivement fondée, qui s'imposerait à tous les êtres doués de raison.

Malheureusement ces espoirs millénaires se sont avérés vains : la multiplicité des philosophies entraînant des controverses sans fin, opposée au corps commun des connaissances scientifiques, a conduit à un scepticisme croissant quant au rôle pratique de la raison, et à une séparation méthodologique entre jugements de réalité et jugements de valeur. Seuls les jugements de réalité seraient l'expression d'une connaissance objective, empiriquement et rationnellement fondée, les jugements de valeur étant, par définition, irrationnels, subjectifs, dépendant des émotions, intérêts et décisions arbitraires des individus et groupements de toute espèce.

Mais ce scepticisme relatif au rôle de la raison pratique, présente, quant à lui, un *double inconvénient*. En réduisant à néant le rôle et les espoirs traditionnels de la philosophie, il abandonne à des facteurs irrationnels, et en fin de compte à la force et à la violence, individuelle et collective, la solution des conflits concernant la pratique. Il dénie, par ailleurs, tout sens à la notion de *raisonnable*, de sorte que les expressions « choix raisonnable », « décision raisonnable », « action raisonnable », n'étant que des rationalisations, des faux-semblants, il est exclu que les discussions et les controverses puissent être terminées autrement que par le recours à la force, la raison du plus fort étant toujours la meilleure. Du coup, toute éducation, toute morale, toute philosophie pratique, qu'elle soit d'inspiration religieuse ou laïque, qu'elle porte sur l'éthique, le droit ou la politique, ne sont qu'idéologie et légitimation captieuse des forces et des intérêts en conflit. Avec l'écroulement de la philosophie pratique, la négation de la valeur de tout raisonnement pratique, toutes les valeurs pratiques, telles que la justice, l'équité, le bien commun, le raisonnable, ne sont plus que des mots vides que chacun pourra remplir d'un sens conforme à ses intérêts.

Mais il y a plus. Depuis une vingtaine d'années, la réaction antipositiviste qui caractérise la philosophie d'après-guerre, a mis en évidence le fait que non seulement les sciences humaines, telles que l'histoire, mais aussi les sciences naturelles elles-mêmes, ne peuvent se constituer et progresser sans une vision du monde et une méthodologie qui présupposent des jugements de valeur implicites, sinon explicites, permettant de se concentrer sur ce qui est essentiel, important, pertinent, fécond, simple, en écartant ce qui est accidentel,

(8) Epictète, « Les Entretiens », in *Les Stoïciens*, I, XXII, trad. Bréhier, Paris, éd. de la Pléiade, p. 857-858.

négligeable, irrelevant, stérile, inutilement compliqué. Si, comme l'a montré Thomas S. Kuhn, dans son ouvrage consacré aux révolutions scientifiques (9), chaque recherche scientifique s'insère dans une vision du monde et une méthodologie, qui ne peuvent se passer de jugements de valeur, d'appréciations préalables à toute théorie et à toute classification, à toute élaboration d'une terminologie appropriée, le rejet de ces jugements de valeur dans l'arbitraire et l'irrationnel, enlève, du coup, tout fondement à l'édifice de la science, qui garantit les jugements de réalité dont l'objectivité semblait la plus assurée. En effet, comme les sciences ne sont que le produit de l'activité scientifique, leur méthodologie ne peut s'élaborer si l'on nie l'existence de critères qui permettraient de considérer comme préférables certaines hypothèses, certaines théories, une certaine terminologie et un certain usage du langage.

Si l'on rejette ce nihilisme, si l'on croit que tout ce qui concerne les valeurs n'est pas arbitraire, et que les jugements de réalité n'en sont pas entièrement indépendants, on écartera, comme non fondé, le fossé établi par le positivisme entre les jugements de réalité et les jugements de valeur. On arrivera, au contraire, à la conclusion que, au sein d'une étude générale des raisonnements pratiques, des considérations propres à la méthodologie feront prévaloir certains modèles et certains critères dans les sciences, et que d'autres considérations caractériseront le raisonnement juridique et la méthodologie propre aux différents systèmes de droit.

Si l'on accepte une pareille position, il est normal de commencer l'analyse du raisonnement pratique, c'est-à-dire de l'argumentation visant à justifier et à critiquer des décisions, par des considérations d'ordre général, quitte à élaborer par la suite, des méthodologies particulières pour chacune des disciplines, en indiquant comment les fins qu'elles poursuivent permettent de spécifier et de préciser les valeurs et les critères qui paraissent les plus appropriés à leur réalisation. C'est ainsi qu'une théorie générale de l'argumentation, c'est-à-dire une nouvelle rhétorique, conçue dans son sens le plus large, semble un préalable à tout exposé consacré au raisonnement juridique.

56 *bis*. Nous avons vu que la Nouvelle rhétorique est l'étude des techniques discursives visant à provoquer ou à accroître l'adhésion à des thèses présentées à un certain auditoire.

Ces thèses sont formulées dans un langage particulier, qui est celui d'une communauté de culture, parfois d'une communauté professionnelle, élaboré dans l'histoire d'une culture, dans le développement d'une discipline. Une langue naturelle ou technique n'est ni nécessaire ni arbitraire : en effet, elle évolue, mais n'évolue pas sans

(9) Th. S. Kuhn, *The structure of scientific revolutions*, The University of Chicago Press, 1970, trad. française Flammarion, Paris, 1972.

raison. Toute initiation consiste dans le fait de transmettre aux nouveaux venus dans la communauté une langue et une terminologie qui sont le résultat d'une longue histoire ; elles ne sont pas immuables, mais on ne peut les modifier sans raison. En effet, comme une langue est un instrument de communication, elle doit être commune. Si l'on s'en écarte, ce ne peut être que pour des raisons suffisamment bonnes pour que les autres membres de la communauté soient disposés à s'y rallier.

Cette vision des choses, faisant de la langue un instrument de communication indispensable, s'oppose tant au réalisme qu'au nominalisme philosophiques qui ont cherché tous deux à minimiser le rôle du langage dans la connaissance.

Pour le premier, le langage n'est qu'un voile, qu'un obstacle, qu'il s'agit de lever pour entrer directement en contact avec la réalité, le monde des idées, saisissable grâce à une expérience immédiate, à une intuition rationnelle. La bonne méthode serait de partir des idées claires et distinctes, correspondant à des natures simples : si elles sont correctement élaborées, elles seront adéquates à un réel préalable ; dans la mesure où elles s'en écartent, elles sont à l'origine des confusions et des erreurs.

Les nominalistes, par contre, considèrent les signes et les axiomes, comme des conventions purement arbitraires, comme des hypothèses qu'on n'a pas à justifier, ce qui élimine à leur propos tout désaccord. S'il en résulte une pluralité des langues possibles, il n'y a pas lieu de choisir entre elles, et donc de fournir des raisons pour préférer tel usage linguistique à tel autre (10).

Mais si nous voyons dans une langue un instrument de communication et d'action, adaptable à des fins variées, et non seulement à des fins scientifiques, il n'est plus question de la modeler sur une langue idéale, caractérisée par l'univocité, l'absence de vague et d'ambiguïté. Ces caractéristiques, que l'on exige d'un langage formel, tel celui de la logique et des mathématiques, on ne peut l'imposer à tout langage, quel qu'il soit, et quelle que soit la fin pour laquelle on s'en sert. Une langue, élaborée dans un seul but, est bien souvent inadaptée pour un autre : la langue des calculs n'est pas la langue des poètes ou des diplomates, ni celle des juristes. Il en résulte que, au lieu de considérer la langue naturelle comme une approximation imparfaite d'une langue formelle, celui qui argumente prend comme point de départ de son raisonnement des thèses formulées dans la langue de l'auditoire auquel il s'adresse, et qui est normalement une langue ordinaire. Il ne verra dans une langue formelle qu'une adaptation et une régularisation d'une partie du langage naturel, adéquate aux fins poursuivies par les

(10) Cf. à ce propos notre article « Opinions et vérité », *Justice et Raison*, p. 196-205.

logiciens et les mathématiciens, et par les savants utilisant, dans leurs recherches, des modèles mathématiques.

57. L'argumentation ne vise pas exclusivement l'adhésion à une thèse parce qu'elle est vraie. On peut préférer une thèse à une autre parce qu'elle semble plus équitable, plus opportune, plus utile, plus raisonnable, mieux adaptée à la situation. Dans certains cas, il est vrai exceptionnels, on accordera la préférence à d'autres valeurs que la vérité ; nous l'avons déjà constaté (*supra* 20, quand nous avons traité de la preuve en droit) ; nous aurons encore l'occasion d'y revenir plus tard.

En nette opposition avec les méthodes de la logique formelle, qui ne fait aucune place aux réactions de l'auditoire, nous avons vu que toute argumentation doit partir de thèses auxquelles ceux que l'on veut persuader ou convaincre accordent leur adhésion. En négligeant cette condition, l'orateur, celui qui présente une argumentation, risque de commettre une *pétition de principe*. Celle-ci, classée traditionnellement parmi les sophismes, n'est pas, comme certains l'ont prétendu, une faute de logique formelle, mais une faute d'argumentation. Si c'était une faute de logique, on aurait dû ne voir qu'un sophisme dans le principe d'identité, qui affirme qu'une proposition s'implique elle-même (si p, alors p). Mais comme il concerne la vérité de propositions, et non l'adhésion à des thèses, le principe d'identité n'a jamais été mis en question. Par contre, quand il s'agit d'adhésion, il va de soi que celui qui cherche à gagner l'adhésion d'un auditoire à une thèse ne peut pas la présupposer au départ.

C'est à cause de la confusion de John Stuart Mill, dans sa célèbre critique du syllogisme, entre l'aspect démonstratif et l'aspect argumentatif de ce type de raisonnement, que les logiciens modernes n'ont tenu aucun compte de ses objections. Il est de fait que Mill a raison quand il dit que personne n'admettra la thèse que tous les hommes sont mortels s'il doute du fait que Socrate est mortel : la conclusion que Socrate est mortel ne serait qu'une pétition de principe dans la mesure où elle est présupposée par la majeure, que tous les hommes sont mortels. Cette critique, valable si le syllogisme était une forme d'argumentation, cesse d'être pertinente comme critique d'une forme de raisonnement qui ne concerne pas l'adhésion, mais la vérité (11).

Pour éviter la pétition de principe l'orateur doit connaître son auditoire, du moins les prises de position de ce dernier par rapport au sujet abordé.

Le prêtre qui fait un sermon devant les fidèles de son église a le droit de tabler sur ce que ceux-ci adhèrent, comme tous les croyants,

(11) Cf. à propos de la pétition de principe, *Traité de l'argumentation*, § 28.

aux textes sacrés et aux dogmes reconnus. Mais le même sermon, présenté à une réunion de philosophes, dont plusieurs seraient athées, ou aux adeptes d'une autre religion, ne manquerait pas d'être ridicule.

Un même discours politique ou idéologique serait convaincant ou ridicule selon que les thèses qu'il présuppose sont ou non admises par les auditeurs.

Celui qui ignore les opinions et les convictions de ceux auxquels il s'adresse pourrait, si son auditoire se réduit à une personne ou à un petit nombre, s'assurer, par la méthode des questions et des réponses — qui est la méthode socratique (maïeutique) — des thèses admises par ses interlocuteurs. Mais si les conditions sont telles que l'orateur ne peut procéder de cette façon, il est bien obligé de partir d'hypothèses ou de présomptions sur ce qui est admis par l'auditoire.

Ces présomptions seront d'autant plus assurées qu'il existe un corps de connaissances, un code, un programme politique, un ensemble de faits et de méthodes, de valeurs et de normes, que les auditeurs, étant données leur spécialité, leur fonction, leur appartenance politique ou confessionnelle, sont censés admettre. De même que le fidèle est censé partager les croyances de sa communauté religieuse, le physicien est censé admettre ce qui fait partie du corps non controversé de sa discipline, le juge est censé reconnaître la validité du droit qu'il doit appliquer, le membre d'un parti politique est censé adhérer au programme de ce parti (12).

58. Le problème des *thèses de départ* est plus difficile pour l'orateur quand il s'agit d'une question à propos de laquelle il ne peut pas se référer à un corps de doctrine préconstitué, quand il s'adresse à un public hétérogène qui, sur le problème à débattre, peut avoir des opinions très variées. La solution qui s'impose alors à l'orateur est de se fonder sur des thèses généralement admises, sur les opinions communes, celles qui relèvent du sens commun. Chaque orateur, à chaque époque, se fait une idée de ce qui est admis par le sens commun, des faits, des théories et des présomptions, des valeurs et des normes, censés admis par tout être raisonnable.

L'idée de *raison*, surtout dans ses applications pratiques, liée à ce qu'il est raisonnable de croire, a des liens indiscutables avec l'idée de *sens commun*, et c'est une des tâches de la philosophie de préciser et de systématiser les idées de sens commun, en éliminant de celles-ci, dans toute la mesure du possible, les ambiguïtés et les confusions, ainsi que les incompatibilités que l'adhésion à ces idées entraîneront pour une pensée quelque peu approfondie. Au nom des exigences de clarté et de cohérence, la réflexion philosophique, partie du sens

(12) *Ibid.*, § 26.

commun, en arrive à construire les grands systèmes qui sont les chefs-d'œuvre de la philosophie.

Une notion caractéristique de toute théorie de l'argumentation, déjà analysée par Aristote, est celle du *lieu commun*. Le lieu commun est tout d'abord un point de vue, une valeur, dont il faut tenir compte dans toute discussion et dont l'élaboration appropriée aboutira à une règle, une maxime, que l'orateur utilisera dans son effort de persuasion. Les lieux communs sont, par rapport à la pensée non spécialisée, ce que les lieux spécifiques sont par rapport à une discipline particulière. Si les principes généraux du droit ne sont rien d'autre que les lieux spécifiques du droit, des affirmations d'ordre très général, comme celles qu'Aristote a analysées dans ses *Topiques*, et que nous avons examinées dans le *Traité de l'argumentation* (§ 21 à 25) fourniront des principes de départ à une pensée non spécialisée. Nous avons opposé les lieux de la quantité (« est supérieur ce qui est plus utile à un plus grand nombre, ce qui est plus durable ») aux lieux de la qualité (« est supérieur ce qui est unique, incomparable, ce qui est rare et difficile »), nous avons fait état des lieux de l'ordre (« ce qui est cause est supérieur à ce qui n'est qu'effet »), de la supériorité de ce qui existe sur ce qui n'est que possible, etc.

Les lieux communs jouent, dans l'argumentation, un rôle analogue à celui des axiomes dans un système formel. Ils peuvent servir de point de départ justement parce qu'ils sont censés être communs à tous les esprits. Mais ils diffèrent des axiomes parce que l'adhésion qu'on leur accorde n'est pas fondée sur leur évidence, mais au contraire sur leur ambiguïté, sur la possibilité de les interpréter et de les appliquer de façons diverses. C'est ainsi qu'une réflexion sur la liberté peut partir d'un lieu commun tel que « la liberté vaut mieux que l'esclavage ». Même s'il s'agit d'une banalité, elle peut néanmoins, par la réinterprétation des notions de liberté et d'esclavage, aboutir à une philosophie originale, comme celle de Spinoza. Mais ce n'est pas parce que l'on est d'accord sur des thèses générales (« il faut chercher le bien et éviter le mal », « il ne faut pas infliger de souffrances inutiles »), que l'on sera d'accord sur les cas d'application. On voit par là que l'accord sur les lieux communs, comme l'accord sur les faits et les valeurs, ne garantit nullement l'accord sur leur mise en œuvre, et donc sur les conclusions auxquelles on aboutira.

59. Il va de soi que les faits, les valeurs, les lieux communs, qui serviront de point de départ à l'orateur, ne constituent jamais qu'un choix effectué dans une masse de données également disponibles. L'orateur, en choisissant tels faits, telles valeurs, tels lieux, plutôt que tels autres, en soulignant leur importance, grâce à diverses techniques de présentation, cherchera à leur accorder une *présence*, les mettra à l'avant-plan de la conscience des auditeurs.

La notion de présence, centrale dans la théorie de l'argumentation, alors qu'elle ne joue aucun rôle dans la logique traditionnelle, se réfère, pour commencer, à une présence effective, physique, comme l'atteste cette belle histoire chinoise racontée par Mencius (13) :

« Un roi voit passer un bœuf qui doit être sacrifié. Il en a pitié et ordonne qu'on y substitue un mouton. Il avoue que cela est arrivé parce qu'il voyait le bœuf et qu'il ne voyait pas le mouton. »

Le proverbe « loin des yeux, loin du cœur » exprime l'influence que la proximité ou l'éloignement, dans l'espace ou dans le temps, exercent sur l'affectivité. Ce qui distingue l'homme des animaux, c'est qu'il est capable de combattre la prééminence de ce qui est proche, par l'évocation, au moyen du discours, de ce qui est lointain. Les techniques du discours peuvent ainsi, comme l'a remarqué Lord Bacon « appliquer la raison à l'imagination pour mieux mouvoir la volonté » (14).

On n'insistera jamais trop sur le rôle que jouent, pour obtenir cet effet de présence, les figures de rhétorique, notamment l'*amplification*, développement oratoire d'un sujet, la *congérie*, amplification par énumération des parties d'un ensemble, la *répétition*, le *pseudo-discours direct*, où l'on attribue fictivement des paroles à une personne, l'*hypotypose*, où l'on décrit un événement comme s'il se déroulait devant nos yeux, l'*énallage du temps*, où l'on substitue un temps à un autre, contrairement aux règles de la grammaire (si tu parles, tu *es* mort) (15). L'art de la présentation, au lieu de produire un simple effet littéraire ou ornemental, remplit un rôle persuasif indéniable. Depuis le XVIe siècle, à la suite des idées de Pierre Ramus, on a étudié les figures de rhétorique en dehors de leur contexte, on les a traitées comme des fleurs dans un herbier, en négligeant leur rôle dynamique, pourtant indéniable dans un discours visant à persuader. Il serait utile et nous avons essayé de le faire occasionnellement dans notre traité, de reprendre l'examen de toutes les figures de rhétorique, en montrant que ce ne sont des figures de style que quand elles se révèlent inefficaces au point de vue argumentatif. Par contre, quand elles sont pleinement efficaces, on ne les perçoit même pas comme des figures, tellement la manière de s'exprimer paraît alors adaptée à la situation (16).

60. Pour communiquer avec son auditoire, l'orateur considérera le langage comme un vaste arsenal dans lequel il choisira les moyens qui lui semblent les plus favorables à sa thèse.

(13) G. PAUTHIER, *Confucius et Mencius*. Paris, 1852, p. 230 et s. — Cf. *Traité de l'argumentation* p. 156.
(14) Francis BACON *Of the advancement of learning*, Oxford University Press, Liv. II. XVIII. 1 ; réf. *Traité de l'argumentation*, p. 157.
(15) *Ibid.*, p. 235 à 239.
(16) *Ibid.*, § 41.

Tout exposé des faits peut les situer à divers niveaux de généralité. Une même action, celle de serrer les boulons d'une voiture, peut aussi être décrite comme une contribution à l'effort d'exportation d'un pays. Le choix d'un terme peut être valorisant ou dévalorisant. En associant deux caractères, on peut marquer le primat accordé à l'un ou à l'autre, en faisant de l'un ou de l'autre le substantif ou le qualificatif : il y a une différence entre « un corps animé » et « une âme incarnée » (17).

La manière de joindre les propositions, en les coordonnant ou en les subordonnant l'une à l'autre, permet d'orienter la pensée et de hiérarchiser les événements décrits. Les techniques de présentation peuvent accentuer la singularité des événements, ce qu'ils ont de particulier, et même d'unique ou, au contraire, ce qu'ils ont d'exemplaire et qui appelle une généralisation, une subsomption sous une catégorie d'événements semblables (18).

Que faire quand l'adhésion simultanée à plusieurs valeurs ou à plusieurs règles aboutit, dans des cas particuliers, à des incompatibilités ou à des antinomies ? Le sens commun considère comme des valeurs, admises par tous, la liberté et la justice. Mais il arrive, dès qu'on les conçoit de telle ou telle façon, qu'elles en viennent à se heurter dans une situation particulière. Pour résoudre l'incompatibilité qui se présente, il faudra ou sacrifier l'une des deux valeurs, ou redéfinir l'une d'elles afin de la subordonner à l'autre. On dissocie pour ce faire une notion, dont certains aspects seront qualifiés d'apparents. Si une certaine conception de la justice conduit à une tyrannie que l'on veut à tout prix éviter, on la qualifiera de justice *apparente*. Si un certain usage de la liberté viole l'idéal de justice, auquel on accorde la primat dans une certaine vision de l'homme et de la société, on dira qu'il s'agissait de licence ou de liberté *apparente*. C'est ainsi que la solution de conflits entre valeurs, que le sens commun reconnaît, peut conduire à des conceptions philosophiques et idéologiques différentes, car il existe diverses manières de résoudre un conflit entre valeurs et normes multiples, dans une situation donnée.

La supériorité de la pensée juridique sur la pensée philosophique, c'est que, contrairement à celle-ci, qui peut se contenter de formules générales et abstraites, le droit est obligé d'envisager la solution des difficultés qui apparaissent quand il s'agit d'appliquer ces formules générales à la solution de problèmes particuliers. Les philosophes seront satisfaits quand ils formulent un principe tel que l'impératif catégorique (*Agis de façon que la maxime de ton action puisse devenir en même temps la loi d'une législation universelle*) ou le principe utilitariste (*Agis de façon à réaliser la plus grande utilité du plus grand nombre*). Mais un juriste ne peut se limiter à l'énoncé de tels principes.

(17) *Ibid.*, § 30 à 33.
(18) Pour le raisonnement par l'exemple, *ibid.*, § 78.

Une fois formulé le principe de la responsabilité civile (Art. 1382 du Code Napoléon : *Tout fait quelconque de l'homme qui cause à autrui un dommage oblige celui par la faute duquel il est arrivé, à le réparer*), le juriste aura à se poser des questions concernant sonapplication : les réflexions à ce sujet ont suscité des bibliothèquesde commentaires. Il serait fort utile pour tous ceux qui s'intéressent à la philosophie pratique de s'inspirer de la manière dont les juristes envisagent ces problèmes (19).

La recherche des solutions concrètes obligera souvent à réinterpréter les principes, à opposer l'esprit à la lettre de la loi, le point de vue pragmatique, celui qui prend en considération les conséquences résultant de l'application d'une règle, au point de vue formaliste, celui de l'application littérale du texte (20). En adoptant l'un ou l'autre point de vue, on interprétera les termes de la loi d'une façon plus rigide ou plus souple : si l'on considère les notions comme des instruments d'action sur les esprits, on est amené inévitablement, parfois même inconsciemment, à les adapter au rôle qu'on leur assigne dans les controverses intellectuelles. Rien de plus caractéristique à cet égard que les prises de position opposées, adoptées par les professeurs Bobbio et d'Entrèves, en 1957, lors de la session de l'Institut international de philosophie politique consacrée au droit naturel. Alors que le premier, adoptant la position kelsenienne, voyait dans le droit naturel un système de même nature que le droit positif, mais dont le contenu variait selon ses divers défenseurs, pour le professeur d'Entrèves le droit naturel n'avait pas de contenu déterminé, mais se bornait à exprimer une aspiration à la justice, devant limiter l'arbitraire du législateur (21).

En traitant les notions comme des outils, adaptables aux situations les plus variées, il n'est plus question de rechercher, à la manière de Socrate, le *vrai sens* des mots, comme s'il y avait une réalité extérieure, un monde des idées, auxquelles ces notions doivent correspondre. La question du sens des mots n'est plus un problème théorique, ayant une solution unique, conforme au réel, mais devient un problème pratique, celui de trouver, ou d'élaborer s'il le faut, le sens le mieux adapté à la solution concrète que l'on préconise pour l'une ou l'autre raison. Et il va de soi que ceux qui proposent, d'un même problème, une solution différente, et peut-être opposée, ne seront que rarement d'accord sur le sens et la portée des termes qui interviennent dans sa présentation (22). L'on voit immédiatement pourquoi, pour mettre fin au

(19) Cf. mon étude « Ce que le philosophe peut apprendre par l'étude du droit », *Droit, morale et philosophie*, p. 135-147 et « Scepticisme moral et philosophie morale » *ibid.*, p. 73-78.

(20) Cf. « Ce qu'une réflexion sur le droit peut apporter au philosophe », *Justice et raison*, p. 252-253.

(21) Cf. leurs communications dans le volume *Le droit naturel*, Presses universitaires de France, Paris 1959, p. 147-158 et p. 175-190.

(22) V. à ce propos, dans *Le champ de l'argumentation* « Les notions et l'argumentation », p. 79-99, « Avoir un sens et donner un sens », p. 64-78 et *Traité de l'argumentation*, § 33-35.

conflit, le juge, en décidant d'une façon autorisée de la manière d'interpréter la loi, décidera, en même temps, de la victoire de l'une ou de l'autre partie.

61. Les pages qui précèdent ont, je l'espère, bien mis en évidence, le fait que celui qui argumente et cherche, par son discours , à exercer une influence sur son auditoire, ne peut éviter d'effectuer des choix. Ceux-ci concerneront, tant les thèses sur lesquelles il appuyera son argumentation, que la manière de les formuler. Il arrive même que deux orateurs, qui s'opposent dans une controverse, et qui devraient donc apparemment traiter du même sujet, présentent des exposés tellement différents que celui qui ignore tout du contexte pourrait effectivement croire qu'il s'agit de deux problèmes qui n'ont rien de commun : c'est en les confrontant l'un avec l'autre qu'il se rendra compte que les deux discours proposent des solutions incompatibles, et qu'en adoptant le point de vue de l'un des orateurs, on ne peut admettre celui de l'autre, et inversement. Pour celui qui doit prendre position, il est essentiel d'établir les points de désaccord, et de ramener, à partir d'eux, les discours à un plan où les thèses opposées deviennent comparables, et où les arguments avancés en faveur de la première solution deviennent des objections à l'encontre de la deuxième et vice-versa.

Dans des controverses politiques, quand chaque orateur s'adresse à ses propres adhérents, et se borne à présenter son propre point de vue de façon qu'ils reconnaissent combien leur cause est juste, l'absence de point de vue opposé facilite la communion autour de valeurs apparemment incontestées. Une telle attitude semble, à première vue, incompréhensible, si les divers discours s'adressent à un même auditoire. Mais il se peut que l'auditoire ne soit le même qu'en apparence. En effet, dans la théorie de l'argumentation, l'auditoire ne se définit pas comme l'ensemble de ceux qui écoutent un discours, mais plutôt comme l'ensemble de ceux que vise l'effort de persuasion. Or il se peut que chacun des orateurs ne s'adresse qu'à une partie de l'auditoire, à ses partisans, qui admettront sans difficulté ses prémisses et son argumentation.

62. Comment éviter cette division de l'auditoire, qui empêche toute prise de position impartiale ? A cette difficulté, la philosophie et le droit ont remédié en recourant à des techniques différentes.

Le philosophe, comme tel, s'adresse à la raison, c'est-à-dire à l'auditoire universel, à l'ensemble de ceux qui sont considérés comme des hommes raisonnables et compétents en la matière. Si deux discours philosophiques s'adressent, en fait, à des auditoires différents, chacun des orateurs ayant une autre conception de ce qu'admettent des hommes raisonnables et compétents, la controverse pourra s'engager, comme sur toute autre question philosophique, par une référence au *sens commun*, dans la mesure où celui-ci permet de transcender, méthodologiquement, les divergences idéologiques entre les philosophies (23). Cette approche, qui permet de comprendre la possibilité d'une discussion entre philosophes de tendance différente, ne garantit nullement que l'on aboutira à un accord, ni sur les solutions envisagées, ni sur les thèses que l'auditoire universel, incarnation de la raison, est censé admettre au départ. C'est pourquoi, d'ailleurs, les discussions entre philosophes peuvent continuer indéfiniment, le facteur temps ne jouant, en principe, aucun rôle en cette matière. Il est loisible à un autre philosophe de continuer un débat qui s'est arrêté faute de temps. Il pourrait même présenter une discussion entre interlocuteurs qui ne se sont jamais rencontrés de leur vivant, comme dans les célèbres dialogues des morts.

En droit, par contre, il est essentiel que les litiges se terminent dans un laps de temps raisonnable, pour que l'on aboutisse à la paix judiciaire. Il faut donc que puissent intervenir des solutions définitives. Il faut éviter que, dès le départ, s'instaurent des débats interminables quant à l'auditoire compétent pour décider de l'issue du litige. C'est la raison pour laquelle les problèmes de compétence et, d'une façon plus générale, de procédure, feront l'objet d'une réglementation préalable, insérant le débat judiciaire dans un cadre approprié. En l'absence d'un accord préalable sur ces questions, quand les litiges restent indéfiniment sans solution judiciaire, la partie qui se croit capable d'imposer son point de vue à l'adversaire n'hésitera pas à recourir à la force. Le recours au droit se présente ainsi comme la branche d'une alternative, acceptée par des hommes et des sociétés organisées,qui ont préféré ne pas se faire justice à soi-même, en recourant à la violence, mais se fier à des institutions judiciaires dont ils reconnaissent l'autorité et ne contestent pas la compétence. Mais il ne faut pas perdre de vue que cet assentiment peut, dans des circonstances particulières, être remis en question, comme c'est le cas dans les guerres et les révolutions. Et le premier pas, dans cette remise en question, consiste en la contestation de la légitimité, donc de l'autorité, des institutions existantes, de l'ordre légalement établi, que l'on présentera, non comme l'expression d'un accord préalable, mais comme le résultat d'un simple rapport de forces, qu'une idéologie fallacieuse cherche à légitimer, pour en assurer la perpétuation (24).

Alors que les axiomes d'un système formel font abstraction de tout contexte — ce qui permet de comparer un système formel à

(23) Cf., à propos d'une discussion entre un existentialiste et un marxiste, mes « Remarks on the papers of professor Wild and Dr. Dunham », in *Dialogues on the Philosophy of Marxism*, publiés par J. Somerville et H. L. Parsons, Greenwood Press, Westport (Conn.), 1974, p. 360-366.

(24) Cf. mon exposé « Autorité, idéologie et violence », *Le champ de l'argumentation* p. 207-218.

un jeu comme le jeu d'échecs — l'argumentation s'insère nécessairement dans un contexte psycho-social, qui ne peut être entièrement séparé des forces sous-jacentes, qu'elles soient militaires, économiques, institutionnelles ou idéologiques. Parler d'une argumentation pure, ou d'une théorie pure du droit, c'est négliger des éléments sans lesquels le raisonnement pratique fonctionnerait, pour ainsi dire, à vide : ceci est une perspective qui ne peut attirer que ceux qui ignorent tout de l'argumentation, et qui envisagent le raisonnement pratique sur le modèle du raisonnement théorique, et de préférence d'un raisonnement formel.

C'est ce rapprochement qui a conduit bon nombre de philosophes à la recherche des premiers principes de la morale, à présenter ceux-ci comme évidents ou, du moins, comme non-controversés dans leur milieu, tellement ils semblent s'imposer dans un climat idéologique donné. Or il suffit de montrer que de tels principes sont nombreux, qu'ils paraissent à première vue incompatibles, quoique l'on puisse s'efforcer de les concilier, pour se rendre compte de ce qu'ils ont de vague, et combien leur évidence est douteuse. En fait, il s'agit plutôt de présomptions que d'évidences.

63. Dans une remarquable communication intitulée « Presumptions » (25) le professeur Patrice Day nous présente trois principes, qualifiés par lui de *conservateur*, de *libéral* et de *socialiste*. Le principe conservateur est celui qui présume la supériorité de ce qui existe, des traditions et coutumes admises, des règles et institutions reconnues, d'où l'importance que l'on attache aux précédents dans la vie sociale et le droit. Comme la continuation de ce qui est, la conformité aux précédents, semble aller de soi, tout ce qui s'en écarte, par contre, toute nouveauté, ne va nullement de soi. Il en résulte que, pour citer un sociologue anglais, « le changement, toujours, partout et en tout, exige une justification » (26). Le principe libéral, dont le porte-parole classique est J. Stuart Mill affirme que « il vaut toujours mieux, *caeteris paribus*, de laisser les hommes libres de leurs décisions, plutôt que de les contraindre » (27). La présomption joue, cette fois, en faveur de la liberté. Tout ce qui n'est pas interdit est permis, et c'est toute limitation de la liberté qui, dans cette perspective, doit être justifiée. Pour Sir I. Berlin, par contre, et c'est la présomption socialiste, « L'égalité n'exige pas de raison, seule l'inégalité doit en fournir » (28).

Chacun de ces trois principes, allégué isolément, constitue un lieu commun, un principe général de conduite, qui est présenté comme

(25) P. Day, « Presumptions » in *Actes du XIIIe Congrès international de philosophie*, Herder, Wien, 1970, vol. 5, p. 137-143.
(26) Cf. B. Wootton, *Social Foundations of Wage Policy*, London, 1958, p. 62.
(27) J. Stuart Mill, *On liberty*, Chap. I.
(28) I. Berlin, « Equality », *Proceedings of the aristotelian society*, vol. LV, London, 1956, p. 305.

allant de soi, et n'ayant nul besoin de preuve : comme il est présumé valable, la charge de la preuve incomberait chaque fois à celui qui, dans un cas particulier, voudrait s'en écarter : il devra fournir de bonnes raisons pour ne pas s'y conformer. Mais en voyant que, selon les auteurs, l'un ou l'autre est ainsi présenté comme hors discussion, il paraît difficile de les traiter tous les trois comme évidents, alors que chacun d'eux fournit une bonne raison pour déroger aux deux autres. En outre si l'on veut rattacher son argumentation à l'un ou l'autre de ces principes, on sera bien obligé de préciser leur contenu. En effet non seulement les idées de liberté et d'égalité sont susceptibles d'interprétations variées, mais l'idée de ce qui est actuellement reconnu comme admis ou comme valable dans tel milieu, à telle époque, peut donner lieu à de nombreuses controverses. Selon l'idée que nous avons du droit, par exemple, ce qui est juridiquement obligatoire sera limité aux lois positives et aux coutumes reconnues, ou bien pourra inclure des précédents judiciaires, des lieux communs et des lieux spécifiques, ainsi que des principes généraux du droit admis par tous les peuples civilisés. Il en résulte qu'il ne suffit pas d'avoir des principes généraux comme point de départ d'une argumentation : il faut les choisir de façon telle qu'ils soient admis par l'auditoire, les formuler et les présenter, les interpréter enfin, pour pouvoir les adapter au cas d'application pertinent.

64. Dans un système formel, une fois que les axiomes ont été énoncés, que l'on a formulé les règles de déduction admises, il n'y a qu'à les appliquer correctement pour démontrer les théorèmes d'une façon contraignante. Si la démonstration est correcte, on devra s'incliner devant le résultat obtenu et admettre la vérité du théorème, si l'on accepte la vérité des axiomes, et aussi longtemps que l'on ne doute pas de la cohérence du système. Mais il n'en est pas de même quand on argumente.

Les techniques d'argumentation fournissent tout un arsenal de raisons, plus ou moins fortes, plus ou moins pertinentes, mais qui peuvent, à partir d'un même point de départ, mener vers des conclusions différentes, et parfois même opposées. Les arguments peuvent se renforcer, mais peuvent aussi se combattre et il est rare qu'aux raisons en faveur d'une thèse on ne puisse pas alléguer des raisons en sens contraire. L'argumentation n'est jamais contraignante, comme la démonstration, et c'est pourquoi on sera plus souvent d'accord sur le point de départ de l'argumentation que sur les conclusions vers lesquelles tend le discours de l'orateur.

Quelles sont les techniques argumentatives les plus connues ? Nous en avons analysé près d'une centaine : la troisième partie du traité de l'argumentation (p. 251-674) y est presque entièrement consacrée. Nous n'allons pas reprendre ici ces analyses, une telle tâche n'est pas réalisable dans l'espace dont nous disposons.

Qu'il suffise de signaler que l'on peut distinguer parmi les arguments les techniques de liaison et les techniques de dissociation de notions.

Les techniques de liaison comportent des arguments quasi logiques, des arguments fondés sur la structure du réel et ceux qui fondent la structure du réel.

Les arguments quasi logiques ont une structure qui rappelle les raisonnements formels, logiques ou mathématiques : tels les arguments qui font appel à une définition, ou à une analyse, et qui rappellent le principe d'identité ; tels les arguments qui font état d'une incompatibilité, et qui rappellent le principe de contradiction ; tels les arguments qui rappellent une transitivité formelle (« les amis de mes amis sont mes amis »), telle l'argumentation par le sacrifice, qui rappelle une pesée : ce à quoi l'on sacrifie une valeur reconnue aura normalement une valeur supérieure. Les arguments quasi logiques peuvent toujours être contestés, car en mettant en évidence ce qui les distingue des démonstrations formelles, on montrera, en même temps, ce qu'on peut leur objecter, et qui leur enlève toute valeur contraignante.

Les arguments fondés sur la structure du réel utilisent les liaisons de succession ou celles de coexistence. Les liaisons de succession concernent des événements, qui se suivent dans le temps, tels la cause et l'effet. Ils permettent de rechercher la cause à partir des effets, de conclure de l'existence de la cause à celle des effets ou d'apprécier la cause par les effets (*l'argument pragmatique*) (29).

65. Chaque type de philosophie, chaque méthodologie, valorisera tel ou tel type d'arguments, en mettant en question la valeur des autres. C'est ainsi que l'utilitarisme aura recours, de préférence, à l'argument pragmatique, c'est-à-dire à l'argument par les conséquences. Bentham le dit très clairement : « Qu'est-ce que donner une *bonne raison* en fait de loi ? C'est alléguer des biens ou des maux que cette loi tend à produire ... Qu'est-ce que donner une *fausse raison* ? C'est alléguer, pour ou contre une loi, toute autre chose que ses effets, soit en bien soit en mal » (30).

Si les utilitaristes n'attachent de valeur qu'à l'argument pragmatique, les formalistes, comme Kant, qui exigent une adhésion absolue aux règles, quoi qu'il arrive — « le devoir c'est le devoir », « la loi est la loi » — font dépendre cette obéissance de critères intrinsèques. Il va de soi que cette opposition se marquera également dans l'attitude de celui qui interprète et qui applique un texte : au respect de la lettre de la loi on opposera l'interprétation dont les effets sont les plus utiles socialement.

(29) *Traité de l'argumentation*, § 62.
(30) Bentham, *Œuvres*, Bruxelles, 1840, t. 1, *Principes de législation*, Chap. XIII, p. 39.

Mais l'argument pragmatique n'est pas si facile à appliquer. Comment choisir, dans la multitude presque infinie des conséquences possibles d'un acte, celles qui sont attribuables à l'acte en question, et rien qu'à lui ? On sait combien de difficultés se rencontrent, presque insurmontables dans beaucoup de cas, lorsqu'il s'agit de déterminer les dommages résultant d'une faute. En désespoir de cause, les juges recourent d'ordinaire à une notion liée à l'idée du normal ou à celle des conséquences prévisibles, ou raisonnables, pour arrêter la chaîne des conséquences aux développements indéfinis. Une pareille politique judiciaire ne résulte nullement du principe utilitariste, qui demande la prise en considération de *toutes* les conséquences, bonnes ou mauvaises, et n'a jamais indiqué comment on pourrait opérer un choix entre celles-ci.

D'autre part, bien souvent, l'appréciation des mêmes conséquences, contrairement à ce qu'à prétendu Bentham, ne peut pas se faire d'une façon objective, identique pour tous les hommes. Dans une perspective utilitariste, comment apprécier le péché originel, tel qu'il est décrit dans la Bible, si les conséquences qui en résultent sont, d'une part, de priver Adam et Eve de l'immortalité, après qu'ils auront été chassés du paradis, et, d'autre part, de doter le premier couple d'une postérité, origine du développement de l'espèce humaine, avec les biens et les maux qui en ont résulté ?

En cas de désaccord sur la valeur des conséquences, à l'avis de qui faut-il se fier ? Faut-il suivre l'avis de la majorité ? Quels sont ceux qui auront voix au chapitre ? Faut-il plutôt suivre l'avis, comme le suggère J. Stuart Mill, des hommes les plus compétents, les plus qualifiés, ceux qui sont moralement supérieurs ? Mais alors il faut d'autres critères de leur valeur morale que l'évaluation des conséquences, car on ne pourra pas faire fi des *intentions*, de la bonne volonté de l'agent, auxquelles la morale du devoir est sensible avant tout.

66. Dès qu'on introduit des notions telles que l'intention, on est passé vers une argumentation fondée sur les liaisons de coexistence. Dans ce cas, il ne s'agit plus d'une liaison entre événements, mais d'une liaison entre deux réalités de niveau inégal, l'une étant la manifestation de l'autre, considérée comme plus stable et comme ayant une valeur explicative. Tel est le rapport entre une personne et ses actes. L'acte est considéré comme l'expression de la personne, qui est responsable de ses actes. Que l'on considère, à la manière de Leibniz, la personne comme un sujet dont tous les actes ne seraient que des manifestations prédéterminées, que l'on considère, au contraire, à la manière de l'existentialisme, la personne comme se réalisant à travers ses actes, cette liaison est essentielle, tant à la morale qu'au droit, car sans elle l'idée même d'imputabilité, ainsi que celle de responsabilité, seraient incompréhensibles.

Selon la manière dont on associe l'agent et les actes, on aboutira à des argumentations différentes en termes de déterminisme ou de liberté. C'est sur ce modèle que s'élaboreront, d'autre part, des catégories qui caractérisent les sciences humaines, et spécialement l'histoire (31). L'élaboration de telles catégories — le christianisme, la féodalité, le romantisme, le baroque, la nation française, etc. — donnera une certaine unité aux réalités, œuvres, institutions, auxquelles on attribuera un esprit commun, l'esprit du temps (*Zeitgeist*), l'esprit du peuple (*Volksgeist*), une vision commune du monde, un style commun. On retrouvera entre ces catégories et leurs manifestations des rapports analogues à ceux qui s'établissent entre la personne et ses actes, ils donneront lieu à des arguments de même structure, et ils permettront cette mise en ordre, cette forme particulière d'intelligibilité qui caractérise la compréhension de l'histoire.

67. A côté des arguments fondés sur la structure du réel, il faut faire une place importante à ceux qui fondent la structure du réel (32), tels les raisonnements par l'exemple, le modèle ou l'analogie, grâce auxquels on dégagera des régularités, des lois ou des structures, qui serviront de base aux arguments fondés sur la structure du réel.

L'argumentation par l'exemple ou par le modèle est un raisonnement grâce auquel on passera d'un cas particulier à un autre cas particulier ou d'un cas particulier à une règle (33). Dans le cas de l'exemple, la conclusion concerne ce qui est, dans le cas du modèle, elle concerne ce qui doit être. Mais la mise en œuvre de ces raisonnements peut également susciter des controverses.

En effet, si l'on passe d'un cas particulier à un autre, il faut, pour que l'argument par l'exemple s'applique, que le deuxième cas soit suffisamment semblable au premier, que l'on puisse négliger ce qui les différencie. Le recours au précédent, en tant que décision antérieure devant servir de modèle à la décision actuelle, pose, en droit, des problèmes de même nature. Il arrive que des parties adverses invoqueront des précédents différents pour déterminer la *ratio decidendi*, dans le litige qui les oppose. Quel est le précédent le plus approprié qui fournira la *ratio*, la règle de solution du litige ? Bien souvent, pour influencer le tribunal, l'une des parties ne se contentera pas de mettre en évidence la similitude de deux situations, mais fera appel à l'argument pragmatique, en arguant des conséquences sociales, favorables ou défavorables, qui résulteraient de l'adoption de l'un ou l'autre précédent.

(31) Cf. à ce sujet, Ch. PERELMAN et L. OLBRECHTS-TYTECA, « Acte et personne dans l'argumentation », *Rhétorique et philosophie*, Presses universitaires de France, Paris, 1952, p. 49-84 et mon exposé « Sens et catégories en histoire », *Le champ de l'argumentation*, p. 372-390.

(32) Cf. *Traité de l'argumentation*, 3e partie, Chap. III, p. 471-549.

(33) *Ibid.*, § 78 et 80.

On voit, par cet exemple, comment les techniques complexes de l'argumentation sont utilisées dans le raisonnement du juge.

Quand il s'agit de passer du cas particulier à la règle, qu'il s'agisse d'une loi ou d'une norme, le grand problème sera de déterminer la classe dont l'exemple ou le modèle constitue un cas particulier. Jusqu'où peut-on pousser la généralisation ? Quels sont les traits propres au cas particulier qu'il y a lieu de négliger, parce que accidentels et non représentatifs ? C'est pour faciliter l'élimination de ces éléments secondaires qu'a été imaginée la méthode des variations concomitantes. Dans ce même but, on construira des hypothèses que l'on soumettra à l'épreuve de l'expérience, pour voir si celle-ci confirme l'hypothèse ou, au contraire, oblige de la modifier, par suite de l'intervention d'un cas invalidant (34).

68. Le raisonnement par analogie, dont la valeur est fort contestée dans la méthodologie scientifique, a été, dans cette dernière, limité : on a admis son rôle heuristique, comme instrument d'invention des hypothèses, mais on lui a dénié toute valeur probante. Il est normal d'ailleurs d'accorder à l'analogie un statut subordonné, si l'on dispose d'un critère expérimental permettant de tester la valeur des hypothèses. Mais dans beaucoup de domaines, et plus particulièrement en philosophie, l'analogie telle que je la conçois, constitue un mode de raisonnement essentiel et inéliminable (35).

L'analogie pose une proportion : *a* est à *b* comme *c* est à *d*. Il s'agit d'éclairer au moyen d'une relation connue (*c* est à *d*) et que nous appelons le *phore*, une relation moins connue (*a* est à *b*), qui est le *thème* du discours. C'est ce rapport asymétrique entre le thème et le phore qui distingue l'analogie de la proportion mathématique où l'égalité des relations est symétrique. Dans la proportion mathématique on établit des rapports purement formels entre éléments homogènes. Cette homogénéité est inconcevable dans l'analogie, dont la fonction épistémologique, de mieux faire connaître, structurer ou évaluer le thème grâce au phore, présuppose l'hétérogénéité des éléments.

Voici, par exemple, la manière dont Scot Erigène décrit l'action de la grâce divine sur la volonté humaine en se servant du *phore* de la vision : « l'homme entouré de ténèbres très épaisses, quoique ayant le sens de la vision, ne voit rien, car il ne peut rien voir, avant que ne vienne de l'extérieur la lumière (36) ». Ainsi l'apparition de « la lumière

(34) Cf. à ce sujet, les travaux méthodologiques de K. POPPER, et plus spécialement, *La logique de la découverte scientifique*, Payot, Paris, 1973.

(35) Cf. *Traité de l'argumentation*, § 82 à 86 et mon article « Analogie et métaphore en science, poésie et philosophie », *Le Champ de l'argumentation*, p. 271-286. — Cf. aussi P. RICŒUR, *La métaphore vive*, Le Seuil, Paris, 1975, ainsi que mon livre *L'empire rhétorique*, Vrin, Paris, 1977, chap. X, Analogie et métaphore.

(36) Cf. *Traité de l'argumentation*, p. 513.

de la miséricorde divine » guérit « la volonté malade et détruit la nuit des péchés et leur culpabilité ».

Le rôle de l'analogie sera différent selon qu'elle peut ou non faire l'objet d'un contrôle expérimental. En raisonnant sur les propriétés du courant électrique par analogie avec un courant d'eau, on sera amené à monter des expériences qui indiqueront jusqu'où l'on peut prolonger l'analogie sans être contredit par elles. Mais quand on affirme que l'homme est à Dieu comme un enfant est à un adulte, cette analogie ne peut pas être soumise à un contrôle empirique. Dans ce cas, la controverse, quand elle s'instaure, ne pourra, le plus souvent, qu'opposer une analogie à une autre. On dira, par exemple, que l'homme est à Dieu comme le fini est à l'infini : les conclusions que l'on tirera de cette dernière analogie seront assez différentes, mais tout aussi incontrôlables que celles dérivées de la première. Dès lors, le choix de l'une ou de l'autre analogie devra être justifié par des considérations de toute espèce : l'usage de l'analogie, au lieu de constituer une hypothèse de travail, soumise au contrôle de l'expérience, comme c'est le cas dans les sciences, aboutit à une conception philosophique ou théologique du réel, structuré par l'analogie.

L'analogie, une fois admise, peut, en s'intégrant dans la langue, fournir, grâce à la *catachrèse*, un mode d'expression tellement usuel et si incontesté que l'aspect métaphorique de la formule passe inaperçu, à moins que, de l'une ou l'autre façon, on réveille la métaphore endormie.

C'est ainsi que l'expression « l'enchaînement des idées » conduit tout naturellement Descartes à admettre que la conclusion d'un raisonnement n'est pas plus solide que le plus faible de ses chaînons. « Et certes, là, écrit-il, où un point est omis, fût-il le plus petit, aussitôt la chaîne est rompue, et toute la certitude de la conclusion s'évanouit (37) ». Mais si l'argumentation, contrairement à la déduction, n'est pas perçue à la manière d'une chaîne, mais comme un tissu, on admettra facilement que la trame de celui-ci puisse être plus solide que chacun des fils qui entrent dans sa constitution (38).

Accepter une analogie, c'est accepter les conséquences qui en découlent, soit pour structurer, soit pour évaluer des éléments du réel. Il en résulte que toute philosophie originale, qui introduit une nouvelle vision du monde, s'accompagne d'une nouvelle analogie fondamentale, qu'elle cherche à justifier, grâce à son système argumentatif.

69. Chaque vision philosophique originale tend à montrer que ce que l'on considérait jusque-là comme réel n'est que de l'apparence.

(37) DESCARTES, « 7e règle pour la direction de l'esprit », *Œuvres*, éd. de la Pléiade, p. 58.
(38) Cf. *Le champ de l'argumentation*, p. 277.

L'opposition de la réalité à l'apparence présente un cas typique de ce que je qualifie de dissociation des idées. Devant deux affirmations incompatibles concernant le réel (cette rame plongée dans l'eau est droite ou ne l'est pas), il faut choisir ce que l'on retiendra comme réel et ce que l'on disqualifiera comme illusion ou apparence. On distinguera de même la justice réelle de la justice apparente, la démocratie réelle de la démocratie apparente (ou formelle ou légale), le monde phénoménal du monde des choses en soi : au sein des notions communément admises on dissociera deux aspects, dont l'un sera disqualifié, par suite de l'introduction d'un nouveau critère de ce qui constitue le réel, la vraie démocratie ou la justice véritable. C'est ainsi que toute nouvelle philosophie restructure le réel commun, ou du moins ce qui était reconnu comme tel avant son apparition (39).

Si cette philosophie se répand, si sa vision des choses est admise, elle influencera l'usage commun et le langage de tous les jours. C'est ainsi que les philosophies dominantes de l'Occident marqueront, de leur empreinte, le langage du sens commun : les distinctions établies par Platon et Aristote, se propageront, à partir du grec et du latin, dans les langues européennes. Elles paraîtront aller de soi, et seules des analyses poussées, des études de sémantique comparée, nous rendront conscients de la dépendance de notre langage, et de nos façons de penser, à l'égard des philosophies qui ont imprégné notre culture.

Pour se rendre compte de leur impact, il suffit de présenter quelques « couples philosophiques », qui ont résulté des dissociations de notions opérées par les philosophes sur le modèle du couple « *apparence/réalité* » : *acte/personne, subjectif/objectif, individuel/universel, langage/pensée, lettre/esprit, accident/essence, relatif/absolu, moyen/fin, théorie/pratique*. L'influence de chaque philosophe introduit des couples philosophiques différents. C'est ainsi que Platon est à l'origine des couples tels que *apparence/réalité, opinion/science, corps/âme, devenir/immutabilité, humain/divin*. On trouvera, chez Spinoza, des couples différents tels que *imagination/entendement, universel/individuel, abstrait/concret, contingence/nécessité, passion/action, esclavage/liberté, durée/éternité, superstition/religion* (40).

Il va de soi que cette influence des penseurs sur le langage continue. C'est ainsi que la pensée hégélienne et les conceptions marxistes ont fait pénétrer, dans la pensée moderne les couples les plus caractéristiques. En reprenant le couple de Spinoza *abstrait-concret*, on trouve les couples *partie/tout, métaphysique/dialectique, entendement/raison, immobilité/mouvement, forme/contenu* etc. On remarquera que, dans certaines philosophies le couple se renverse : alors que pour Platon,

(39) Cf. à ce propos « Le réel commun et le réel philosophique », *Le champ de l'argumentation*, p. 253-264 et d'une façon plus générale, pour les dissociations, *Traité de l'argumentation*, 2e partie, Chap. IV, p. 550-609.
(40) Cf. à ce propos, *Traité de l'argumentation*, § 91.

le devenir est apparence, chez Marx l'immobilité n'est qu'abstraction donc apparence, alors que le réel se caractérise par le mouvement. Le plus souvent d'ailleurs ce renversement s'accompagne d'un glissement de sens : l'essence, à laquelle on accorde le primat dans la pensée classique, devient une abstraction, une forme vide, dans la pensée marxiste, qui lui préférera une vision concrète de la réalité en évolution.

Ces exemples indiquent à suffisance, me semble-t-il, comment, dans cette conception de l'usage argumentatif des notions (41), toute structuration du réel s'accompagne de la mise en valeur de certains de ses aspects, c'est-à-dire, de jugements de valeur concomitants. Mais quand une vision du réel s'impose et cesse d'être objet de la controverse, on la considère comme fidèle expression de la réalité, sans percevoir les jugements de valeur sous-jacents. C'est ainsi que toute conception scientifique, généralement admise, perd de vue les présupposés philosophiques qui l'ont justifiée quand elle était encore nouvelle et révolutionnaire.

70. L'efficacité de l'argumentation, le fait, qu'elle exerce une influence plus ou moins importante sur l'auditoire, dépend non seulement de l'effet des arguments isolés, mais aussi de l'ensemble du discours, de l'interaction entre arguments, des arguments qui viennent spontanément à l'esprit de celui qui écoute le discours. L'effet de celui-ci est notamment conditionné par l'idée que l'auditoire se fait de l'orateur. L'*ethos* de l'orateur, comme l'a signalé Aristote (42), joue un rôle indéniable dans la manière dont le discours est reçu. Mais le discours lui-même étant considéré comme un acte de l'orateur, dont celui-ci est responsable, sa qualité ne peut manquer de rejaillir sur l'opinion que l'on se fait de son auteur. Cet auteur n'est pas nécessairement celui qui prononce le discours : c'est sur cette distinction que Bossuet a longuement insisté quand il a demandé aux fidèles de recevoir comme émanant de Dieu, et non de prédicateurs corrompus, des sermons portant la parole de vie éternelle (43).

Pour qu'une argumentation exerce une influence, il faut qu'elle soit écoutée, de préférence avec intérêt, et même une certaine bienveillance. Souvent les orateurs s'efforcent de la gagner par un exorde, remplacé parfois par une présentation de l'orateur par le président de la séance. L'exorde et la présentation sont superflus si la réputation de l'orateur, et la sympathie dont il jouit, rendent ces précautions inutiles.

(41) Cf. « Les notions et l'argumentation », *Le champ de l'argumentation*, p. 79-99.
(42) Aristote, *Rhétorique*, Livre I, 1356, 1-13.
(43) Bossuet, « Sur les vaines excuses des pécheurs », *Sermons*, Garnier, Paris, vol. 2, p. 489.

L'argumentation de l'orateur est souvent organisée dans un discours, où les arguments sont placés, par choix délibéré, dans un certain ordre. Existe-t-il un ordre qui s'impose dans tout discours ?

A ce propos, le seul critère de l'orateur est l'efficacité. En effet, dans la mesure où, exerçant un effet sur l'auditoire, le discours le modifie, l'ordre de présentation des arguments sera déterminé par le moment où l'auditoire est le mieux disposé à les accueillir.

On ne peut pas formuler des règles générales à ce propos quoique, dans certaines matières, devant des auditoires spécialisés, il existe un ordre attendu, celui qui est conventionnellement admis, qui semble naturel, et dont il est dangereux de s'écarter sans raison majeure. Quand plusieurs orateurs défendent, sur le même sujet, des thèses convergentes ou opposées, des règles de procédure, parfois très strictes, détermineront l'ordre dans lequel la parole leur sera accordée.

Souvent d'autres conditions, telles le temps de parole, s'imposent à l'orateur. Parfois ces conditions sont strictes, parfois elles sont souples, mais il y a toujours des limites psychologiques ou sociales, naturelles ou conventionnelles, que l'on ne peut dépasser sans lasser et indisposer ses auditeurs.

Toutes ces considérations, cela va de soi, distinguent nettement l'argumentation de la démonstration, cette dernière négligeant entièrement les rapports de l'orateur avec son auditoire.

En droit, et plus spécialement dans la procédure judiciaire, certaines de ces questions peuvent être réglées d'une façon précise, alors que, dans l'argumentation non judiciaire, elles dépendent d'ordinaire de la coutume, du bon sens et du tact.

2

La logique juridique et l'argumentation

71. Les pages qui précèdent ont suffisamment attiré l'attention sur le fait que le raisonnement judiciaire vise à dégager et à justifier la solution autorisée d'une controverse, dans laquelle des argumentations en sens divers, menées conformément à des procédures imposées, cherchent à faire valoir, dans des situations variées, une valeur ou un compromis entre valeurs, qui puisse être accepté dans un milieu et à un moment donnés.

Pendant des siècles, quand la recherche de la solution juste était la valeur centrale dont le juge devait tenir compte, et que les critères du juste étaient communs au droit, à la morale et à la religion, le droit se caractérisait surtout par la compétence accordée à certains organes pour légiférer et à d'autres pour juger et administrer, ainsi que par les procédures à observer dans chaque cas. Souvent d'ailleurs, tous les pouvoirs étaient réunis entre les mains du souverain, qui pouvait déléguer à des fonctionnaires la mission de juger ou d'administrer, dans les limites déterminées par le mandat qui leur avait été donné. L'argumentation juridique était d'autant moins spécifique qu'il n'était pas nécessaire de motiver les jugements, que les sources du droit étaient mal précisées, que le système de droit était peu élaboré et que les décisions de justice n'étaient guère portées à la connaissance du public.

La situation à cet égard change complètement, après la Révolution française, avec la proclamation du principe de la séparation des pouvoirs, la publication d'un ensemble de lois, codifié si possible, et l'obligation, pour le juge, de motiver ses jugements, en se référant à la législation en vigueur. Même dans les cas d'obscurité, de silence ou d'insuffisance de la loi, le juge devait néanmoins se référer au droit positif pour motiver ses décisions. Dans cette perspective, ce qui est mis au premier plan, c'est la valeur accordée à la sécurité juridique, la conformité des décisions de justice aux prescriptions légales. Il ne fallait pas que le juge viole la loi, en appliquant des critères de justice qui lui seraient propres : sa volonté et son sens de l'équité devaient s'effacer devant la manifestation de la volonté générale, telle que la législation l'avait fait connaître. Cette soumission complète du juge à la lettre, et éventuellement à l'esprit de la loi, a orienté l'effort de systématisation du droit, entrepris par les théoriciens de l'école de l'exégèse : il fallait guider le juge en montrant dans quel cas sa décision serait conforme à la loi, c'est-à-dire juste, dans le sens positiviste de ce terme.

Depuis le procès de Nuremberg, qui a mis en évidence le fait qu'un Etat et sa législation pouvaient être iniques, et mêmes criminels, nous remarquons chez la plupart des théoriciens du droit, et pas seulement chez les partisans traditionnels du droit naturel, une orientation antipositiviste, qui fait une place croissante, dans l'interprétation et dans l'application de la loi, à la recherche d'une solution qui serait non seulement conforme à la loi, mais aussi équitable, raisonnable, acceptable, en un mot qui puisse être, en même temps, juste et conciliable avec le droit en vigueur. La solution recherchée devrait non seulement pouvoir s'insérer dans le système, mais aussi se révéler socialement et moralement acceptable par les parties et par le public éclairé.

Nous distinguons ainsi trois phases dans l'idéologie judiciaire. Dans la première phase, avant la Révolution française, le raisonnement judiciaire mettant l'accent sur le caractère juste de la solution, et n'accordant guère d'importance à la motivation, était néanmoins lié par la règle de justice exigeant le traitement égal de cas essentiellement semblables. De là l'importance accordée aux règles coutumières et aux précédents.

Depuis la Révolution française, et pendant plus d'un siècle, en mettant au premier plan la légalité et la sécurité juridique, on avait accentué l'aspect systématique du droit et l'aspect déductif du raisonnement judiciaire. On avait répandu l'idée que ce dernier ne se différenciait guère du raisonnement purement formel : ce rapprochement entre le droit et les mathématiques devait garantir le fonctionnement prévisible et impartial des Cours et tribunaux. Cette façon de voir subordonnait, plus nettement que jamais, le pouvoir judiciaire au pouvoir législatif, et favorisait une vision étatique et légaliste du droit.

Nous assistons depuis quelques dizaines d'années à une réaction qui, sans aller jusqu'à un retour au droit naturel, à la manière propre aux XVIIe et XVIIIe siècles, confie néanmoins au juge la mission de rechercher, pour chaque litige particulier, une solution équitable et raisonnable, tout en lui demandant de rester, pour y parvenir, dans les limites de ce que son système de droit l'autorise à faire. Mais on lui permet, pour réaliser la synthèse recherchée entre l'équité et la loi, d'assouplir celle-ci grâce à l'intervention croissante des règles de droit non écrites, représentées par les principes généraux du droit et la prise en considération des topiques juridiques. Cette nouvelle conception accroît l'importance du droit prétorien, en faisant du juge l'auxiliaire et le complément indispensable du législateur : elle rapproche inévitablement la conception continentale du droit de la conception anglo-saxonne, régie par la tradition de la *common law*.

Comme il s'agit de rendre les décisions de justice acceptables, le recours aux techniques argumentatives devient indispensable. Comme d'autre part, il s'agit de motiver les décisions, en montrant leur conformité au droit en vigueur, l'argumentation judiciaire sera spécifique, car elle aura pour mission de montrer comment la meilleure interprétation de la loi se concilie avec la meilleure solution des cas d'espèce.

72. Le raisonnement judiciaire, tel qu'il est conçu actuellement, ne permet pas d'établir une distinction aussi nette qu'au XIXe siècle entre le droit naturel et le droit positif. En effet, si le droit positif est le droit tel qu'il fonctionne effectivement dans une société donnée, il ne coïncide plus avec les textes promulgués, car d'une part les principes généraux et des règles de droit non écrit viendront limiter ou étendre la portée des dispositions législatives et, d'autre part, certains textes légaux cessent, pour l'une ou l'autre raison, d'être appliqués, du moins dans toute leur généralité et, quoique formellement valides, voient leur efficacité diminuée d'une façon imprévisible.

Dans les paragraphes 29 et surtout 42, nous avons donné quelques exemples de la manière dont le recours aux principes généraux du droit et à des théories telle celle de l'abus du droit, celle de l'ordre public international, permettent de limiter, de relativiser les textes, à première vue les plus contraignants. Mais nous n'avons guère traité du problème de l'efficacité des normes juridiques que même une conception formaliste du droit, comme celle de Kelsen, ne pouvait pas entièrement négliger dans un siècle où la sociologie juridique prend de plus en plus d'importance.

Même les partisans d'une conception légaliste du droit devaient bien se rendre à l'évidence et constater que certains textes n'ont jamais été effectivement appliqués et que, à un certain moment, d'autres, sans avoir été abrogés, sont tombés en désuétude. Le fait que la coutume ou la jurisprudence pouvaient exercer une influence sur la vie du droit était un phénomène qu'il fallait bien constater, mais dont la théorie dominante ne pouvait pas rendre compte.

Dans la conception actuelle du droit, moins formaliste, parce que préoccupée par la manière dont il est accepté par le milieu qu'il régit, et qui par le fait même s'intéresse à la manière dont une législation fonctionne dans la société, il est impossible d'identifier purement et simplement le droit positif avec l'ensemble des lois et règlements, votés et promulgués, conformément aux critères qui garantissent leur validité formelle. Car il peut y avoir des divergences non négligeables entre la lettre des textes, leur interprétation, et leur application ; quand on parle de la vie du droit, on se réfère à la manière dont un même texte a pu donner lieu à des interprétations variables selon les époques.

Pour les instances internationales, telles que la Cour permanente de justice internationale et la Cour de Justice des Communautés européennes, ce qui compte c'est le droit effectivement appliqué, le *jus quod est*, même s'il est en opposition avec les textes officiellement promulgués. C'est ainsi que des circulaires administratives, considérées comme illégales par des spécialistes, ont été néanmoins considérées comme faisant partie du droit interne et, pour ce fait, comme contraires à l'article 12 du Traité de Rome, par la Cour de Justice des Communautés (1).

Il arrive qu'un texte de loi soit voté malgré une très forte opposition d'une partie importante de l'opinion publique : on peut, pour se concilier l'opposition, l'appliquer d'une façon nuancée.

L'article 305 du Code pénal belge, prévoyant des peines d'emprisonnement pour les tenanciers de maisons de jeu, et pour ceux qui participent à l'exploitation publique des jeux de hasard, a suscité l'opposition irréductible des localités balnéaires. Elles craignaient que la fermeture des casinos ne les prive d'une grande partie de leur clientèle aisée, pour laquelle les maisons de jeu constituaient un grand attrait. Le texte primitif prévoyait d'ailleurs que ne seraient punissables que ceux qui exploitaient une maison de jeu sans autorisation légale. Mais cette dernière clause a été supprimée par un amendement qui figure dans l'article 8 de la loi du 24 octobre 1902. Nous constatons néanmoins que l'adoption de cet amendement n'a rien modifié à la situation antérieure, que huit casinons autorisés fonctionnent encore aujourd'hui sans encombre, et que les représentants du fisc y surveillent les opérations et prélèvent une taxe sur les gains des joueurs.

(1) Cf. L. Silance, « La règle de droit dans le temps », *La règle de droit*, p. 50-67, ainsi que J. Kirkpatrick, « L'égalité devant l'impôt en droit belge contemporain », *Egalité III*, Bruylant, Bruxelles, 1975, p. 37.

Cette situation, apparemment illégale, s'explique par le fait que *certains* procureurs généraux, ceux dont le ressort comprend les stations balnéaires, ont accepté de ne pas poursuivre les administrateurs des maisons de jeux qui auraient obtenu une concession gouvernementale. La latitude laissée aux procureurs généraux de ne pas poursuivre a été utilisée, d'une façon systématique, pour ne pas mécontenter les habitants des stations balnéaires, et ceci malgré l'amendement de l'article 305 du Code pénal, qui supprimait toute exception.

Un autre exemple est fourni par la manière dont est conçue dernièrement l'application en Belgique, aux Pays-Bas et en France, de la loi punissant très sévèrement tous ceux qui sont coupables d'avortement.

On constatait, depuis une dizaine d'années, la mise en cause, dans beaucoup de pays occidentaux, des lois, votées après la première guerre mondiale, punissant aussi bien les femmes qui se font avorter que tous ceux qui les aident. Les pays protestants ont été les premiers à modifier leur législation dans ce domaine, mais l'opposition de l'Eglise a empêché, ou retardé, l'adoption d'une pareille législation dans les pays catholiques. Aux Pays-Bas, où une fraction importante de la population est catholique, on a décidé, au lieu d'abolir ou de modifier la législation en vigueur, d'utiliser la latitude laissée aux procureurs généraux, en leur enjoignant de ne pas poursuivre les avortements effectués en milieu hospitalier. Le gouvernement belge, dont la majorité est catholique, n'est nullement pressé d'adopter une nouvelle loi, qui heurterait l'Eglise, mais voulant éviter des manifestations hostiles à ces atermoiements, il a adopté une politique analogue à celle du gouvernement hollandais.

En France, avant qu'intervienne la loi du 17 janvier 1975 sur l'interruption volontaire de la grossesse, une circulaire du Garde des Sceaux invitait, en 1973, les parquets à ne pas engager de poursuites sans en avoir référé à la chancellerie. Et le Président de la République, dans une conférence de presse, déclarait, en juillet 1974, qu'aucune poursuite ne serait plus intentée « avant le vote d'une nouvelle loi » (v. G. Roujou de Boubée, D., 1975, chron. p. 217 et s.).

Si l'on avait demandé à un spécialiste de ces questions quelle est, en Europe occidentale, la situation légale en matière d'avortement, pourrait-il se contenter d'énumérer les textes de loi qui régissent la matière, sans indiquer, en même temps, les modalités de leur application ou non-application ?

Nous constatons, par ces deux exemples, que le droit, tel qu'il est déterminé dans des textes légaux, promulgués et formellement valables, ne reflète pas nécessairement la réalité juridique. Quand une société est profondément divisée sur une question particulière, et que l'on hésite à heurter de front une partie importante de la population, dans des sociétés démocratiques où l'on voudrait que les mesures de contrainte bénéficient d'un large *consensus*, on est obligé de recourir à des compromis fondés sur une application sélective de la loi. On espère que, après une phase transitoire, où la situation de fait ne coïncide pas avec la situation prévue par la loi, il sera possible, grâce à la coutume ainsi établie, de faire coïncider les textes avec la réalité.

73. Il arrive aussi que des institutions continuent à fonctionner comme elles en avaient l'habitude, malgré les prescriptions légales qui semblent ordonner un changement. En voici un exemple caractéristique.

L'article 97 de la Constitution belge de 1831 s'énonce : « Tout jugement est motivé. Il est prononcé en séance publique ». Or, depuis sa création, à la fin du XVIIIe siècle, la Cour des comptes motivait ses décisions, mais ne prononçait pas ses arrêts en séance publique. De 1880 jusqu'en 1959, la Cour de cassation a régulièrement refusé de casser les arrêts de la Cour des comptes pour le motif que la Cour violait l'article 97 de la Constitution. Ce n'est qu'en 1959 que le procureur général Hayoit de Termicourt s'est donné la peine, grâce à une construction juridique *ad hoc*, qui distinguait différents types de juridiction, de fournir une interprétation de l'article 97 qui justifiait la pratique plus que séculaire de la Cour des comptes (*Pas.*, 1880.I.45, et *Pas.*, 1960.I.170) (2).

Quand une pratique séculaire, et qui donne généralement satisfaction, est contestée, parce que non conforme à une disposition légale, les juristes s'efforceront de trouver une interprétation des textes, plutôt que de contraindre à l'abandon d'une pratique raisonnable. Nous avons vu, au paragraphe 39, la même réaction de la Cour de cassation devant le problème des troubles extraordinaires du voisinage : au lieu d'abandonner la solution raisonnable, mais que l'on n'était pas capable de justifier en droit, on l'a maintenue contre tous ceux qui s'indignaient de la faiblesse des motivations, jusqu'à ce qu'une construction juridique ait pu répondre d'une façon juridiquement satisfaisante aux objections fondées sur l'apparente illégalité des décisions.

Quand une solution se présente comme étant la seule admissible, pour des raisons de bon sens, d'équité ou d'intérêt général, c'est elle qui tend à s'imposer en droit, même si l'on est obligé de recourir à une argumentation spécieuse pour montrer sa conformité avec les normes légales en vigueur. C'est ainsi que pendant plus d'un siècle, la Cour de cassation de Belgique, ne se croyant autorisée à casser un arrêt que s'il violait un texte légal — et non une règle de droit non

(2) Cf. J. MIEDZIANAGORA, « Philosophies positives du droit et droit positif », p. 5 à 12, et mes remarques dans « La règle de droit, réflexions de méthode », *La règle de droit*, p. 318.

écrite telle qu'un principe général du droit — justifiait régulièrement des solutions, jugées équitables, en les rattachant fictivement à un texte légal avec lequel l'affaire jugée n'avait que des rapports lointains. Comme nous l'avons indiqué au paragraphe 40, ce n'est qu'en réinterprétant les textes, et spécialement l'article 1080 du Code judiciaire relatif à la requête en cassation, en permettant que la partie demanderesse indique, non les dispositions légales qui ont été violées dans l'arrêt, mais la *règle de droit* qu'il transgresse, que la Cour a pu renoncer à la fiction, indispensable auparavant (3).

74. Ces divers exemples, qui indiquent que les tribunaux n'hésitent pas à décider d'une façon qui s'impose, même si c'est au prix d'une justification fictive, ne doivent pas faire perdre de vue que de tels subterfuges créent toujours un malaise, qui se manifeste par la continuation des litiges par les parties convaincues que légalement elles ont raison : la paix judiciaire n'est définitivement rétablie que lorsque la solution, qui est la plus acceptable socialement, s'accompagne d'une argumentation juridique suffisamment solide. C'est la recherche de telles argumentations, grâce aux efforts conjugués de la doctrine et de la jurisprudence, qui favorise l'évolution du droit. C'est là la principale raison d'être des théories nouvelles, des constructions juridiques acceptées avec empressement par les Cours et tribunaux, pour mieux rendre compte de leur pratique. Une de ces théories sera la nouvelle conception du droit positif, et spécialement du rôle attribué au pouvoir judiciaire, et plus particulièrement à la Cour de cassation qui, pour appliquer le droit d'une façon judicieuse, doit le faire progresser.

Il va de soi que le malaise créé par le recours à la fiction peut être dissipé, non par la doctrine et la jurisprudence, mais par l'intervention du législateur. Celui-ci peut, en effet, et le plus souvent sans difficulté particulière, donner suite aux appels de la Cour de cassation et modifier les termes de la loi, de façon à concilier le souci du juge de rendre une justice socialement acceptable avec l'obligation de soumission à la loi.

Chaque fois qu'une incompatibilité se présente entre ce que la loi prescrit apparemment et ce qu'une solution raisonnable d'un cas d'espèce semble exiger, on établira la distinction bien connue entre la solution juste *de lege lata* et *de lege ferenda*. La Cour fait clairement entendre quelle est la solution qui aurait ses préférences, si elle devait tenir compte uniquement de ce qu'elle considère comme juste et raisonnable ; elle s'incline toutefois à regret, pour se conformer à la volonté du législateur, tout en signalant son désir de changement. Cette ambivalence est presque toujours l'expression d'une Cour divisée, où la minorité s'incline devant une décision qui lui semble difficilement acceptable, mais en demandant de pouvoir manifester son mécontentement.

(3) Cf. P. Foriers, « Présomptions et fictions », *Les présomptions et les fictions en droit*, p. 25 et 26.

C'est un pareil compromis qui semble avoir été accepté dans la célèbre affaire *Rossi*, dont nous avons déjà traité (4). Comment expliquer autrement l'appel au législateur que l'on trouve dans l'arrêt, alors que les raisons alléguées pour refuser le divorce relevaient prétendûment de la logique, comme si le législateur, contrairement au juge, avait qualité pour modifier les lois de la logique ? En effet, tandis que la majorité catholique de la Cour avait voulu rendre plus restrictives les conditions d'admissibilité du divorce, en se fondant, pour parvenir à ses fins, non sur un texte légal, mais sur la théorie du cumul des législations, la minorité, préoccupée surtout par le sort de quelques centaines de jeunes femmes belges, abandonnées par leur mari italien et empêchées par les tribunaux de refaire leur vie, avait espéré que le législateur mettrait fin à cette situation intenable. L'appel de la Cour ne resta d'ailleurs pas longtemps sans réponse.

74 *bis*. Il est rare pourtant que les tribunaux, s'ils le désirent vraiment, ne trouvent pas, dans la technique juridique, un moyen de concilier leur souci d'une solution acceptable avec leur fidélité à la loi.

Un cas remarquable a été posé aux tribunaux tant belges que français par les conséquences inadmissibles qui découlaient de l'application stricte à certains étrangers de l'article 11 du Code civil, selon lequel « L'étranger jouira en France (ou en Belgique) des mêmes droits civils que ceux qui sont ou seront accordés aux Français (ou aux Belges) par les traités de la nation à laquelle ils appartiennent ».

Ce principe de réciprocité posait les plus graves problèmes tant aux apatrides qu'aux citoyens de pays avec lesquels aucun traité n'avait été signé en cette matière. Fallait-il leur refuser les droits les plus fondamentaux, et plus particulièrement celui d'ester en justice ?

La Cour de cassation de Belgique, en arguant que le législateur n'avait pas voulu régler ces cas d'une façon déraisonnable et contraire à l'équité, a créé une « fausse lacune », en prétendant que les dispositions de cet article n'étaient pas applicables quand elles étaient opposées au droit des gens. C'est ainsi que, dans un arrêt déjà ancien du 3 août 1848 (*Pas.*, 1848.I.536), elle statua que l'article 11 du Code civil « ne s'occupe que des droits civils qui sont une pure création de la loi civile, cet article est tout à fait inapplicable aux droits civils qui ont leur source dans le droit des gens ». Elle rattache le droit d'ester en justice à la légitime défense, considérée comme un droit naturel.

Plus tard, à propos de l'interprétation du même article 11, alors que le positivisme juridique était la doctrine dominante, et que les techniques d'interprétation devaient rester fidèles aux textes, cette même Cour de cassation n'hésite pas à invoquer les droits naturels. Dans un arrêt bien connu du 1er octobre 1880 (*Pas.*, 1880.I.292), au lieu

(4) Je renvoie pour les développements au § 28.

de donner aux mots « droits civils » le sens habituel qui les oppose aux droits politiques, elle les oppose aux droits naturels, en décidant que « indépendamment de toutes conditions de réciprocité, l'étranger jouit en Belgique des droits naturels : mariage, propriété, action et témoignage en justice, etc. ».

La Cour de cassation de France est arrivée au même résultat d'une façon beaucoup plus simple, en déclarant que les étrangers jouissent en France des droits qui ne leur sont pas expressément refusés. Ils sont présumés jouir de tous les droits civils, à moins d'une disposition expresse de la loi en sens contraire (5).

Par la création d'une antinomie entre une disposition du droit positif et une règle de droit non écrite, on limite la portée du texte, et l'on crée une lacune que le juge comblera conformément à la règle de droit non écrite.

Dans un article, déjà cité, de L. Silance « Quelques exemples d'antinomies et essai de classement », l'auteur analyse plusieurs arrêts où la loi écrite est opposée tantôt au droit naturel, tantôt à l'équité, représentée par un principe général du droit, tantôt à des règles de « l'ordre public international » (6).

Nous avons vu comment l'interprétation de l'article 11 résulte de l'antinomie entre la lettre du texte et les droits naturels de chaque homme. Dans d'autres cas, on écartera comme contraires à l'équité une interprétation de la loi et une décision qui seraient contraires à un principe général du droit, tels que l'enrichissement aux dépens d'autrui (Cass. belge, 27 mai 1908, *Pas.*, 1909.I.272, Cass. fr., 15 juin 1892, D. P., 92.1.596 : S., 93.1.281).

Les tribunaux recourent à la notion d'ordre public international chaque fois qu'ils refusent d'appliquer la loi étrangère, quand l'application de celle-ci est exigée par l'article 3 du Code civil. L'arrêt de la Cour de cassation de Belgique du 4 mai 1950 (*Pas.*, 1950.I.624) justifie ce refus de la façon suivante :

« Une loi d'ordre public n'est d'ordre public international privé que pour autant que le législateur ait entendu consacrer, par les dispositions de celle-ci, un principe qu'il considère comme essentiel à l'ordre moral, politique ou économique établi et qui, pour ce motif, doit nécessairement, à ses yeux, exclure l'application en Belgique de toute règle contraire ou différente, inscrite dans le statut personnel de l'étranger ».

En élevant une loi belge au rang d'un principe d'ordre international privé, on lui accorde une universalité qui crée l'antinomie ; ensuite

(5) Cf. pour la jurisprudence française, H. BATIFFOL, *Droit international privé*, Paris, 1967, p. 295 et s.

(6) Dans *Les antinomies en droit*, p. 113 à 132,

on résoud l'antinomie en faveur du principe, ce qui empêche, dans ce cas, l'application de la loi étrangère.

75. Nous avons vu, au paragraphe 36, que lorsque les tribunaux ne veulent pas appliquer un texte légal, parce que celui-ci conduirait, dans le cas d'espèce, à une solution totalement inacceptable, et qu'ils ne sont pas à même de trouver une interprétation de la loi qui permettrait de concilier celle-ci avec l'équité, il leur arrive de recourir, en dernier ressort, à la *fiction* jurisprudentielle.

Ce recours à la fiction a fait l'objet de controverses, parfois passionnées. Il renvoie à un problème plus vaste, celui des rapports entre la vérité et la justice. En effet, la fiction fournit un exemple extrême où, par souci d'équité, le jury qualifie faussement les faits dont il a à connaître, mais ce n'est pas le seul cas où le droit attache plus d'importance à d'autres valeurs que la vérité, alors que le respect de celle-ci est lié pourtant à une des valeurs fondamentales du droit, à savoir la sécurité juridique.

Dans notre droit, le mensonge n'est punissable que si le témoin s'est engagé, sous serment, à dire la vérité, toute la vérité et rien que la vérité. Nous avons signalé au paragraphe 20 que l'article 268 du Code belge de procédure civile stipule que l'on ne peut pas assigner comme témoin le conjoint ou les parents en ligne directe d'une des parties. Si elles sont entendues sans prêter serment, l'article 225 stipule qu'on ne pourra pas les condamner pour faux témoignage ou fausse déclaration lorsqu'elles ont témoigné en faveur des accusés. L'article 205 du nouveau Code de procédure civile français prévoit que « les descendants ne peuvent jamais être entendus sur les griefs invoqués par les époux à l'appui d'une demande en divorce ou en séparation de corps ». Et l'article 206 précise que peuvent se refuser à témoigner « les parents ou alliés en ligne directe de l'une des parties ou son conjoint, même divorcé ».

Ceci signifie que notre système met les relations de confiance, de respect, et d'amour, censées exister entre proches parents, avant l'obligation de témoigner en vérité. Si l'on punit leur mensonge, c'est uniquement quand ils mentent au *détriment* d'un proche parent, et non en sa faveur.

Il y a des personnes qui sont tenues au secret. L'article 378 du Code pénal français impose le secret professionnel à certaines catégories de personnes : « Les médecins, chirurgiens et autres officiers de santé, pharmaciens, sages-femmes et toutes autres personnes dépositaires, par état ou profession ou par fonctions temporaires ou permanentes, des secrets qu'on leur confie, qui, hors le cas où la loi les oblige ou les autorise à se porter dénonciateurs, auront révélé ces secrets, seront punis d'un emprisonnement d'un mois à six mois et d'une amende de 500 à 3 000 francs ».

La Cour de cassation a jugé que l'article 378 s'applique à tous ceux auxquels leur état ou leur profession impose l'obligation du secret confié, soit que les faits qu'ils apprennent ainsi sous le sceau du secret leur aient été confiés par des particuliers, soit que leur connaissance provienne de l'exercice d'une profession aux actes de laquelle la loi, dans un intérêt général et d'ordre public, a imprimé le caractère confidentiel et secret (Crim., 27 juill. 1936, D. H., 1936.494 ; 5 févr. 1970, D., 1970.249 ; 17 mai 1973, D., 1973.582, note Doll. — V. aussi Berr et Groutel, note D., 1972.609).

Pour les médecins l'obligation au secret professionnel est un devoir de leur état ; elle est générale et absolue et il n'appartient à personne de les en affranchir. Ils sont fondés à s'en prévaloir pour refuser de déposer en justice sur les faits dont ils n'ont eu connaissance qu'à l'occasion de l'exercice de leur profession (Crim., 8 mai 1947, D., 1948.109, note Gulphe ; 22 déc. 1966, D., 1967.122, rapport Combaldieu). Toutefois le secret a pour limite l'intérêt des malades (v. Soc., 1er mars 1972, D., 1972.426, note Le Roy) ou de la famille (Civ. 1re, 12 févr. 1963, D., 1963.471, note Badinter).

Dans notre droit, la présomption d'innocence garantit à l'inculpé le droit au silence. Mais le droit américain va plus loin. Le 5e amendement à la Constitution permet même au témoin assermenté de se taire si, par son témoignage, il risque de s'incriminer lui-même (*self-incrimination*).

Il y a des cas où est punissable une imputation vraie, mais que l'on ne peut pas prouver. C'est ainsi que l'article 443 du Code pénal belge stipule : « Celui qui, dans les cas ci-après indiqués, a méchamment imputé à une personne un fait précis qui est de nature à porter atteinte à l'honneur de cette personne ou à l'exposer au mépris public, et dont la preuve légale n'est pas rapportée, est coupable de calomnie lorsque la loi admet la preuve du fait imputé, et de diffamation lorsque la loi n'admet pas cette preuve ». En droit français la preuve de la vérité des faits diffamatoires ne peut être établie lorsque l'imputation concerne la vie privée de la personne (L. 29 juill. 1881, art. 35).

On peut donc être coupable non seulement en propageant des mensonges, qui portent atteinte à l'honneur d'une personne, mais aussi en alléguant des faits dont on est disposé à prouver la vérité. Il y a plus. Même s'il existe au moment du délit une preuve légale des faits imputés, sera coupable de divulgation méchante celui qui a agi dans le but de nuire (art. 449, C. pén. belge).

Dans certains cas, celui qui fait connaître la vérité peut être coupable de dénonciation. La dénonciation à l'ennemi est sévèrement punie, et la gravité de la peine sera d'ailleurs proportionnelle à la gravité des suites de cette dénonciation (art. 121 *bis*, du C. pén. belge).

Notons, à ce propos, que même la dénonciation d'un camarade au maître, pourtant censé représenter une autorité morale, qui est encouragée dans certains cas, sera le plus souvent sévèrement condamnée sur le plan moral. Les divergences d'attitude à l'égard de la « dénonciation morale » s'expliquent par des conceptions opposées des rapports entre l'individu et l'autorité. Quand on se méfie des autorités, on mettra au premier plan les rapports de confiance et de solidarité entre individus, et toute dénonciation sera considérée comme méprisable (7).

Ces divers exemples montrent que notre droit admet l'existence de situations où d'autres valeurs que la vérité sont considérées comme plus importantes que cette dernière, et ceci même dans le cas où la décision juste dépend de la connaissance objective des faits.

Mais si nos analyses concernant la fiction judiciaire ont indiqué comment le recours à cette technique peut constituer l'unique moyen d'éviter une décision inique, il faut néanmoins insister sur les dangers de cette technique, qui peut transformer en dérision l'administration de la justice, qui bafouerait la vérité au nom de considérations inavouables.

C'est la raison pour laquelle, dans les régimes démocratiques, le recours aux fictions judiciaires est d'habitude le fait non de juges professionnels, mais de jurys. Ceux-ci, justement parce qu'ils sont appelés à siéger comme représentants de l'opinion publique, hésitent moins à s'opposer à la volonté du législateur que le juge de métier, dont la conscience professionnelle a été formée dans un esprit de fidélité à la loi.

Il ne faut pas perdre de vue que l'on peut effectivement utiliser la fiction judiciaire, c'est-à-dire la fausse qualification des faits, non par souci d'équité, mais pour persécuter des adversaires politiques, et même, comme ce fut le cas dans la Russie stalinienne, pour envoyer des millions d'innocents effectuer des travaux forcés, en les condamnant, en vertu de dispositions légales, pour des crimes imaginaires.

76. La révélation, que personne ne conteste plus aujourd'hui, des crimes commis par la « justice » stalinienne pose d'une façon cruelle le problème du droit positif d'un pays donné. Celui-ci est-il déterminé uniquement par des textes constitutionnels ou législatifs, valables, promulgués, ou par la manière dont ceux-ci sont effectivement mis en œuvre et appliqués ? Ne pourrait-on pas affirmer, avec raison, que parfois les textes officiellement promulgués ne sont qu'une façade, qu'un masque, derrière lequel se cache non un Etat de droit, mais un Etat policier, où règne le plus complet arbitraire ?

(7) Cf. à ce propos ma communication « Droit et morale », *Droit, morale et philosophie*, p. 129-130.

Pour qu'existe un Etat de droit, il faut, en effet, que ceux qui gouvernent l'Etat, qui sont chargés de l'administrer et de juger conformément à la loi, observent les règles qu'ils ont eux-mêmes instituées. En l'absence de ce que les Américains qualifient de « due process of law », le respect des règles d'une honnête application de la justice, l'idée même de droit peut servir de paravent à tous les excès d'un pouvoir arbitraire. C'est une des conditions que, dans sa remarquable étude, intitulée *The Morality of Law* (8), le professeur Lon Fuller a considérées comme indispensables pour l'existence d'un Etat de droit, les sept autres conditions étant celles qui s'imposent au législateur pour que le droit puisse remplir sa fonction d'être «l'entreprise de soumettre la conduite humaine au gouvernement des règles » (9).

Nous retrouvons ainsi la conclusion classique que l'existence d'un Etat de droit implique un pouvoir judiciaire indépendant : c'est à cette exigence que correspond la théorie de la séparation des pouvoirs, l'inamovibilité des juges et l'interdiction de constituer des tribunaux spéciaux.

En effet, si le droit est un instrument souple, et capable de s'adapter aux valeurs considérées comme prioritaires par le juge, il ne faut pas, dans cette perspective, que le juge décide en fonction de directives venant du gouvernement, mais en fonction des valeurs dominantes dans la société, son rôle étant de concilier avec ces valeurs les lois et les institutions établies, de façon à mettre en évidence non seulement la légalité, mais aussi le caractère raisonnable et acceptable de ses décisions.

C'est pourquoi il y a lieu de diversifier l'analyse du raisonnement juridique selon les diverses fonctions qu'il doit remplir, les divers domaines auxquels il s'applique et les diverses instances qui constituent l'appareil judiciaire.

77. Dans la tradition occidentale, surtout depuis la Révolution française, la suprématie du pouvoir législatif en matière de droit n'a guère été contestée. Ce pouvoir, aussi longtemps qu'il est considéré comme le représentant légitime de la volonté nationale, détermine les règles qui deviendront les lois du pays, souvent même, dans les Etats qui n'admettent pas le contrôle judiciaire de la constitutionnalité des lois, il le fait d'une façon qui pourrait paraître souveraine. Mais en réalité, les constitutions modernes insistent toutes sur le fait que « Tous les pouvoirs émanent de la nation. Ils sont exercés de la manière établie par la Constitution » (art. 25 de la Constitution belge). La suprématie de la nation se manifeste par le contrôle qu'elle peut exercer sur ses représentants au moyen d'élections périodiques. Vouloir opposer la volonté générale, toujours droite, à la volonté de tous,

(8) New Haven, Yale University Press, 1964, p. 38, p. 81-90.
(9) *Ibid.*, p. 96.

souvent induite en erreur, comme le fait Rousseau (10), c'est justifier d'avance toutes les tyrannies, car il va de soi que le tyran connaît toujours mieux que le peuple les intérêts « véritables » de ce dernier.

Pour celui qui, comme Martin Kriele, développe les conséquences du principe démocratique dans la Constitution d'un Etat parlementaire (11), c'est le système parlementaire anglais qui sert de source d'inspiration. La fonction législative du Parlement s'est développée à partir du XVIIe siècle, continuant la mission de la *curia regis* qui était l'organe judiciaire suprême, chargé en même temps de faire progresser le droit. Le rôle du Parlement, dans un droit fondé sur des précédents judiciaires, était de faire progresser le droit indépendamment des précédents. Le législateur est celui qui accélère, guide et oriente le processus de la formation du droit. « La force politique oblige à transformer les oppositions de pouvoir, d'intérêt et de points de vue en une controverse d'opinions, réglée selon une procédure et qui doit aboutir à une décision contraignante (12) ».

Pour qu'une pareille controverse puisse s'instaurer, et faire valoir tous les intérêts en présence, il est nécessaire que, comme dans un procès, les parties opposées puissent se faire entendre. C'est uniquement une argumentation en sens divers qui permet de comprendre le processus dialectique de la formation du droit. Justifier une décision légale c'est, en suivant Hale, « comparer les alternatives résultant de l'une ou l'autre norme envisagée, en apprécier les conséquences prévisibles pour la vie pratique, humaine, économique et sociale, et choisir celle qui, dans une pesée impartiale des conséquences favorables ou défavorables, produira, par comparaison, les plus petits inconvénients et les plus grands avantages » (13).

Mais, dans le processus législatif, contrairement à ce qui se passe dans un tribunal, les législateurs sont juges et parties ; et c'est inévitable, car il n'y a pas de pouvoir politique neutre supérieur aux parties. Admettre qu'il y en ait un serait, du même coup, nier l'importance et la valeur du processus démocratique, revenir à la conception du roi-philosophe, du despote éclairé. Si l'on rejette cette utopie, il faut accepter le caractère indispensable d'une pluralité d'intérêts et de valeurs, entre lesquels s'instaure une dialectique, aboutissant à une décision prise à la majorité des voix.

Dans un pays démocratique, où l'opinion publique peut s'exprimer librement, grâce à la liberté de parole et à la liberté de la presse, le

(10) J.-J. ROUSSEAU, *Du contrat social*, Liv. II, Chap. III, dans *Œuvres complètes*, éd. de la Pléiade, t. 3, p. 371.

(11) M. KRIELE, « Das demokratische Prinzip im Grundgesetz », *Veröffentlichungen der Vereinigung der deutschen Staatrechtslehrer*, Heft 29, p. 46-84.

(12) *Ibid.*, p. 51. — Il se réfère à ce propos au *Chief justice* MATTHEW HALE, *Consideration touching the amendment or alteration of Laws*, ed. by Francis Hargrave (Collecteana juridica 1791, p. 253-289).

(13) *Ibid.*, p. 51.

pouvoir législatif ne peut négliger ni celle-ci ni les groupes de pression, qui se manifestent de façons variées. Il s'agit de gagner cette opinion publique aux initiatives du pouvoir législatif, pour empêcher des réactions de mécontentement, qui ne peuvent que ruiner le prestige et miner la légitimité du pouvoir, en créant une opposition, qui ne manquerait pas d'être exploitée, entre le pays légal et le pays réel.

L'autre aspect, moins politique et plus juridique, de la fonction législative, dépend du fait que les lois sont faites pour être appliquées dans le contexte d'un système juridique existant. Selon que le législateur veut limiter ou étendre le pouvoir d'appréciation de ceux qui devront appliquer les lois, qu'il s'agisse de l'administration ou du pouvoir judiciaire, il rédigera le texte de la loi dans des termes plus ou moins précis, ou plus ou moins vagues : le vague signifiant que, sur des cas d'espèce, le législateur ne désire pas prendre lui-même une position déterminée, soit en l'absence de tous les éléments d'information, soit parce que les membres du corps législatif ne sont pas d'accord sur la manière de les régler : ce sont alors ceux qui auront à mettre en œuvre les textes légaux qui devront prendre les décisions définitives dans chaque cas d'espèce.

La tâche de l'administration serait impossible sans une présomption de légalité de son action, cette présomption pouvant être renversée par une décision de justice dans les cas où l'administration, au lieu d'exercer la liberté de jugement qui lui est toujours accordée dans les limites de la loi, a, au contraire, abusé de son pouvoir pour commettre des actes illégaux, soit par excès ou par détournement de pouvoir.

Mais on voit qu'il faut laisser au pouvoir judiciaire la compétence de juger, en dernière instance, de la manière dont la loi sera effectivement appliquée, jusqu'au jour, en tous cas, où le législateur, mécontent de la façon dont les textes existants sont effectivement appliqués, les modifiera, en obligeant le pouvoir judiciaire de tenir compte de sa volonté clairement manifestée.

78. Le fait que le juge doit se soumettre à la loi souligne le primat accordé au pouvoir législatif dans l'élaboration des règles de droit. Mais il n'en résulte nullement un monopole législatif dans la formation du droit. Le juge possède, à cet égard un pouvoir complémentaire indispensable qui lui permettra d'adapter les textes aux cas d'espèce. Si on ne lui reconnaissait pas ce pouvoir, il ne pourrait pas, sans recourir à des fictions, s'acquitter de sa mission, qui consiste dans le règlement des conflits : la nature des choses oblige à lui concéder un pouvoir créateur et normatif dans le domaine du droit (14).

Cette vision des rapports entre le législatif et le judiciaire suppose que, dans un Etat de droit, le pouvoir judiciaire ne se trouve jamais

(14) Cf. à ce propos, l'ouvrage convaincant de S. Belaïd, *Essai sur le pouvoir créateur et normatif des juges*, L.G.D.J., Paris, 1974.

devant un vide normatif, et que les textes valablement promulgués restent valides jusqu'au moment où ils ont été abrogés d'une façon explicite ou implicite.

Mais que doit faire un pouvoir révolutionnaire qui s'installe et se trouve devant une législation votée par le régime contre lequel il s'est insurgé et à laquelle il peut être nettement opposé, car elle a été élaborée en fonction d'une hiérarchie des valeurs qui n'est pas la sienne, mais qu'il a combattue, pour faire prévaloir des perspectives différentes de celles du régime ancien ? Il serait évidemment facile d'abroger la législation antérieure, si l'on avait une nouvelle législation toute prête pour être substituée à l'ancienne. Mais il est bien rare que le nouveau régime dispose d'une législation de rechange, sauf pour quelques textes constitutionnels fondamentaux. Faut-il dans ce cas, abolir néanmoins la législation ancienne, en créant un vide normatif insupportable ?

Ce problème n'est pas théorique : il s'est posé effectivement au nouveau régime de la République populaire de Pologne. Celui-ci l'a résolu par une disposition générale qui, tout en maintenant provisoirement en vigueur les lois antérieures, a permis d'éviter des solutions judiciaires estimées contraires au système des valeurs du nouvel Etat socialiste. C'est ainsi que l'article 4 du Code civil du 23 avril 1964 déclare : « Les dispositions du droit civil doivent être interprétées et appliquées conformément aux principes du système social et aux buts de la République populaire de Pologne ». Le « Code civil, écrit Z. Ziembiński, formule ainsi une directive téléologique d'interprétation : en cas d'obscurité de la loi, il faut lui accorder le sens le plus convenable du point de vue du système des valeurs officiellement accepté » (15).

Personnellement, je comprendrais cet article 4 comme signifiant que, dans l'interprétation de la législation bourgeoise, et quelle que soit la clarté de ses dispositions, le juge doit toujours les interpréter de façon que la solution adoptée ne soit pas incompatible avec les valeurs du régime socialiste. Ce sont celles-ci qui, en cas d'antinomie, l'emporteront sur les dispositions les plus claires des normes considérées comme périmées, mais qu'on n'a pas encore eu le désir d'abroger, aussi longtemps qu'une législation plus conforme aux vues du nouveau régime n'aura pas été promulguée.

79. Cette obligation légale d'interpréter dans un certain esprit une disposition ancienne formellement valable, pose le problème général de la soumission du juge à la loi, et de son pouvoir d'interprétation des textes légaux. On a invoqué, à ce propos, la *volonté du législ-*

(15) Cf. Z. Ziembiński, « Les lacunes de la loi dans le système juridique contemporain polonais et les méthodes utilisées pour les combler », *Le problème des lacunes en droit*, p. 140.

lateur (V. §§ 25, 32 et 33), notion caractéristique du raisonnement juridique, et qui mérite d'être clarifiée.

Déjà l'école de l'exégèse a eu recours à cette notion : il s'agissait, alors, de préciser le texte légal, quand il ne permettait pas, par lui-même, de trancher un conflit relatif à son interprétation, en consultant les travaux parlementaires et les débats qui ont précédé le vote de la loi. Cette recherche de la volonté du législateur, telle qu'elle s'était exprimée dans les travaux parlementaires, aboutit nécessairement à une conception statique de la loi : en effet, en cherchant à connaître cette volonté, qui s'est manifestée parfois il y a plus d'un siècle, on suppose que la volonté du législateur est censée rester la même, malgré l'évolution technique, morale et politique, qui a pu se produire dans l'intervalle. C'est adopter l'hypothèse méthodologique, fort contestable, que parce que le texte est resté inchangé, il doit recevoir la même interprétation aujourd'hui que celle que le législateur lui a donnée dans le passé.

Au surplus, comment savoir si la volonté du législateur collectif est identique à celle exprimée par l'un ou l'autre des participants aux débats parlementaires ? Il se peut, parfaitement, que si le texte n'a pas retenu les précisions fournies dans les débats, c'est qu'elles n'ont pas été acceptées par la majorité qui a voté un texte plus vague. Pour ces raisons l'on sait que la jurisprudence anglaise s'interdit de recourir aux travaux parlementaires, préférant tirer du texte même de la loi le moyen de l'interpréter conformément à l'esprit de celle-ci. Il arrive d'ailleurs bien souvent, que la situation actuelle, que l'on aurait voulu subsumer sous une loi ancienne, n'ait pas été prévue par le législateur et que le juge se trouve devant une lacune qu'il aurait à combler en se mettant à la place du législateur.

Mais cette dernière solution, que l'on pourrait qualifier de dynamique, en l'opposant à l'interprétation statique, présente un autre inconvénient, celui de libérer entièrement le juge, grâce à l'hypothèse de la lacune, de toute soumission à la loi. En effet, se mettant à la place du législateur, le juge devient, pour ainsi dire, indépendant de lui, ayant pour mission de créer la loi, au lieu de se borner à l'appliquer. Il est ainsi conduit à élaborer des solutions conformes à son sens de l'équité, en se libérant des contraintes légales, avec tous les dangers de subjectivité et d'arbitraire que pareille solution comporte.

C'est la raison pour laquelle je suggère que le juge, ayant à rechercher, dans l'interprétation de la loi, la volonté du législateur, il faudrait entendre par là non celle du législateur qui a voté la loi, surtout s'il s'agit d'une loi ancienne, mais celle du législateur *actuel*.

En effet, le législateur ancien, quelle qu'ait été sa volonté réelle, que le juge peut, tout au plus, présumer, n'est pas en mesure de marquer son désaccord avec l'interprétation qu'on lui attribue. Il se peut que cette attribution ne soit qu'une fiction grâce à laquelle le juge fait passer pour conforme à la volonté du législateur, une interprétation de la loi qui lui est personnelle. Par contre, quand la volonté à laquelle il fait allusion est celle du législateur actuel, il affirme une hypothèse, dont la vérité peut être contrôlée car, en cas de désaccord avec le juge, le législateur actuel est en état de se manifester et de voter une loi interprétative (16). C'est la possibilité d'un dialogue, entre parties capables de faire connaître leur opinion, à savoir la Cour suprême et le législateur actuel, qui rend attrayante la technique d'interprétation suggérée, car elle transforme la recherche de la volonté du législateur en une présomption susceptible d'être renversée, plutôt que d'en faire une présomption irréversible, et parfois nettement fictive, car échappant à tout contrôle effectif.

Cette conception, qui peut paraître paradoxale, a été confirmée par un célèbre arrêt de la Cour Internationale de Justice sur la Namibie (1971), où la motivation dit expressément que « un instrument international doit être interprété et appliqué dans le cadre de tout le système légal qui prévaut au moment de l'interprétation » (16 *bis*).

80. Que devient cette solution quand la législation qu'il y a lieu d'interpréter est d'origine divine, qu'elle est présentée comme définitive et qu'elle interdit toute possibilité d'amendement ? Cette hypothèse, qui semble purement imaginaire dans une conception laïcisée du droit, est pourtant celle qui est prévue expressément dans la Bible, à propos de lois données par Moïse au peuple hébreu. Voici, en effet, ce que nous lisons, dans le *Deutéronome* IV, 1, 2 : « Et maintenant, Israël, écoute les préceptes et les sentences que je vous enseigne pour les mettre en pratique, afin que vous viviez, et que vous entriez, pour le posséder, dans le pays que vous donne Jahvé, le Dieu de vos pères ! Vous n'ajouterez rien à la chose que je vous commande et vous n'en retrancherez rien, en observant les commandements de Jahvé, votre Dieu, que je vous commande » (Trad. Dhorme, éd. de la Pléiade).

En vertu de cette prescription, Moïse est resté le seul prophète législateur. Toute législation nouvelle étant interdite, aussi bien dans le sens de l'abrogation d'une disposition légale, que dans celui d'un complément, tout le travail juridique d'adaptation des textes aux réalités sociales a été, par la force des choses, abandonné aux interprètes de la loi. Les discussions des talmudistes, qui peuvent parfois paraître bizarrement justifiées, se comprennent mieux si l'on sait qu'ils doivent, coûte que coûte, rattacher toute solution admissible, aussi révolutionnaire qu'elle puisse paraître, à un texte biblique. Ils ne se font d'ailleurs

(16) Cf. à ce propos, mon article « L'interprétation juridique », *Archives de philosophie du Droit*, 1972, t. 17, p. 32 et 33.

(16 *bis*) Ch. PERELMAN, « La motivation des décisions de justice, essai de synthèse » et L. V. PROTT, « The justification of decisions in the International Court of Justice », *La motivation des décisions de justice*, Bruylant, Bruxelles, respectivement p. 415-426 et 331-344.

pas d'illusion sur le rôle qui leur est ainsi dévolu, car ils distinguent nettement, dans la méthodologie herméneutique, l'interprétation fidèle au texte (*le pchat*), de l'interprétation en vue de l'application de la loi pour permettre une solution acceptable d'un problème de droit (*le drach*) (17).

Que devient, dans ce contexte, le respect de la volonté du législateur divin ? Un récit caractéristique du Talmud (*Baba Metzia* 59 a-b) nous rapporte à ce propos une histoire qui mériterait d'être mieux connue.

Lors d'un débat sur les conditions dans lesquelles un four peut être utilisé, tout en restant rituellement pur, la grande majorité des interprètes se sont opposés à l'avis du Rabbin Eliézer qui prétendait, à l'encontre de ses adversaires, exprimer la volonté authentique de Dieu. Pour prouver qu'il avait raison, il invoque Dieu, pour qu'il manifeste son approbation au moyen de divers miracles, qui ne manquent pas de se produire. Comme l'assemblée ne semblait pas convaincue par les miracles, il prend Dieu à témoin, et une voix céleste se fait entendre qui soutient le point de vue du Rabbin Eliézer. Là-dessus, le R. Josué, porte-parole de la majorité, citant le verset du *Deutéronome*, XXX, 12 « la Tora ne se situe pas dans les cieux » commente : « Qu'est-ce à dire ? Cela signifie que la Tora a déjà été donnée au Sinaï et que nous ne nous fions pas à une voix céleste, car la Tora a déjà prescrit au Mont Sinaï (*Exode*, XXIII, 2) « c'est d'après la majorité que l'on infléchit la loi ».

Le commentaire, qui abandonne entièrement aux interprètes le pouvoir de décider du sens de la loi est d'autant plus caractéristique que le passage, qui fait état du rôle de la majorité, déforme sciemment le texte biblique, lequel dit exactement le contraire : « Tu ne suivras point la masse pour mal faire et tu ne déposeras pas, dans un procès pour dévier, pour faire pencher la balance dans le sens du grand nombre ».

En l'absence du législateur actuel, on n'impose aux interprètes que la recherche futile d'une justification fictive ; pour le reste, ce qui détermine la décision, c'est uniquement le caractère raisonnable, acceptable par la majorité, du résultat proposé.

Notons, à ce propos, que les talmudistes n'hésitaient pas à substituer, à la volonté divine, leur propre solution si elle leur paraissait raisonnable, alors que les rabbins orthodoxes n'osent plus aujourd'hui, en l'absence d'un Sanhédrin — la Cour suprême pour la loi mosaïque — substituer leur interprétation à celle des talmudistes. Alors que les dix ou quinze siècles qui séparent les textes du Pentateuque de l'élaboration du Talmud sont marqués par une création juridique extrêmement féconde, les siècles qui ont suivi ont fixé l'interprétation traditionnelle et n'ont que très peu adapté celle-ci aux besoins de l'actualité.

(17) *Ibid.*, p. 33-34.

Cette histoire de l'interprétation biblique nous fournit deux exemples extrêmes, celui d'une libération presque complète des talmudistes par rapport aux textes sacrés, et celui d'une soumission, presque aussi radicale, des interprètes ultérieurs à l'interprétation orthodoxe, qui a acquis la force d'une loi immuable dans la tradition religieuse juive.

81. Le raisonnement juridique se manifeste, par excellence, dans le processus judiciaire. En effet, le rôle spécifique des juges est de dire le droit — et non de le créer — quoique souvent l'obligation de juger, imposée au juge, l'amène à compléter la loi, à la réinterpréter et à l'assouplir. Depuis la Révolution française, en droit continental, il a aussi l'obligation de motiver. C'est l'étude de ces techniques de motivation qui permet de dégager le raisonnement judiciaire, dans différentes branches du droit, ainsi que selon les diverses instances hiérarchiquement organisées.

Les résultats de l'analyse de la motivation seront différents selon l'idée que l'on se fait du droit et du rôle du juge par rapport au législateur, conceptions dont nous avons vu combien elles ont varié selon les époques ; elles peuvent d'ailleurs varier, à une même époque dans les divers systèmes de droit. C'est ainsi qu'à notre époque, en Europe occidentale, par opposition à ce qui se passe dans le droit des Etats socialistes, le rôle et l'indépendance du pouvoir judiciaire se sont fortement accrus, ce qui tend à le rapprocher de plus en plus de la conception anglo-américaine (17 *bis*).

L'importance de la motivation des décisions judiciaires est considérée aujourd'hui comme essentielle à la bonne administration de la justice. Comme le dit Monsieur T. Sauvel, dans un excellent article intitulé « Histoire du jugement motivé » :

« Motiver une décision, c'est en exprimer les raisons. C'est par là même obliger celui qui la prend à en avoir. C'est éloigner tout arbitraire. Grâce aux motifs seulement celui qui a perdu un procès sait comment et pourquoi. Ce sont eux qui l'invitent à comprendre la sentence, et qui lui demandent de ne pas s'abandonner trop longtemps à l'amer plaisir de « maudire ses juges ». Eux qui l'aident à décider s'il doit faire appel, ou, le cas échéant, aller en cassation. Eux qui permettront de ne pas se placer à nouveau dans une situation qui ferait naître un second procès. Par delà les plaideurs les motifs s'adressent à tous. Ils font comprendre le sens et les limites des lois nouvelles, la façon de les combiner avec les anciennes. Ils fournissent aux commentateurs, les « arrêtistes », la possibilité de comparer les jugements entre eux, de les analyser, grouper, critiquer, d'en dégager les leçons, souvent aussi de préparer les solutions à venir. Sans eux nous n'aurions pas de « notes de jurisprudence », et cette publication ne serait pas ce qu'elle est. La nécessité des motifs est si bien entrée dans nos mœurs qu'elle dépasse

(17 *bis*) V. à ce sujet le récent volume collectif, *La motivation des décisions de justice*, publié par Ch. PERELMAN et P. FORIERS, Bruylant, Bruxelles, 1977.

souvent les bornes du domaine juridictionnel et s'impose peu à peu à des décisions simplement administratives chaque fois plus nombreuses.

« Le jugement motivé remplace l'affirmation par un raisonnement et le simple exercice de l'autorité par un *essai de persuasion.* Il joue à ce titre dans ce qu'il est permis d'appeler l'équilibre juridique et moral de notre pays un rôle absolument essentiel » (18).

82. Si la motivation est apparue dans l'ancien droit français au XIIIe siècle, elle se bornait le plus souvent à l'indication de la preuve des faits et éventuellement de la règle de droit applicable. Mais le motifs disparaissent au XIVe siècle. *Le style de la Chambre des enquêtes*, rédigé vers 1336, conseille très nettement au rapporteur, « d'avoir grand soin, dans la « conclusion de l'arrêt », de ne mentionner aucune « cause » (19). Cette situation se prolongera pendant tout l'Ancien Régime. De plus, il était interdit de publier les décisions de justice, sans l'autorisation des Parlements. Montesquieu a insisté sur l'importance qu'il y a à connaître la jurisprudence, mais sans s'inquiéter de l'absence des motifs. « En 1771, Jousse, conseiller au présidial d'Orléans après avoir rappelé que les juges ont certes le droit de motiver leurs jugements, ajoute que mieux vaut ne pas user de ce droit, « afin de ne pas donner lieu à des chicanes de la part de celui qui aurait perdu sa cause » (20).

Il a fallu, comme on le sait, attendre la loi des 16-24 août 1790, pour poser nettement le problème de la motivation tant au civil qu'au pénal. L'article 15 de son titre V, indique que dans chaque jugement « le résultat des faits reconnus ou constatés par l'instruction et les motifs qui auront déterminé le juge seront exprimés ». Mais ,pour certains, l'exigence des motifs s'identifiait avec l'indication du « texte de la loi qui avait déterminé les juges » (21). Quand par le décret du 1er décembre 1790 fut créé un Tribunal de cassation, « son article 17 exigeait seulement que le dispositif contienne *le texte de la loi ou des lois sur lesquelles la décision* sera appuyée » (22), mais il n'avait nullement l'obligation de motiver ses arrêts. Cette obligation ne fut instaurée, par un décret du 4 germinal an II, que pour les arrêts de rejet. Bientôt tous les arrêts doivent être motivés. « Il apparut dès lors que la nécessité des motifs devait être générale et indivisible, entendons par là qu'elle doit s'appliquer à toutes les juridictions, la plus haute comprise, et mieux vaudrait dire la plus haute surtout, pour permettre à celle-ci de l'imposer aux autres. Seule l'existence de la cassation donne aux motifs dans le droit moderne tout leur sens et toute leur portée. Elle fait de tout jugement une scène à plusieurs personnages dans laquelle le juge

(18) T. Sauvel, « Histoire du jugement motivé », *Rev. dr. publ.*, 1955, p. 5-6.
(19) *Ibid.*, p. 21.
(20) *Ibid.*, p. 36.
(21) *Ibid.*, p. 45.
(22) *Ibid.*, p. 46.

non seulement répond au plaideur mais aussi songe aux critiques qu'un pourvoi en cassation pourra formuler» (23).

C'est un arrêt du Conseil d'Etat du 28 juillet 1834 (S. 34.2.628) qui a considéré la motivation comme exigée non seulement par un texte de loi, mais parce que le manque de motivation contrevient *aux formes substantielles de toute décision en matière contentieuse* (24). Il s'agit d'un de ces principes généraux du droit, qui, à l'opposé de certaines conceptions du droit naturel, résulte de la pratique et des progrès du droit chez les peuples civilisés.

Mais faut-il reprendre, à propos de la motivation, la description que nous en fournit M. Sauvel ? Il écrit, en effet : « Les motifs bien rédigés doivent nous faire connaître avec fidélité toutes les opérations de l'esprit qui ont conduit le juge au dispositif adopté par lui. Ils sont la meilleure, la plus haute des garanties, puisqu'ils protègent le juge à la fois contre tout faux raisonnement qui pourrait s'offrir à son esprit et contre toute pression qui voudrait agir sur lui» (25).

Je crois que ces remarques confondent le déroulement psychologique des mobiles et le rôle des motifs : ceux-ci doivent persuader les plaideurs, les instances supérieures, et l'opinion publique éclairée, des motifs qui justifient, en droit, le dispositif. Mais ils ne doivent nullement contenir les mobiles des motifs : en identifiant les motifs avec « toutes les opérations de l'esprit qui ont conduit le juge au dispositif adopté par lui», M. Sauvel oublie ou néglige tous les éléments extra-juridiques qui peuvent avoir influencé l'opinion du juge et dont le juge se gardera de faire état. Ces éléments ne sont pas nécessairement honteux : ils peuvent être fondés sur un sens aigu de l'équité, que l'école de l'exégèse, par exemple, ne considérait pas comme ayant un rôle à jouer dans la motivation. Aujourd'hui, par contre, on n'hésiterait pas à faire état, dans la motivation, de l'équité, à condition de pouvoir lui trouver un fondement juridique satisfaisant.

83. Après ce qui vient d'être écrit, il est piquant de constater qu'une récente étude, rédigée par deux éminents juristes, dont l'un est procureur général près la Cour de cassation de France, commence par cette phrase : « On entend souvent dire par des juristes anglais ou américains que les décisions françaises ne sont pas motivées» (26). Cette affirmation, à première vue erronée et choquante, résulte de la différence de style dans la formulation des décisions en droit français et en droit anglo-américain (27). Suffit-il, pour motiver, de présenter

(23) *Ibid.*, p. 47.
(24) *Ibid.*, p. 51.
(25) *Ibid.*, p. 48.
(26) A. Touffait et A. Tunc, « Pour une motivation plus explicite des décisions de justice, notamment de celles de la Cour de cassation », *Rev. trim. dr. civ.*, 1974, p. 487.
(27) Cf. Folke Schmidt, *The Ratio decidendi. A comparative study of a French, a German and an American supreme court decision*, Stockholm, 1965.

le syllogisme judiciaire, comprenant la règle appliquée, la constatation des faits subsumés sous la règle et la conclusion qui en résulte ? Certes si ni le choix et l'interprétation de la règle, ni l'établissement et la qualification des faits, ne sont contestés, ce procédé de raisonnement est à l'abri de toute critique. Mais si c'était le cas, il n'y aurait pas de litige. Le conflit résulte de ce que l'un ou plusieurs de ces éléments font l'objet d'une contestation, et la motivation, telle qu'elle est conçue en droit anglo-saxon consiste à indiquer les raisons qui ont guidé la Cour dans les options qu'elle a jugées préférables.

Voici ce que MM. Touffait et Tunc écrivent à propos du style de la Cour de cassation de France :

« La Cour de cassation procède par affirmation de principes dont elle ne fait même rien pour éclairer la portée. D'autre part, les « constatations de fait » qu'elle relève comportent normalement des appréciations, dont certaines sont discutables. Là encore, on trouve couramment des affirmations péremptoires, qui convainquent mal parce qu'elles cachent toute une discussion possible : on en donnera des exemples. Ainsi le juge français, surtout à la Cour de cassation, ne motive en général sa décision que très formellement. Il refuse de l'argumenter : s'il doit répondre à tous les moyens, il n'y pas à répondre à tous les arguments. Il ne doit surtout pas recourir à des arguments d'ordre extrajuridique, fussent-ils aussi pertinents que des considérations d'assurance dans une affaire d'accident, et encore moins à des « niaiseries humanitaires ». Peut-être ces principes ne constituent-ils qu'une façade : il est clair par exemple que la « découverte » de l'article 1384, alinéa 1 du Code civil s'inspire du souci d'indemniser les victimes d'accidents. La question pourtant est de savoir si cette façade est heureuse » (28).

Par antithèse, voici comment ils présentent l'attitude du juge de la *common law* :

« L'audience, déjà, permet un dialogue très libre entre juge (le juge est normalement unique en première instance) et avocats. Rien n'est exclu de ce dialogue. Il porte à la fois sur les faits, sur les moyens, sur les arguments, sur les conséquences des diverses solutions possibles — conséquences pour les parties en cause et conséquences sociales, car le droit est un art social : en cas d'accident de la circulation, par exemple, on ne se bornera pas à un raisonnement logique, mais on examinera l'incidence de telle ou telle règle sur le comportement des usagers de la rue et de la route.

En pratique... le jugement reflète ce dialogue. Le juge cherche moins à être bref, qu'à se faire comprendre. Il décide, certes, mais il veut en même temps convaincre. Il est, à cet égard, très respectueux des parties et de leurs avocats. Avec la touche d'humour qui convient, on a pu dire que la sentence exprime ses excuses à l'égard du perdant

(28) Touffait et Tunc, *ibid.*, p. 489-490 ; cf. aussi F.-M. Schroeder, *Le nouveau style judiciaire*, Dalloz, Paris 1978.

et de son conseil. On lui avait affirmé que l'affaire mettait en jeu un principe posé dans une affaire antérieure ? Il explique en quoi les deux cas se distinguent et précise, peut-être, à cette occasion, les limites du principe antérieur. On avait soutenu qu'une solution dans un certain sens s'imposerait dans une série de cas proches les uns des autres et conduirait finalement à une solution absurde ? Il explique, là encore, où il ferait la coupure dans la série de cas qu'on lui présente comme indivisible. La partie perdante sait vraiment pourquoi elle perd. Les juristes qui lisent la décision savent pourquoi elle a été rendue » (29).

Dans la mesure où le fonctionnement de la justice cesse d'être purement formaliste, mais vise à l'adhésion des parties et de l'opinion publique, il ne suffit pas d'indiquer que la décision est prise sous le couvert de l'autorité d'une disposition légale, il faut en outre montrer qu'elle est équitable, opportune, socialement utile. Du coup, l'autorité et le pouvoir du juge se trouvent accrus, et il est normal qu'il justifie par une argumentation appropriée comment il en a usé. On comprend que l'exemple des juges de la *Common law*, qui ont toujours été conscients de leur rôle et de leur responsabilité, soit suivi dans la mesure même ou s'accroît le rôle du juge continental. Ce parallélisme entre le pouvoir accordé au juge et l'obligation d'une ample justification est confirmé par le style des motivations tant de la Cour internationale de Justice que de la Cour de Justice des Communautés européennes.

Le raisonnement judiciaire doit être nuancé, selon les auditoires auxquels il s'adresse, selon la matière traitée, selon la branche du droit : on conçoit que la hiérarchie des valeurs établie par les Cours et tribunaux ne soit pas la même en droit interne et en droit international, en droit civil et en droit pénal, en droit fiscal ou en droit commercial.

84. Commençons notre analyse des modalités du raisonnement juridique par celle du raisonnement des avocats dont les prétentions sont opposées dans un litige. Le rôle de l'avocat est d'utiliser, dans les limites permises par la déontologie professionnelle, tous les moyens qui lui permettront de faire triompher la thèse qu'il a accepté de défendre, à moins que, sa cause étant mauvaise, il se contente de manœuvres dilatoires.

Remarquons, à ce propos, qu'un avocat n'est obligé d'accepter de défendre un client que si cette mission lui est imposée parce que, le prévenu ne disposant pas d'avocat de son choix, on ne veut pas le laisser sans défense. Le refus de l'avocat peut résulter de règles de déontologie professionnelle, s'il est l'adversaire du client éventuel dans un autre procès ou si, d'une façon plus générale, on craint la possibilité d'un conflit d'intérêts entre son rôle d'avocat et les fonctions qu'il exerce ou les intérêts qu'il défend par ailleurs. Il peut aussi

(29) *Ibid.*, p. 490-491.

refuser de se charger d'une cause qui lui paraît indéfendable ou dont la défense serait contraire à ses convictions. Ainsi, dans les procès politiques ou idéologiques, il est normal que les avocats soient d'une tendance proche de ceux dont ils acceptent de plaider la cause.

Il est interdit à l'avocat de tromper le juge, de dire ce qu'il sait être faux, sans avoir, néanmoins, l'obligation ni même le droit, de dévoiler tout ce qu'il sait grâce aux confidences de ceux dont il accepte de défendre la cause. Soulignons, à ce propos, que les rapports entre les avocats et leurs clients sont protégés par le secret professionnel, dont la violation est punissable. Chaque barreau a ses traditions, en matière de déontologie, qui peuvent varier dans le détail, mais qui visent, en gros, à prévenir que l'avocat soit empêché, pour l'une ou l'autre raison, de s'acquitter convenablement de sa tâche et d'autre part, qu'il ne devienne complice de ceux dont il assure la défense.

Le rôle de l'avocat est de faire admettre par le tribunal ou le jury la thèse qu'il est chargé de défendre. Pour y parvenir il adaptera son argumentation à l'auditoire, dont dépend l'issue du procès, et qui donc lui est imposé.

A cause du rôle central qui, dans tout litige, est dévolu aux juges ou au jury, il est normal que des règles de procédure permettent de récuser ceux dont on craint la partialité. C'est ainsi que le Code (belge) de procédure judiciaire du 10 octobre 1967, dans ses articles 247, 249, 250 et 251 prévoit que l'accusé et le procureur général pourront, chacun, récuser six membres du jury, sans avoir à indiquer aucune raison. Il en va autrement quand il s'agit de récuser un juge ou de demander son dessaisissement. Les articles 828 à 847, et 648 à 659 règlent les conditions et la procédure de la récusation et du dessaisissement. L'article 831 précise que « Tout juge qui sait cause de récusation en sa personne est tenu de s'abstenir ». Il en est de même pour le ministère public.

85. On ne plaide pas devant un jury comme devant des juges professionnels, et la requête devant la Cour de cassation impose des techniques d'argumentation différentes de celles que l'on développera devant une cour d'appel. On argumente différemment si l'on plaide en fait ou en droit.

Mais il y a plus. Tout avocat sait que sa présentation des faits et les conséquences juridiques qu'il en tire feront l'objet, de la part de la partie adverse, d'une présentation des faits et de conclusions juridiques différentes. La conviction du juge ou du jury résultera, en grande partie, de la confrontation entre exposés opposés, où non seulement les faits de la cause pourront être autrement décrits et qualifiés, mais où l'une des parties, négligeant des faits considérés par elle comme irrelevants, introduira d'autres faits, considérés comme essentiels, et que l'autre partie aura laissés dans l'ombre.

Cette différence dans la présentation des faits de la cause peut résulter de ce que les parties insistent sur d'autres règles de droit, d'autres précédents, considérés comme décisifs pour la solution du litige : la qualification des faits sera fonction de la règle sous laquelle on veut les subsumer, du précédent dont on veut les rapprocher. Le choix de la règle applicable, du précédent que l'on invoque, exigera, pour sa mise en œuvre dans le cas d'espèce, la détermination de leur sens et de leur portée.

Chacune des parties invoquera les règles et les précédents qui lui sont favorables, en cherchant à montrer pourquoi ceux qui sont invoqués par l'adversaire ne sont pas applicables au cas concret qui fait l'objet du litige : on voit comment l'appréciation des similitudes et des différences est essentielle dans la plupart des litiges. Notons, à ce propos, que le fait de suivre une jurisprudence constante suffit pour motiver un jugement, alors que le renversement d'une jurisprudence établie doit être sérieusement motivé. Car, à cause du grand crédit accordé à la règle de justice demandant le traitement égal de cas essentiellement semblables, il faut des raisons impérieuses pour motiver un renversement de jurisprudence. En effet, même si en droit continental les instances inférieures ne sont pas tenues par la règle *stare decisis*, elles hésitent à contredire des instances supérieures, qui risquent de casser leur jugement, à moins de pouvoir arguer d'une façon suffisamment convaincante en faveur d'un changement de jurisprudence. C'est la raison d'ailleurs pour laquelle chacune des parties a intérêt à montrer au juge que la solution qu'elle propose s'écarte le moins possible de la jurisprudence traditionnelle. Ou, si elle s'écarte, qu'elle s'inscrit dans une ligne d'évolution indiquée par des arrêts antérieurs. Mais chaque fois, il s'agira de montrer que la solution que l'on propose est la plus juste, la plus raisonnable, qu'elle répond le mieux aux intérêts de la société.

L'avocat, doit-il, dans son argumentation, évoquer à l'avance tous les arguments que l'on pourrait opposer à la thèse qu'il défend, en s'efforçant de diminuer leur impact ? Si la réplique préalable présente des avantages, elle comporte aussi des inconvénients, car, en accordant de l'importance aux arguments possibles de l'adversaire, non seulement on accroît leur *présence* dans l'esprit du juge, mais on leur reconnaît le statut d'un argument plausible, pertinent, qu'on n'a pas le droit de négliger. C'est la raison pour laquelle, souvent, les avocats ne font guère allusion, dans leur propre exposé, aux arguments que leur adversaire pourrait développer, se réservant d'y répondre dans une réplique qui fera état, non plus des arguments éventuels de l'adversaire, mais de ceux qu'il a effectivement développés.

Si l'avocat ne dispose pas, pour soutenir sa thèse, d'une jurisprudence suffisamment massive, et surtout si la jurisprudence favorise plutôt la thèse de l'adversaire, il recherchera dans la doctrine et dans la jurisprudence étrangère des arguments qui favoriseraient un renversement de jurisprudence. N'oublions pas, en effet, que, dans les litiges qui portent sur des questions de droit, le procès se présente d'ordinaire comme un choix entre des décisions qui favorisent une valeur au détriment d'une autre, et une tendance opposée qui préfère un ordre différent de priorité. Il s'agit, chaque fois, de convaincre le juge, qui aura à trancher le conflit, qu'en adoptant la thèse que l'on défend, il ne fera pas figure d'original, insensible à la hiérarchie des valeurs telle qu'elle a été proclamée par le législateur, la jurisprudence et la doctrine, mais qu'au contraire, il serait dans la ligne qui aurait le plus de chances de triompher, si le même litige devait être jugé en appel, ou si la décision et sa motivation devaient être soumises à la Cour de cassation.

86. Il ne faut jamais, à ce propos, perdre de vue que le juge, en rédigeant un jugement, n'a pas à exprimer une opinion strictement personnelle. Si son intime conviction lui permet de considérer les faits comme établis, la procédure concernant les moyens de preuve ayant été conforme aux prescriptions de la loi — et encore ne faut-il pas que cette conviction apparaisse comme déraisonnable — la qualification des faits et les conséquences juridiques qu'il en tire doivent correspondre à une opinion commune, en fait ou en droit. Il faut que la motivation de la décision montre à suffisance que celle-ci est conforme au droit en vigueur, tel qu'il est compris par les instances supérieures et l'opinion des juristes qualifiés. C'est à faire admettre par le tribunal que la thèse qu'elle défend répond le mieux à ces diverses exigences que doit tendre l'argumentation de chacune des parties.

On ne dira jamais assez l'importance qui, dans tous ces débats, s'attache à la tradition reconnue, telle qu'elle se manifeste par les procédures, les institutions et la jurisprudence. En ce sens, l'application des notions auxquelles les parties ont recours pour décrire leur solution comme conforme à la lettre et à l'esprit de la loi, comme juste, équitable ou raisonnable, ne peut pas exprimer une opinion purement subjective. Elle manifestera un aspect intersubjectif, justifié par leur conformité avec le fonctionnement de l'appareil judiciaire et les institutions de l'Etat.

Le procès, par son existence même, et par la controverse qu'il met en évidence, constitue une mise en question, ou une remise en question, des situations et des priorités existantes. La vie du droit se manifeste tout autant dans les procès, où des questions de droit doivent être précisées et tranchées, que dans les débats parlementaires, relatifs à de nouveaux textes législatifs, qui très souvent ne font que prolonger les débats judiciaires. Au parlement, les arguments utilisés seront plutôt d'ordre social, moral ou politique, que juridique, car le rôle de celui-ci n'est pas de dire le droit existant mais de l'établir. C'est la raison d'ailleurs pour laquelle je considère que c'est le raisonnement judiciaire, plus que toute autre argumentation, qui est spécifique de la logique juridique.

Le meilleur matériel pour l'étude de la logique juridique est fourni par les divers recueils de jurisprudence. Ce sont, en effet, les Cours et tribunaux, et non les théoriciens, qui sont chargés de dire le droit, en motivant leurs décisions. C'est leur raisonnement qui, en fin de compte, permet de dégager la logique juridique dans un Etat et à un moment donné, et les ouvrages de doctrine ne deviennent partie intégrante d'un ordre juridique positif que quand les justifications et les conclusions qu'ils proposent sont reprises par le pouvoir judiciaire. Le rôle de la doctrine, à ce point de vue, rappelle de quelque manière celui des avocats, quoique l'autorité qui lui est attribuée dérive, en partie, de ce qu'elle est présumée défendre non des intérêts particuliers, ceux de leurs clients, mais l'intérêt général, le bien commun et l'équité.

87. Dans la conception actuelle du droit, il n'est plus question de limiter le rôle du juge à celui d'une bouche par laquelle parle la loi. Celle-ci ne constitue plus tout le droit : elle n'est que le principal outil guidant le juge, dans l'accomplissement de sa tâche, la solution des cas d'espèce.

Puisque tout litige implique un désaccord, une controverse, le rôle du juge est de trouver une solution qui soit raisonnable, acceptable, c'est-à-dire ni subjective ni arbitraire. Le jugement étant une décision, et non une conclusion impersonnelle et contraignante à partir de prémisses incontestées, il suppose l'intervention d'une volonté. Comment montrer que celle-ci n'est pas arbitraire ?

On peut évidemment essayer de donner le change, camoufler le rôle du juge grâce au syllogisme judiciaire qui formule, dans la majeure, la norme applicable, indique dans la mineure les faits établis, et tire la conclusion que la loi prescrit à partir de la subsomption des faits sous la norme juridique. Mais ce syllogisme ne s'impose qu'à condition qu'aucun de ces éléments ne fasse l'objet de controverse, ce qui est contredit par l'existence même du procès. Du fait que le juge doit trancher une controverse, une motivation qui ferait semblant que les éléments litigieux sont évidents relève de la fiction. Comme l'écrivent deux éminents juristes : « L'attendu présenté comme une évidence transporte donc le juriste au pays des merveilles » (30). Motiver effectivement, c'est justifier la décision prise, en fournissant une argumentation convaincante, indiquant le bien fondé des choix effectués par le juge. C'est cette justification, spécifique du raisonnement judiciaire, qu'il y a donc lieu d'examiner de plus près. C'est elle, qui en explicitant les raisons du dispositif, doit convaincre les plaideurs que le jugement ne résulte pas d'une prise de position arbitraire.

Il se peut que le processus psychologique, qui a amené le juge à prendre position, soit explicable par des mobiles d'ordre social, moral ou politique et, à la limite, par la sympathie que, pour des raisons, avouables ou non, il éprouve pour l'une des parties. Mais la motiva-

(30) *Ibid.*, p. 498.

tion du jugement ne peut jamais se borner à l'explicitation des mobiles, aussi généreux soient-ils : son rôle est de rendre la décision acceptable par des juristes et, plus spécialement, par les instances supérieures qui auraient à en connaître. Chaque décision pouvant servir de précédent pour la solution ultérieure de cas de même espèce, il y a lieu de montrer qu'elle peut remplir ce rôle, en s'insérant sans difficulté dans cette œuvre collective que constitue la jurisprudence. Il ne suffit pas que la décision paraisse équitable, il faut encore qu'elle soit conforme au droit en vigueur, et acceptable comme telle, par ceux qui l'examineront. C'est ce dernier aspect qui est favorisé par le système qui organise la collégialité dans les tribunaux auxquels sont soumis les litiges les plus importants, tant au civil qu'au pénal, car la décision devra y résulter non de la prise de position d'un seul, mais de l'unanimité ou, du moins, de la majorité qui se dégagera au sein du tribunal. Même si la décision précède souvent la motivation, néanmoins le délibéré préalable permettra de tenir compte des arguments avancés par tous les membres du collège, et la solution adoptée sera d'autant moins subjective que des points de vue, éventuellement opposés, auraient plus de chances d'être exposés et appréciés.

Faut-il que ces divergences soient rendues publiques ou que, pour ne pas ébranler la confiance des justiciables dans la certitude du droit, on les garde soigneusement secrètes ? Cette dernière pratique convient peut-être mieux à la majesté de la justice, mais à condition d'être plus qu'une apparence. Il ne faut pas que l'autorité de la décision soit fondée sur une fiction. Comme l'écrivent MM. Touffait et Tunc, « La pratique des opinions séparées est un puissant facteur de vivification du droit et d'adaptation du droit à la société contemporaine. Elle contribue à révéler l'autorité réelle d'une décision. Ce serait un triste manque de confiance dans la magistrature de penser qu'elle permettrait l'expression d'opinions stupidement passionnées. Si de telles opinions devaient être émises, elles ne discréditeraient d'ailleurs que leur auteur » (31). Cette pratique, suivie par la Cour suprême des États-Unis, a contribué à rendre les décisions de cette Cour moins formalistes, plus préoccupées de la réalité économique et sociale.

88. Le raisonnement du juge sera différent, selon que le conflit judiciaire concerne des questions de fait ou des questions de droit, quoiqu'il soit difficile de les séparer entièrement.

Aujourd'hui, quand les controverses concernent l'établissement des faits, si la charge de la preuve est réglée par des présomptions légales, la preuve elle-même, dans la plupart des questions civiles et dans tous les procès au pénal, est libre, et l'argumentation devra déterminer l'intime conviction du juge ou du jury. Ce n'était pas le cas sous l'Ancien Régime, dans la plupart des pays européens : sous l'influence

(31) *Ibid.*, p. 506.

de la *Caroline*, Code criminel de l'empereur Charles-Quint (1532), les preuves par indices étaient classées, avec l'indication des indices communs suffisants pour procéder à la question (cf. § 18) (32). C'est avec l'abolition de la torture, et le rejet du rôle primordial de l'aveu, en droit pénal, que la voie fut ouverte pour une conception plus souple de la preuve, dont la valeur, en matière criminelle, est appréciée souverainement par le juge du fond. L'étude scientifique de la preuve et le recours à des techniques de laboratoire ont montré, à la fois, la fragilité des témoignages, la valeur des indices, tels que les empreintes digitales, ainsi que l'intérêt de certaines épreuves psychométriques. Mais dans quelle mesure peut-on soumettre l'inculpé à ces dernières, sans attenter à la dignité de la personne et sans l'obliger à fournir des preuves contre lui-même ? La question est toujours controversée.

Quand le procès se déroule non devant un magistrat professionnel, mais devant un jury, plus crédule et plus impressionnable, il est normal que l'on prenne des précautions supplémentaires. C'est la raison pour laquelle, dans la procédure anglo-saxonne, où le recours au jury est beaucoup plus généralisé, les règles d'exclusion sont beaucoup plus strictes (interdiction de rapporter ce dont on n'a pas une connaissance personnelle), et les témoins sont soumis à la *cross-examination*, à un contre-interrogatoire de la partie adverse.

Les témoignages, les indices et les présomptions ne conduisent presque jamais à une certitude absolue, mais celle-ci n'est pas exigée : il suffit que la conviction des juges soit suffisante pour écarter tout doute raisonnable. Cette fois encore la collégialité est un obstacle à toute conviction prématurée, et insuffisamment fondée.

89. Comme l'établissement des faits, dans le respect des règles de la procédure, ne crée pas de précédents, il est normal que, en cette matière, le juge du fond ne soit pas soumis au contrôle de la Cour de cassation. Mais il n'en sera plus de même dès que l'on opère une qualification ou une subsomption.

Quand la qualification concerne des notions vagues, telles que l'*urgence* ou l'*intérêt général*, dont la définition n'est pas fournie dans un texte légal, le sens qu'il faut leur attribuer se précise graduellement grâce à des cas d'espèce, dont l'ensemble pourrait permettre, après certains tâtonnements, l'élaboration d'une définition jurisprudentielle.

En l'absence d'une définition en compréhension, on commencera d'abord par une délimitation négative, qui précisera ce qui ne peut pas être considéré *raisonnablement* comme un cas d'urgence ou comme

(32) Cf. Fr. GORPHE, *L'appréciation des preuves en justice*, Paris, 1947, p. 258.

conforme à l'intérêt général (33). Quand le nombre de décisions sera suffisant pour permettre une généralisation, la doctrine, ou la Cour de cassation, pourra élaborer une définition attestée par la jurisprudence. C'est ainsi que chaque décision, impliquant une qualification positive ou négative, contribue à préciser la notion. Il est normal que la Cour de cassation et le Conseil d'Etat soient compétents pour apprécier le bien-fondé de ces qualifications, qui mènent à l'élaboration graduelle de notions essentielles du droit public, et plus spécialement du droit administratif.

Ce sont les organes administratifs et le pouvoir exécutif qui décident de ce qui constitue un cas d'urgence et de ce qui est conforme à l'intérêt général, mais uniquement dans les limites du raisonnable. Dès que la qualification est déraisonnable, le Conseil d'Etat pourra décider que la décision prise est illégale, parce que contraire à la lettre et à l'esprit de la loi.

90. Le Code civil, pour préciser les notions de *faute* ou de *négligence*, se réfère souvent au comportement du bon père de famille (par exemple art. 601 et 627 du Code civil) : il s'agit d'un concept normatif par rapport auquel on appréciera les conduites. Par opposition aux concepts descriptifs, les concepts normatifs font état de données qui ne peuvent être simplement perçues ou expérimentées, mais qu'on ne peut se représenter et comprendre, écrit K. Engisch (34), qu'en liaison avec le monde des normes.

Cette façon de s'exprimer peut prêter à malentendu, parce que l'expression « le monde des normes » fait penser à des idées platoniciennes, qui seraient éternelles et immuables. Mais, en fait, la spécificité des concepts normatifs, c'est qu'ils varient d'une société à l'autre, d'une époque à l'autre. C'est cette variation qui peut poser de très grands problèmes aux juges, dans la mesure où les critères d'application de ces concepts ne peuvent pas être dissociés du contexte social. Des problèmes analogues peuvent se poser également pour des concepts descriptifs, mais ceux-ci n'évoluent pas aussi rapidement. C'est l'application de la notion de « bonnes mœurs » qui fournit le meilleur exemple de ces difficultés. Ainsi l'article 283 du Code pénal français punit d'un emprisonnement d'un mois à deux ans et d'une amende de 360 à 18 000 F quiconque aura « distribué ou remis en vue de leur distribution par un moyen quelconque, tous imprimés, tous écrits, dessins, affiches, gravures, peintures, photographies, films ou clichés, etc... contraires aux bonnes mœurs » (Cette même expression « bonnes

(33) Cf. *Rép. Dalloz pr. civ.*, V° *Cassation.* — V. les études de G. Boland, « La notion d'urgence, dans la jurisprudence du Conseil d'Etat de Belgique » et M. Dumont, « Le Conseil d'Etat, juge de l'intérêt général », in *Le fait et le droit*, Bruylant, Bruxelles, 1961, p. 171 à 187 et 188 à 217.

(34) Cf. K. Engisch, *Einführung in das juristische Denken*, Kohlhammer, Stuttgart, (1956), 1977[7], p. 110.

mœurs» figure aussi à l'article 284). Ainsi l'article 383 du Code pénal belge condamne à une peine d'amende, et même à un emprisonnement de huit jours à six mois « quiconque aura exposé, vendu ou distribué des chansons, pamphlets ou autres écrits, imprimés ou non, des figures ou images contraires aux bonnes mœurs».

L'application de ces articles, qui servent de fondement à toutes les poursuites en matière de pornographie et d'obscénité, qu'il s'agisse de livres ou de brochures, d'expositions, de théâtre et surtout de cinéma, dépend de ce qu'on entend par « bonnes mœurs». Or les mœurs de notre société ont tellement et si rapidement évolué au cours des dernières années, que ce qui était contraire aux bonnes mœurs avant la dernière guerre, semble tout à fait anodin aujourd'hui. Dans ces conditions, il est difficile de définir ce qui est contraire aux bonne mœurs par l'indication de ses éléments matériels : est-ce la présentation du nu, féminin ou masculin, est-ce le fait d'exhiber des organes sexuels, est-ce la présentation de l'accouplement, ou de certaines perversités ? La jurisprudence est devenue de plus en plus libérale à de sujet, surtout depuis la distinction établie entre l'érotisme, admis, et la pornographie, proscrite par l'article 283 (35). Seraient contraires aux bonnes mœurs les « images qui choquent l'opinion moyenne du public». Comment déterminer cette opinion moyenne ? Dira-t-on que l'obscénité est révélée par le scandale ? Mais il se peut que ce qui scandalise « l'honnête homme» ne suscite guère de réaction de la part d'un public de plus en plus blasé. Et chose plus grave, ce qui provoque le scandale dans une localité n'émeut guère les spectateurs dans un grand port. Certains films pornographiques dont la projection, pendant plusieurs semaines dans certaines villes n'a provoqué aucune intervention ni du parquet ni de la police, ont été interdits dans d'autres. Les distributeurs de ce film, inculpés, ont pu invoquer l'erreur invincible, par suite de l'absence de poursuites dans d'autres ressorts judiciaires : ils pouvaient croire que, effectivement, la projection de ce film ne tombait pas sous le coup de l'article 283. Dans certains cas, le tribunal a acquitté, dans d'autres, le tribunal saisi n'a accordé que des circonstances atténuantes (36).

Faut-il, dans de pareilles situations, que la Cour de cassation unifie la jurisprudence, grâce à une définition jurisprudentielle dont on pourrait espérer qu'elle aboutira à des décisions uniformes, ou faut-il qu'elle considère l'application de la loi comme une question de fait, abandonnée souverainement à l'appréciation des juges du fond ? Chaque solution présente des inconvénients, la première en cherchant à imposer des critères trop draconiens ou trop libéraux, pour les mœurs de telle ou telle région du pays, la deuxième en donnant lieu à des

(35) Cf. pour l'application de l'art. 383 du Code pénal belge, Cour Bruxelles, 29 juin 1970, *Rev. dr. pén.*, 1970, p. 254, cité par R. Lallemand, « Considérations sur les bonnes mœurs », *Rev. Université de Bruxelles*, 1973, p. 38-39.
(36) *Ibid.*, p. 43.

jugements arbitraires, qui varieraient selon le tempérament du juge et les mœurs locales, ce qui introduirait une grande insécurité juridique dans ce domaine si délicat, d'autant plus grave que nulle jurisprudence ne pourrait guider ni les juges, ni les parquets, ni les justiciables.

Devant cette situation, certains ont proposé d'abolir l'article 283, en se limitant à la protection des mineurs de moins de 18 ans contre l'affichage public des images contraires aux bonnes mœurs. Certains édiles communaux, tels ceux de Boston aux Etats-Unis, ont limité l'autorisation d'exploiter des films pornographiques à certains quartiers réservés, interdisant leur projection publique dans tous les autres quartiers de la ville.

91. Ce dernier exemple, plus révélateur que tant d'autres, prouve que l'application du droit, qui se veut acceptable, parce que raisonnable, ne saurait se borner à une pure déduction, car le contenu d'un grand nombre de concepts se définit par rapport aux valeurs admises dans la société. Le droit admis n'est plus simplement le droit imposé par le législateur : il faut l'assouplir pour le concilier avec ce qui est considéré comme équitable ou raisonnable ; c'est le sens dans lequel évolue le droit contemporain dans toutes les sociétés démocratiques, où la simple affirmation par voie d'autorité est fortement contestée.

Le formalisme est de plus en plus battu en brèche, même quand il ne s'agit que de questions d'intérêt. En voici un exemple significatif que nous empruntons à Fr. Gorphe (37) :

« Un propriétaire fait élever une construction sur le bord de son terrain ; par erreur, il empiète sur la propriété du voisin ; celui-ci ne s'en aperçoit que lorsque la construction est édifiée : peut-il demander la destruction ? Il le peut, en principe, parce qu'il a été porté atteinte au droit de propriété, droit réel protégé par la loi (art. 552 et s. C. civ.), qui lui permet de revendiquer l'intégralité de son terrain. Mais il est possible que la construction soit importante et qu'elle empiète de peu : peut-être aussi la limite était-elle mal tracée, et si le constructeur a eu tort de ne pas vérifier, le propriétaire lésé n'a-t-il pas été négligent de laisser faire ? Dans de telles circonstances, l'application de la règle a paru choquante, on a cherché à l'éluder pour faire prévaloir l'équité certaine, et il s'est formé une jurisprudence dans ce sens : lorsque l'erreur du constructeur est excusable et que l'enlèvement lui causerait un dommage disproportionné avec la violation du droit du propriétaire, on se contente d'accorder au propriétaire lésé une indemnité pour le dédommager pour la perte de sa bande de terrain ; on appuie cette solution sur une disposition particulière du code (art. 555) qu'on applique par analogie, bien qu'elle prévoie un cas

(37) Fr. Gorphe, *Les décisions de justice*, Presses universitaires de France, 1952, p. 37 à 38.

différent, celui où un tiers possesseur est évincé par le véritable propriétaire agissant en revendication de son fonds et invoquant un droit d'accession (Cass. fr., 15 juill. 1901, *S.*, 1902.1.217).

L'article 555 fait allusion au tiers de *bonne foi*. Cette notion jouera un grand rôle dans l'assouplissement du droit. Comme l'écrit Fr. Gorphe : « Toutes les fois que les conséquences de règles strictes paraissent dépasser la mesure, on essaie de les écarter en faisant appel à des principes plus justes » (38).

En voici un exemple concret. L'article 191 du Code civil permet au ministère public d'attaquer tout mariage « qui n'a point été célébré devant l'officier public compétent ». Casamayor décrit les faits d'une façon pittoresque :

« Aux environs de 1900, en la mairie de Montrouge, l'officier d'Etat civil qui, en l'absence du maire avait marié une série de jeunes gens, était bien un adjoint, mais, hélas !, il n'était pas l'adjoint le plus proche dans l'ordre du Tableau des adjoints présents. Or, la loi municipale de 1884 précise que si le maire peut *déléguer* expressément ses pouvoirs à un adjoint ou à un conseiller municipal de son choix, sans tenir compte du fameux tableau, au contraire, à défaut de délégation spéciale, c'est l'ordre du Tableau qui définit la compétence. Le maire « empêché », c'est le premier adjoint qui marie, le premier adjoint empêché, c'est le deuxième adjoint, etc. Les époux avaient été unis par le troisième adjoint, par exemple, au lieu de l'être par le second. Drame ! Le procureur poursuivit la nullité des mariages. Le temps passe, les époux deviennent concubins, les enfants devinrent bâtards, mais impavide et serein, le train de la procédure continua de rouler jusqu'à la Cour de cassation qui, bien inspirée, déclara l'instance idiote, estima que les choses devaient rester en l'état. Et, par l'opération du Saint-Esprit juridique, les bâtards redevinrent légitimes, les conjoints redevinrent époux. La réalité avait repris le pas sur la fiction » (39).

Si la Cour de cassation a pu éviter les conséquences déplorables d'une erreur ridicule, pour revenir à la « réalité », c'est en recourant à une fiction juridique, celle du « fonctionnaire de fait » : « Un individu, à la suite de circonstances qui peuvent être fort diverses, a été amené à exercer pendant un certain laps de temps une fonction publique. Tous ceux qui ont eu affaire à lui ont cru, de bonne foi, à la régularité de son investiture. Et pourtant, il n'était pas fonctionnaire, et aucun de ses actes ne présentait, en droit, la moindre valeur. Cette qualité qu'il n'avait pas réellement, le juge la lui attribue fictivement, et il traite comme si elles émanaient d'un véritable fonctionnaire celles de ses décisions qui intéressent des administrés de bonne foi » (40).

(38) *Op. cit.*, p. 38.
(39) Casamayor, *Les juges*, Editions du Seuil, Paris, 1957, p. 154-155.
(40) J. Rivero, « Fictions et présomptions en droit public français », *Les Présomptions et les fictions en droit*, p. 106.

Cas patent d'une situation où la fiction judiciaire est indispensable pour empêcher que l'observation stricte de la loi, le formalisme juridique, n'entraîne des conséquences socialement inacceptables.

92. Reprenons les conclusions de Fr. Gorphe : « Les juges, chargés d'appliquer à la fois la loi et la justice, hésitent quand elles ne s'accordent pas et cherchent un accommodement, en s'inspirant de l'esprit de la loi et des principes qui dominent les dispositions particulières. L'esprit d'équité permet d'adapter la règle générale aux particularités de l'espèce » (41).

On en trouvera une excellent illustration dans l'affaire *Giry* (42).

Répondant à un réquisitoire d'un commissaire de police, chargé d'enquêter sur les circonstances de la mort de deux personnes propriétaires d'un hôtel, le docteur Giry a été, au cours de son enquête, et sans qu'on relève aucune faute à son encontre, grièvement blessé à la suite d'une forte explosion de gaz sur les lieux du sinistre. Le docteur Giry a-t-il droit à indemnité et, si oui, sur quel fondement ?

Ainsi que l'ont relevé les juges, il n'existe aucune loi particulière allouant indemnité aux requis en cas d'accident. Or, sauf texte spécial, l'Etat n'a pas à répondre des dommages causés par le service public de la justice.

Ce résultat est à la fois choquant et inadmissible. Sur ce point, autant les juges du premier degré que ceux de l'appel et la Cour de cassation sont d'accord.

Le Tribunal de première instance motive sa décision par cette règle d'équité qui « exige que le préjudice subi par un particulier au cours d'une opération indispensable exécutée dans l'intérêt d'un service public, par conséquent général, doit être supporté par la collectivité et non par la seule victime ».

Comment faire pour que le recours à l'équité ne donne pas lieu à des décisions subjectives et arbitraires ? On peut évidemment se prémunir contre ces inconvénients par la collégialité des juges et par la possibilité d'appel. Mais on constate, néanmoins, que la recherche d'une solution équitable peut conduire les magistrats, à plusieurs années d'intervalle, à des solutions diamétralement opposées. Voyons l'évolution de la jurisprudence en matière de responsabilité civile.

Cette importante matière est régie par un petit nombre de textes, les articles 1382 à 1386 du Code civil, mais qui ont donné lieu à des bibliothèques de commentaires et de constructions juridiques.

(41) Gorphe, *op. cit.*, p. 38.
(42) Cf. S. Belaïd, *op. cit.*, p. 336-338, *Dalloz*, 1957, p. 34 et s.

« Tout fait quelconque de l'homme, énonce l'article 1382, qui cause à autrui un dommage, oblige celui par la faute duquel il est arrivé, à le réparer ». L'article 1383 précise que « chacun est responsable du dommage qu'il a causé non seulement par son fait, mais encore par sa négligence ou par son imprudence ». « On est responsable non seulement du dommage que l'on cause par son propre fait, mais encore de celui qui est causé par le fait des personnes dont on doit répondre, ou des choses que l'on a sous sa garde » (art. 1384). « Le propriétaire d'un animal, ou celui qui s'en sert, est responsable du dommage que l'animal a causé, soit que l'animal fût sous sa garde, soit qu'il fût égaré ou échappé » (art. 1385). « Le propriétaire d'un bâtiment est responsable du dommage causé par sa ruine lorsqu'elle est arrivée par une suite du défaut d'entretien ou par le vice de sa construction » (art. 1386).

Selon ces articles, la victime doit chaque fois prouver la faute, la négligence, l'imprudence ou le vice de construction, qui est à l'origine du dommage. Si l'on invoque l'article 1382, la preuve concernera la faute, la négligence ou l'imprudence de celui qui est responsable du dommage. La faute est présumée, quand il s'agit des personnes dont on doit répondre, ou des choses que l'on a sous sa garde, mais les responsables pourront se dégager de la présomption de faute s'ils prouvent « qu'ils n'ont pu empêcher le fait qui donne lieu à cette responsabilité » (art. 1384, al. 5).

Il en résulte que la législation concernant les quasi-délits est liée à l'idée de responsabilité : si aucune faute, imprudence ou négligence ne peut être prouvée, c'est la victime du dommage qui en subira les conséquences.

Dans le cas d'un accident, qu'il s'agisse d'accident de travail ou d'accident de circulation, l'ouvrier ou le piéton écrasé aurait dû fournir la preuve d'une faute dans le chef du patron ou de l'automobiliste.

Cette situation a paru inique quand il s'est agi des accidents du travail : en France, la loi de 1898, en Belgique, celle du 24 décembre 1903, sont venues modifier la situation, en introduisant une nouvelle notion, celle de risque professionnel, et en mettant ce risque à charge du patron.

En ce qui concerne les accidents de circulation, on s'est contenté de faire appel à l'article 1384, alinéa 1, en créant une présomption de faute à l'égard de l'automobiliste, responsable des choses qu'il a sous sa garde, mais en lui permettant de dégager sa responsabilité s'il prouvait qu'il ne pouvait pas empêcher l'accident. Mais cette façon de raisonner ne fournissait pas de solution équitable quand l'accident s'était produit sans que personne ne fût en faute. Et, dans cette perspective, le propriétaire de la voiture, qui en a juridiquement la garde, est-il responsable des accidents causés par une voiture volée ? Doit-il dédommager son passager, victime d'un accident, dans le cas du transport bénévole, alors qu'il n'a commis aucune faute ? « La Cour de cassation, à la suite des Cours et tribunaux, a été frappée par ce qu'il y aurait de choquant à ce qu'un acte de pure obligeance pût se retourner contre son auteur en l'absence de toute faute de sa part (note Paul Esmein, S., 1929.1.249) » (43). On appliquera, dans ce cas, l'article 1382, qui exige une faute dans le chef de celui qui a causé le dommage. C'est cette jurisprudence qui a prévalu depuis l'arrêt de la Cour de cassation du 27 mars 1928 (D. P., 1928.1.145 ; S., 1928.1.353) jusqu'aux arrêts de cassation, Chambre mixte, du 20 décembre 1968 (D., 1969.1.37) qui ont mis la responsabilité à charge du propriétaire de la voiture.

Comment et pourquoi ce qui a paru équitable en 1928 a-t-il cessé de l'être en 1968 ? Le revirement de jurisprudence est-il dû à l'arbitraire, ou peut-il se justifier d'une façon satisfaisante ? C'est ce que le professeur Husson a longuement examiné dans ses remarquables analyses sur l'évolution de cette jurisprudence (44).

Il montre très clairement comment le problème, posé par la recherche d'une solution équitable a été modifié par l'instauration de l'assurance-obligatoire, qui met à l'arrière-plan l'idée de responsabilité et de faute, pour la remplacer par celle de risque, ce qui devrait couvrir également le bénéficiaire d'un transport bénévole. Cette dernière conception résulte des conclusions de l'avocat général Schmelck, publiées avant l'arrêt de 1968, et qui a fait valoir que ce revirement aurait le grand avantage de simplifier et d'unifier le régime de la responsabilité civile. « Mais, écrit M. Husson, il ne s'en est pas tenu là, et il a pris soin d'expliquer aussi que la solution qui pouvait paraître opportune il y a quarante ans, avait cessé de l'être, parce que les données du problème avaient changé avec l'institution de l'assurance obligatoire et parce que la conjoncture juridique s'était modifiée, la jurisprudence accordant aujourd'hui le bénéfice de l'article 1384, à toutes les victimes, directes ou indirectes, d'un dommage causé par un véhicule, à la seule exception des personnes transportées d'une façon bénévole. En s'attachant à montrer que « les rôles sont désormais inversés » sur le plan de l'équité, il a nettement reconnu que, si la soltuion du litige devait être détruite de principes juridiques, il était également nécessaire qu'elle fût satisfaisante au point de vue moral » (45).

En effet, s'il pouvait paraître peu équitable que le propriétaire du véhicule soit la victime de son amabilité, en cas d'accident survenu en l'absence d'une faute de sa part, il était normal que l'assureur, qui couvre les risques d'accident, doive couvrir ceux encourus par le passager bénéficiaire d'un transport bénévole. Ce qui était équitable quand il fallait décider qui supporterait le dommage d'un accident, le propriétaire ou le bénéficiaire du transport bénévole, cessait de l'être quand on

(43) Fr. Gorphe, *op. cit.*, p. 49-50.
(44) « Réflexions d'un philosophe sur un revirement de jurisprudence », *Archives de Philosophie du Droit*, t. 16, 1971, p. 293-343, repris dans les *Nouvelles études sur la pensée juridique*, Dalloz, Paris, 1974, p. 57-119.
(45) *Op. cit.*, p. 63.

devait choisir entre la victime de l'accident et « une entreprise dont la raison d'être est de couvrir les risques, qui très souvent tire profit de cet office, et qui en tout cas a perçu sous forme de primes la contrepartie de l'indemnité qui lui est demandée... Ainsi, le sentiment de l'équité n'a pas varié ; ce qui a varié, c'est la réalité sociale à laquelle il s'applique, et elle a varié sous l'action du Droit, qui a instauré une obligation nouvelle, mais plus profondément grâce à l'invention d'une technique économique, celle de l'assurance, que le Droit a rendue pleinement efficiente en l'érigeant en obligation (46).

93. Cette analyse permet d'aboutir à des conclusions plus générales concernant l'évolution du droit, à laquelle collaborent, d'une façon variable, selon les cas, la législation et la jurisprudence, sous l'influence d'une réflexion orientée par la doctrine, qui cherche à adapter les situations juridiques, sans les bouleverser, au sens de l'équité, telle qu'elle est ressentie par les membres d'une société. C'est cette double obligation que M. Husson dégage de ce qu'il considère comme la finalité du droit, et qui se manifeste dans son analyse des transformations de la responsabilité :

« Le Droit n'a pas pour objet, comme les sciences positives dont certaines voudraient aujourd'hui l'absorber, la connaissance d'une réalité, ou d'une vérité, qu'il n'aurait qu'à enregistrer et à analyser, mais la réalisation dans les sociétés humaines d'un ordre aussi équitable que possible par la régulation de leur organisation et de leur fonctionnement. Il ne peut remplir cet office qu'en apportant aux problèmes concrets que posent cette organisation et ce fonctionnement, des solutions adaptées aux circonstances et viables, qui ne lui sont pas données toutes faites, mais qu'il lui appartient d'inventer et de réinventer sans cesse en fonction des changements qui surviennent et des résultats qu'il réussit à observer ; il est, en raison de leurs incidences mutuelles, obligé de coordonner ces solutions entre elles de façon qu'elles forment un ensemble aussi cohérent que possible ; et il est aussi contraint de prendre des formes diverses et condamné à une mise au point incessante. Mais il ne s'ensuit pas que ces formes puissent être arbitraires ... le législateur et le juge ne sont pas plus que l'hygiéniste et le médecin maîtres d'établir leurs prescriptions à leur guise. Ils peuvent sans doute, s'ils sont instruits et ingénieux, inventer des procédés plus ou moins ingénieux et plus ou moins commodes ; mais ils sont dans la mise au point, puis dans la mise en œuvre, de ces procédés, astreints, sous peine de nuire à la société dont ils ont la charge, à respecter deux sortes de données : la structure et les besoins et aspirations de cette société et de ses membres, leur état présent et les ressources que met à leur disposition leur milieu d'une part, les conditions de leur survie et de leur épanouissement d'autre part. Ils ont donc à tenir compte d'une certaine nature des choses ; et ils sont rappelés à l'ordre

(46) *Op. cit.*, p. 99-100.

par l'expérience quand ils se laissent aller à la méconnaître. Il est vrai que cette nature, ne se réalisant que par l'intermédiaire d'une culture, se présente sous des aspects et peut se développer sous des modes très divers, mais elle n'en a pas moins ses lois primordiales de structure et d'organisation qui doivent se retrouver au-delà de tous ces aspects et sous toutes ces modalités » (47).

94. Le droit se développe, en équilibrant une double exigence, l'une d'ordre systématique, l'élaboration d'un ordre juridique cohérent, l'autre, d'ordre pragmatique, la recherche de solutions acceptables par le milieu, parce que conformes à ce qui lui paraît juste et raisonnable.

Cette double exigence peut provoquer des désaccords et des tensions, parce que les juges du fond sont plus sensibles aux conséquences de leurs décisions, alors que la Cour de cassation est plus sensible à la cohérence du système qu'elle doit sauvegarder ; les uns sont plus sensibles à l'équité de la décision, les autres à sa conformité au droit. Mais quand une solution s'impose comme la seule équitable, l'insuffisance des motifs n'entraînera pas la cassation : la Cour s'efforcera de substituer aux motifs du juge du fond une motivation plus acceptable et, si elle n'y parvient pas, elle se contentera, en attendant mieux, d'une motivation purement apparente. Elle se résignera mal, par contre, à une solution conforme à la lettre de la loi, mais qui lui paraît déraisonnable, inacceptable, parce que heurtant son sens de l'équité.

Il ne faut pas oublier, en effet, que les décisions de justice doivent satisfaire trois auditoires différents, d'une part les parties en litige, ensuite les professionnels du droit et, enfin, l'opinion publique, qui se manifestera par la presse et les réactions législatives aux arrêts des tribunaux. C'est ainsi que la recherche du consentement d'auditoires divers donne lieu à cette dialectique dont le droit est coutumier, et qui se manifeste par les justifications de toute espèce, d'ordre social, moral, économique, politique ou proprement juridique, que les partisans des thèses en présence ne manqueront pas de fournir.

Le juge, dont c'est le rôle d'apprécier la valeur de chacun de ces arguments — qui dans la mesure où ils sont avancés par les parties mèneront à des solutions opposées — doit se garder d'une décision purement subjective. On en diminue les dangers par l'instauration de la collégialité qui serait tout à fait incompréhensible si la logique juridique n'était qu'une logique formelle appliquée au droit, se proposant de démontrer une conclusion à partir de prémisses supposées vraies.

(47) *Op. cit.*, p. 118-119.

95. En fait, comme le montre le remarquable exposé du professeur J. D. Bredin, au 5e colloque de l'Institut d'Etudes judiciaires (48), la logique judiciaire est centrée entièrement non sur l'idée de vérité, mais sur celle d'adhésion. Ce que l'avocat cherche à gagner, par sa plaidoirie, c'est l'adhésion du juge. Il ne peut l'obtenir qu'en lui montrant que cette adhésion est justifiée, parce qu'elle sera approuvée par les instances supérieures ainsi que par l'opinion publique. Pour parvenir à ses fins, l'avocat ne procèdera pas des vérités de départ (les axiomes) vers les vérités démontrées (les théorèmes) mais des accords *préalables* vers l'adhésion à obtenir.

Sur quoi portent ces accords préalables (49) ? Sur les faits d'abord, aussi longtemps qu'ils ne sont pas contestés. Sur les présomptions ensuite, aussi longtemps qu'elles n'auront pas été renversées. Puis sur les valeurs, les hiérarchies de valeurs et les lieux communs, reconnus dans une société donnée. Enfin, sur l'existence et l'interprétation des règles de droit, à partir des textes légaux et de la jurisprudence.

Si tous ces éléments devaient aboutir aux mêmes conclusions, il y a peu de chances que le litige soit porté devant les tribunaux, à moins qu'il s'agisse d'un simulacre de procès, destiné en réalité à gagner du temps. Si normalement le procès a lieu, c'est que soit les éléments de fait, soit les éléments de droit, soit les deux, sont controversés et que les accords préalables ne conduisent pas, d'une façon univoque, à la solution préconisée par l'une ou l'autre partie. Comme les avocats de chaque partie feront valoir tous les arguments à leur disposition pour montrer la supériorité de la cause qui leur a été confiée, ce sera au juge, en fin de compte, après avoir comparé les solutions présentées, ainsi que les objections qu'on leur oppose, de prendre la décision qui lui paraîtra, à la fois, la plus équitable et la plus conforme au droit en vigueur.

Alors qu'une démonstration se déroule à l'intérieur d'un système dont les éléments, à la fois univoques et cohérents, ne peuvent être ni interprétés ni remis en question, toute argumentation se développe à partir d'accords préalables. La partie sera toujours plus facile pour celui dont l'argumentation est favorisée par des présomptions et des précédents, car elle s'insère plus facilement dans l'ordre juridique.

Il est rare qu'au cours d'un procès, on s'avise d'écarter ou même de modifier les accords préalables : le plus souvent on se contente de les préciser, de les réinterpréter. Ce n'est que si l'on se trouve en présence d'accords qui s'avèrent incompatibles, que le problème de leur réaménagement surgira au cours du litige.

(48) « La logique judiciaire et l'avocat », *La logique judiciaire*, Paris, Presses universitaires de France, 1969, p. 94.
(49) *Ibid.*, p. 96 à 98.

96. Le plus souvent c'est en dehors du tribunal, dans la société elle-même, que s'opèrent lentement les changements d'opinion qui mènent à une transformation des cadres dans lesquels se déroulent les débats judiciaires. Les débats politiques et philosophiques, ainsi que les constructions doctrinales des juristes, contribuent à ces changements fondamentaux, résultant des efforts continuels de conciliation entre les exigences du droit et celles de l'équité, entre les besoins de stabilité et l'adaptation aux situations nouvelles, entre la sauvegarde des valeurs et celle des institutions. Et, d'une façon plus fondamentale pour la logique judiciaire, ces débats concerneront le rôle du juge dans l'application et la création du droit.

Selon qu'il accorde plus ou moins d'importance au principe de la séparation des pouvoirs, et selon la manière dont il conçoit l'autonomie du pouvoir judiciaire, malgré le primat accordé au pouvoir législatif, le juge se croira obligé, du moins formellement, de se conformer strictement à la lettre de la loi, ou à la volonté du législateur qui l'a votée, ou, en s'avisant que tout le droit n'est pas dans la loi, il reconnaîtra que son rôle est de concilier le droit avec l'équité. S'il accordera bien sûr, à la loi une place centrale pour guider sa pensée, il disposera, selon le cas, de plus ou moins de pouvoir pour l'assouplir, étendre ou restreindre sa portée, en vue de concilier le respect des textes avec la solution la plus équitable et la plus raisonnable de cas d'espèce.

97. Le droit ayant une fonction sociale à remplir, ne peut être conçu, de façon réaliste, sans référence à la société qu'il doit régir. C'est parce que le droit, dans toutes ses manifestations, s'insère dans le milieu social, que la sociologie du droit acquiert, dans notre conception du droit, une importance croissante (49 *bis*).

Dans une société démocratique, il est impossible de maintenir la vision positiviste du droit selon laquelle celui-ci ne serait que l'expression arbitraire de la volonté du souverain. Car le droit, pour fonctionner efficacement, doit être accepté, et pas seulement imposé par la contrainte.

Une pareille vision du droit, et de la place qu'il occupe dans la société, est indissociable d'une conception du rôle de l'Etat et des rapports établis et souhaitables entre le pouvoir et ceux sur lesquels il s'exerce. Si tous les pouvoirs n'émanent pas de Dieu, mais de la nation, c'est à celle-ci que doivent rendre compte ceux qui l'exercent en son nom.

Si les juges doivent dire le droit, et ceci d'une façon conforme à la volonté de la nation, c'est un préjugé de croire que les lois qui expriment cette volonté doivent toujours être interprétées, quelle que soit l'évolution des mœurs et des techniques intervenue entretemps,

(49 *bis*) Carbonnier J., *Sociologie juridique*, Presses universitaires de France, Paris, 1978.

conformément à la volonté du législateur qui les a votées. Pour éviter tout arbitraire en la matière, il y a lieu de présumer que le législateur actuel a la même volonté que le législateur passé. Mais, quand il y a de bonnes raisons de croire que le législateur actuel ne peut partager les vues du législateur ancien, et ceci est d'autant plus probable que les circonstances dans lesquelles la loi a été votée ont été plus ou moins profondément altérées, en cherchant à se conformer à la volonté de la nation, le juge se conformera, en dernier ressort, à la volonté présumée du législateur actuel.

98. Rien ne s'oppose à ce que le raisonnement judiciaire soit présenté, en fin de compte, sous la forme d'un syllogisme, mais cette forme ne garantit nullement la valeur de la conclusion. Si celle-ci est socialement inacceptable, c'est que les prémisses ont été acceptées à la légère : or, ne l'oublions pas, tout le débat judiciaire, et toute la logique juridique, ne concernent que le choix des prémisses qui seront le mieux motivées et qui soulèvent le moins d'objections.

C'est le rôle de la logique formelle de rendre la conclusion solidaire des prémisses, mais c'est celui de la logique juridique de montrer l'acceptabilité des prémisses. Celle-ci résulte de la confrontation des moyens de preuve, des arguments et des valeurs qui s'opposent dans le litige ; le juge doit en effectuer l'arbitrage pour prendre sa décision et motiver son jugement.

Il arrive bien des fois que ce sont des considérations extrajuridiques qui lui dicteront sa décision, la motivation, qui insère le jugement dans le système de droit en vigueur, ne survenant qu'après coup. Mais il n'en est pas toujours ainsi. Il se peut que l'impossibilité où il se trouve de motiver d'une façon satisfaisante la décision qu'il aurait voulu prendre au premier abord, l'oblige à repenser les éléments du problème, et à reviser le jugement antérieur. La dialectique instaurée ainsi, entre les motifs et le dispositif, dans la mesure où il paraît difficile de les concilier, conduira parfois, quand ce sont des éléments systématiques qui l'emportent, à reviser la décision primitive, pour la rendre conforme aux exigences du droit. Parfois, au contraire, ce sera l'interprétation traditionnelle des règles qui sera modifiée, et nous assisterons à un renversement de jurisprudence, annoncé le plus souvent par des constructions doctrinales préalables. Il y a des cas, il est vrai exceptionnels, où le juge ne pourra maintenir sa décision, qui lui semble s'imposer, qu'en recourant à la fiction, soit dans la qualification des faits, soit dans la motivation du jugement.

Mais le recours à la fiction crée toujours un malaise, dévoilant que la réalité juridique, ainsi que les normes de droit en vigueur, témoignent d'une inadaptation aux exigences sociales et qu'il y a lieu de procéder à leur modification, si possible par voie législative.

La logique juridique, et spécialement judiciaire, que nous avons cherché à dégager par l'analyse du raisonnement des juristes et plus particulièrement des Cours de cassation, se présente, en conclusion, non comme une logique formelle, mais comme une argumentation qui dépend de la manière dont les législateurs et les juges conçoivent leur mission, et de l'idée qu'ils se font du droit et de son fonctionnement dans la société.

BIBLIOGRAPHIE

ABÉLARD (P.), *Dialogus inter philosophum, judaeum et christianum*, Patrologie latine, CLXXVIII.

ARISTOTE, *Ethique à Nicomaque*.
— *Réfutations sophistiques*.
— *Rhétorique*.
— *Topiques*.

AUBENQUE (P.), *La prudence chez Aristote*, Paris, 1963.

AUBRY et RAU, *Cours de droit civil français*, 5e éd., Paris, 1922.

AUBY (J. M.), note D., 1975.372.

BACON (F.), *Of the advancement of learning*, Oxford University Press.

BALLWEG (O.), *Rechtswissenschaft und Jurisprudenz*, Basel, 1970.

BATIFFOL (H.), *Aspect philosophique du droit international privé*, Paris, 1956.
— *Traité de droit international privé*, Paris, 1967.

BELAID (S.), *Essai sur le pouvoir créateur et normatif des juges*, L.G.D.J., Paris, 1974.

BENTHAM, « Principes de législation », *Œuvres*, Bruxelles, 1840.

BERLIN (I.), « Equality », *Proceedings of the aristotelian society*, vol. LV, London, 1956.

BOBBIO (N.), « Quelques arguments contre le droit naturel », *Le Droit naturel*, Presses Universitaires de France, Paris, 1959, p. 147-158.

BODENHEIMER (E.), *Jurisprudence*, Harvard University Press, Cambridge, 1974².

BOLAND (G.), « La notion d'urgence, dans la jurisprudence du Conseil d'Etat de Belgique », *Le fait et le droit*, Bruylant, Bruxelles, 1961.
— « La publication des lois et arrêtés, condition du caractère obligatoire et du délai de recours en annulation : présomptions ou fictions ? », *Les présomptions et les fictions en droit*, Bruylant, Bruxelles, 1974.

BOSSUET, « Sur les vaines excuses des pécheurs », *Sermons*, Garnier, Paris.

BOULANGER (J.), « Principes généraux du droit et droit positif », *Le droit privé français*, études offertes à G. Ripert, 1950.

BREDIN (J. D.), « La logique judiciaire et l'avocat », *La logique judiciaire*, Presses universitaires de France, Paris, 1969.

BRENTANO (E.), *Die Lehre vom richtigen Urteil*, Berne, 1930.

BROUCHOT, note *J.C.P.*, 1952.II.7241.

BUCH (H.), « Les lacunes en droit administratif », *Le problème des lacunes en droit*, Bruylant, Bruxelles, 1968.

— La règle de droit en droit administratif, *La règle de droit*, Bruylant, Bruxelles, 1971.

CANARIS (C. W.), « De la manière de constater et de combler les lacunes en droit allemand », *Le problème des lacunes en droit*, Bruylant, Bruxelles, 1968.

CAPITANT (H.), « L'interprétation des lois d'après les travaux préparatoires », D.H. 1935. Chron., p. 77.

CARBONNIER (J.), *Flexible droit*, L.G.D.J., Paris, 2e éd., 1971.

— *Sociologie juridique*, Presses universitaires de France, Paris, 1978.

CASAMAYOR, *Les juges*, éd. du Seuil, Paris, 1957.

CICÉRON, *De Republica*.

COMBALDIEU (R.), A propos d'un conflit entre la raison et l'interprétation restrictive en droit pénal, *Rev. science crim.*, 1965.

COMES (H.), *Der rechtsfreie Raum*, Duncker & Humblot, Berlin, 1976.

Congrès de Bruxelles, 1971, *Die juristische Argumentation*, Archiv für Rechts- und Sozialphilosophie, Beiheft, Neue Folge 7, Steiner, Wiesbaden, 1972.

Congrès de Bruxelles (Actes), *Le raisonnement juridique*, publiés par H. Hubien, Bruylant, Bruxelles, 1971.

COUDERC (M.), « Les travaux préparatoires de la loi », D. 1975. Chron., p. 249.

DABIN (J.), « Le devoir d'indemnisation en cas de trouble du voisinage », *Rev. critique de jurisprudence belge*, 1960.

DAGUIN, *Axiomes, aphorismes et brocards français du droit*, 1926.

DAY (P.), « Presumptions », *Actes du XIIIe Congrès international de philosophie*, vol. V, Herder, Wien, 1970.

DE PAGE (H.), *A propos du gouvernement des juges*, 1931.

DE PAGE et DEKKERS, *Traité élémentaire de droit civil belge*, Bruxelles, 1938-1949.

D'ENTRÈVES (P. A.), « L'idée du droit naturel », *Le Droit naturel*, Presses Universitaires de France, 1959, p. 175-190.

DESCARTES, « Règles pour la direction de l'esprit », *Œuvres*, éd. de la Pléiade.

DRILSMA (R. L.), *De woorden der wet of de wil van de wetgever*, North Holland, Amsterdam, 1948.

DUMONT (M.), « Le Conseil d'Etat, juge de l'intérêt général », *Le fait et le droit*, Bruylant, Bruxelles, 1961.

DWORKIN (R. M.), « The Model of Rules », *Law, Reason and Justice*, New York University Press, New York, 1969, p. 3-44.

EHRLICH (K.), *Die juristische Logik*, Mohr, Tübingen, 1918.

ENGISCH (K.), *Einführung in das juristische Denken*, Kohlhammer, Stuttgart, 1977[7].

— « Le fait et le droit en droit allemand », *Le fait et le droit*, Bruylant, Bruxelles, 1961.
— *Logische Studien zur Gesetzesanwendung*, Heidelberg, 1960.

EPICTÈTE, « Les Entretiens », *Les Stoïciens*, éd. La Pléiade, Paris, 1962.

ESSER (J.), *Grundsatz und Norm in der richterlichen Fortbildung des Privatrechts*, Tübingen, 1964[2].
— *Vorverständnis und Methodenwahl in der Rechtsfindung*, Athenäum Verlag, Frankfurt, 1970.

FORIERS (P.), « Les antinomies en droit », *Les antinomies en droit*, Bruylant, Bruxelles, 1965.
— « La distinction du fait et du droit devant la Cour de cassation de Belgique », *Le fait et le droit*, Bruylant, Bruxelles, 1961.
— *De l'état de nécessité en droit pénal*, Bruylant, Bruxelles, 1951.
— « Présomptions et fictions », *Les présomptions et les fictions en droit*, Bruylant, Bruxelles, 1974.

FULLER (L.), « Positivism and fidelity to law, a reply to professor Hart », *Harvard Law Review*, 1958.
— *The Morality of Law*, Yale University Press, New Haven, 1964.

GANSHOF VAN DER MEERSCH (W. J.), « Le droit de la défense, principe général de droit », *Mélanges en l'honneur de Jean Dabin*, 1963.
— *Propos sur le texte de la loi et les principes généraux du droit*, Bruylant, Bruxelles, 1970.
— « Le juge belge à l'heure du droit international et du droit communautaire », *Journal des Tribunaux*, Bruxelles, 1969, p. 537 et s.

GAUDEMET (E.), *L'interprétation du Code civil en France depuis* 1804, Sirey, Paris, 1935.

GÉNY (F.), *Méthode d'interprétation et sources en droit privé positif*. 2e éd., 1919.

GERNHUBER, *Lehrbuch des Familienrechts*, München, 1971.

GILISSEN (J.), « Le problème des lacunes en droit dans l'évolution du droit médiéval et moderne », *Le problème des lacunes en droit*, Bruylant, Bruxelles, 1968.

GIULIANI (A.), *La controversia*, Contributo alla logica giuridica, Pavia, 1966.

GOBLOT (E.), *La logique des jugements de valeur*, Paris, 1927.

GORPHE (Fr.), *L'appréciation des preuves en justice*, Paris, 1947.
— *Les décisions de justice*, Presses universitaires de France, 1952.

GOTTLIEB (G.), *The logic of choice*, Allen and Unwin, London, 1968.

GOYARD-FABRE (S.), *Le droit et la loi dans la philosophie de Th. Hobbes*, Paris, 1975.

HALE (M.), *Consideration touching the amendment or alteration of laws*, ed. by Francis Hargrave (Collecteana juridica, 1791).

HART (L. A.), « Positivism and the separation of law and morals », *Harvard Law Review*, 1958.

HEIDE (Ter), « Judex Viator, Probleem of Systeemdenken of gesystematiseerd probleemdenken », *Ars aequi*, 1967, p. 3-31.

HOBBES (Th.), *A dialogue between a philosopher and a student of the Common Laws of England*. Edition Ascarelli, Giuffrè, Milan, 1960.
— *Le Leviathan*, 1651.

HUBERLANT (Ch.), « Les mécanismes institués pour combler les lacunes de la loi », *Le problème des lacunes en droit*, Bruylant, Bruxelles, 1968.
— « La présomption de connaissance de la loi dans le raisonnement juridique », *Les présomptions et les fictions en droit*, Bruylant, Bruxelles, 1974.

HUSSON (L.), *Nouvelles études sur la pensée juridique*, Dalloz, Paris, 1974.

IHERING (R. VON), *L'esprit du droit romain* (1852-1865).
— *Le but dans le droit* (1877-1883).

JOSSERAND (L.), *De l'esprit des droits et de leur relativité*, 1939.

JOUANNEAU (B.), *Recueil des maximes et citations à l'usage du monde judiciaire*, 1952.

KALINOWSKI (G.), *Introduction à la logique juridique*, L.G.D.J., Paris, 1965.
— « Y a-t-il une logique juridique ? », *Logique et analyse*, 1959.

KELSEN (H.), *Théorie pure du droit*, trad. Ch. Eisenmann, Paris, Dalloz, 1962.

KIRKPATRICK (J.), « L'égalité devant l'impôt en droit belge contemporain », *Egalité III*, Bruylant, Bruxelles, 1975.

KLUG (U.), *Juristische Logik*, Springer, Berlin, 1966.
— « Observations sur le problème des lacunes en droit », *Le problème des lacunes en droit*, Bruylant, Bruxelles, 1968.

KRIELE (M.), « Das demokratische Prinzip im Grundgesetz », *Veröffentlichungen der Vereinigung der deutschen Staatrechtslehrer*, Heft 29.
— *Theorie der Rechtsgewinnung*, Duncker und Humblot, Berlin, 1967.

KUHN (Th. S.), *The Structure of scientific Revolutions*, The University of Chicago Press, 1970, trad. française Flammarion, Paris, 1972.

LABRUSSE-RIOU (C.), *L'égalité des époux en droit allemand*, 1965.

LALLEMAND (R.), « Considérations sur les bonnes mœurs », *Rev. Université de Bruxelles*, 1973.

LARENZ (K.), *Methodenlehre der Rechtswissenschaft*, Berlin, 1969.

LAURENT (Fr.), *Cours élémentaire de droit civil*, Bruxelles, 1878.

LAZZARO (G.), Argomenti dei Giudici, *Argomentazione Giuridica*, Torino, 1970.

LÉAUTÉ, « Les principes généraux relatifs aux droits de la défense », *Rev. science crim.*, 1953.

LEGROS (R.), « Considérations sur les lacunes et l'interprétation en droit pénal », *Le problème des lacunes en droit*, Bruylant, Bruxelles, 1968.

LEVI (E. H.), *An Introduction to Legal Reasoning*, The University of Chicago Press, 1948.

LÉVY (J. Ph.), « Le problème de la preuve dans les droits savants du Moyen Age », *La preuve*, Recueils de la Société Jean Bodin, t. 17, Librairie encyclopédique, Bruxelles, 1965.

LLEWELLYN (K. N.), *The Common law Tradition-Deciding Appeals*, Little, Brown and C°, Boston, 1960.

LOCKE (J.), *An Essay concerning human understanding*, London, 1894.

MALGAUD (W.), « Les antinomies en droit, à propos de l'étude de G. Gavazzi », *Les antinomies en droit*, Bruylant, Bruxelles, 1965.

MARCIĆ (R.), *Vom Gesetzesstaat zum Richterstaat*, Springer, Wien, 1957.

MIEDZIANAGORA (J.), *Philosophies positives du droit et droit positif*, L.G.D.J., Paris, 1970.

MILL (J. Stuart), *On liberty*, 1859.

MONTESQUIEU, *De l'esprit des lois*, Œuvres complètes, éd. de La Pléiade.
— *Lettres persanes*, Œuvres complètes, éd. de La Pléiade.

MOREAU (J.), « Rhétorique, dialectique et exigence première », *Théorie de l'argumentation*, Nauwelaerts, Louvain, 1963.

MOTTE (M. Th.), « L'évolution de la notion d'ivresse dans la répression de l'ivresse au volant », *Le fait et le droit*, Bruylant, Bruxelles, 1961.

ODENT (R.), « Les droits de la défense », *Etudes et Documents*, 1953, p. 155.

ONCLIN (W.), « Les lacunes de la loi en droit canonique », *Le problème des lacunes en droit*, Bruylant, Bruxelles, 1968.

OWEN (G.E.L.), *Aristotle on Dialectics*, Proceedings of the third Symposium Aristotelicum, Oxford, 1968.

PAUTHIER (G.), *Confucius et Mencius*, Paris, 1852.

PERELMAN (Ch.), *Le champ de l'argumentation*, Presses universitaires de Bruxelles, 1970.
— *Droit , morale et philosophie*, L.G.D.J., Paris, 1968.
— « Droit, logique et épistémologie », *Le droit, les sciences humaines et la philosophie*, Vrin, Paris, 1973.
— *Justice et Raison*, Presses universitaires de Bruxelles, 1963.
— « L'interprétation juridique », *Archives de philosophie du Droit*, 1972, t. 17.
— « Présomptions et fictions en droit, essai de synthèse », *Les présomptions et les fictions en droit*, Bruylant, Bruxelles, 1974.
— « Le raisonnement pratique », *La philosophie contemporaine*, vol. I, La Nuova Italia, Firenze, 1968.
— « La règle de droit, réflexions de méthode », *La règle de droit*, Bruylant, Bruxelles, 1971.
— « La motivation des décisions de justice, essai de synthèse », *La motivation des décisions de justice*, Bruylant, Bruxelles, 1977, p. 415-426.
— *L'Empire rhétorique*, Vrin, Paris, 1977.

PERELMAN (Ch.) et OLBRECHTS-TYTECA (L.), *Rhétorique et philosophie*, Presses universitaires de France, Paris, 1952.
— *Traité de l'argumentation*, Ed. de l'Université de Bruxelles, 1976³.

PETZOLD PERNIA (H.), *La noción de igualdad en el derecho de algunos Estados de América Latina*, Maracaibo, 1974.

PIROVANO (A.), « La fonction sociale des droits », D. 1972. Chron.

PLANIOL (M.), *Traité élémentaire de droit civil.*

PLATON, *La République.*

POPPER (K.), *La logique de la découverte scientifique*, trad. par N. Thyssen-Rutten et Ph. Devaux, Payot, Paris, 1973.

PORTALIS, *Discours préliminaire du projet de Code civil*, Locré, *Législation civile de la France*, t. I.

POULLET, *Manuel de droit international privé belge*, 2e éd., 1947.

PROTT (L. V.), The justification of decisions in the International Court of Justice, *La motivation des décisions de justice*, Bruylant, Bruxelles, p. 331-344.

QUARRÉ, « Le droit au silence » *Journ. trib.*, Bruxelles, 5 oct. 1974.

RADBRUCH (G.), *Rechtsphilosophie*, 4e éd., par E. Wolf, 1950.

RAYNAUD (P.), « Avant-propos au 5e colloque des Instituts d'études judiciaires » *La logique judiciaire*, Presses universitaires de France, Paris, 1967.

RECASÉNS-SICHES (L.), *Nueva filosofia de la interpretacion del derecho*, Mexico 1956.

Recueils de la Société Jean Bodin, *La preuve*, t. 14 à 19, Librairie encyclopédique, Bruxelles, 1961 à 1965.

RICŒUR (P.), *La métaphore vive*, Le Seuil, Paris, 1975.

RIPERT (G.), *Les forces créatrices du droit*, L.G.D.J., Paris, 1955.

RIVERO (J.), « Fictions et présomptions en droit public français », *Les présomptions et les fictions en droit*, Bruylant, Bruxelles, 1974.

ROMMEN (H.), « Natural law in decisions of the federal supreme Court and of the constitutional Courts in Germany », *Natural Law Forum*, 1959.

ROUAST (A.), *Cours de doctorat*, Paris, 1951.

ROUSSEAU (J.-J.), *Du contrat social*, Œuvres complètes, éd. de La Pléiade

SAUVEL (T.), « Histoire du jugement motivé », *Rev. dr. pub.*, 1955, p. 5-6.

SAVATIER (J.), « Et in hora mortis nostrae », D. 1968. Chron., p. 89.

SAVATIER (R.), *Cours de droit international privé*, 2e éd., 1953.

SCHMIDT (F.), *The Ratio decidendi. A comparative study of a French, a German and an American supreme court decision*, Almqvist & Wiksell, Stockholm, 1965.

SCHROEDER (F. M.), *Le nouveau style judiciaire*, Dalloz, Paris, 1978.

SILANCE (L.), « La règle de droit dans le temps », *La règle de droit*, Bruylant, Bruxelles, 1971.
— « Quelques exemples d'antinomies et essai de classement », *Les antinomies en droit*, Bruylant, Bruxelles, 1965.
— « Un moyen de combler les lacunes en droit : l'induction amplifiante », *Le problème des lacunes en droit*, Bruylant, Bruxelles, 1968.

SOMERVILLE (J.) et PARSONS (H. L.), *Dialogues on the Philosophy of Marxism*, Greenwood Press, Westport (Conn.), 1974.

SOTO et LÉAUTÉ, note *Rec. Penant*, 1953.8.

STEIN (P.), *Regulae juris, from juristic rules to legal maxims*, University Press, Edinburgh, 1966.

STONE (J.), *Legal system and Lawyer's Reasonings*, Stevens, London, 1964.

STRUCK (G.), *Topische Jurisprudenz*, Athenäum Verlag, Frankfurt, 1971.

TAMMELO (I.), « On the construction of a legal logic in retrospect and in prospect », *Archiv für Rechts-und Sozialphilosophie*, 1974.

TARELLO (G.), « Sur la spécificité du raisonnement juridique », *Die juristische Argumentation*, Archiv für Rechts-und Sozialphilosophie, Beiheft 7, Neue Folge, Steiner, Wiesbaden, 1972.

TARELLO (G.), « L'argomentazione dell'interpretazione », *Annali della Facoltà di Giurisprudenza* (Università degli Studi di Genova), Giuffrè, Milano, 1977, p. 947-1012.

TEDESCHI (G.), « Article 46 of the Palestine order in council and the existence of lacunae », *Le problème des lacunes en droit*, Bruylant, Bruxelles, 1968.

TOUFFAIT (A.) et TUNC (A.), « Pour une motivation plus explicite des décisions de justice, notamment de celles de la Cour de cassation », *Rev. trim. dr. civ.*, 1974.

VAN COMPERNOLLE (J.), « La personnalité morale, fiction ou realité ? », *Les présomptions et les fictions en droit*, Bruylant, Bruxelles, 1974.

VAN DER ELST (R.), « Les antinomies en droit international privé », *Les antinomies en droit*, Bruylant, Bruxelles, 1965.

VAN GERVEN (W.), *Het beleid van de rechter*, Standaard, Antwerpen, 1973.

VAN WELKENHUYZEN (A.), « L'attribution de pouvoirs spéciaux et le contrôle judiciaire de la constitutionnalité des lois », *Journal des tribunaux*, Bruxelles, 26 oct. et 2 nov. 1974.
— « De quelques lacunes du droit constitutionnel belge », *Le problème des lacunes en droit*, Bruylant, Bruxelles, 1968.
— « La présomption de constitutionnalité de la loi et du décret en droit belge », *Les présomptions et les fictions en droit*, Bruylant, Bruxelles, 1974.

VIEHWEG). Th.) *Topik und Jurisprudenz*, Beck, München, 1953.

VILLEY (M.), *Leçons d'histoire de la philosophie du droit*, Dalloz, Paris, 1957.
— *Philosophie du droit*, Précis Dalloz, Paris, 1974.

WALINE (M.), *Rev. dr. publ.*, 1959.767.

WESER (M.), « Présomptions et fictions en droit international privé », *Les présomptions et les fictions en droit*, Bruylant, Bruxelles, 1974.

WOOTTON (B.), *Social Foundations of Wage Policy*, London, 1958.

ZIEMBIŃSKI (Z.), « Les lacunes de la loi dans le système juridique contemporain polonais et les méthodes utilisées pour les combler », *Le problème des lacunes en droit*, Bruylant, Bruxelles, 1968.

INDEX

A

FSC
www.fsc.org
MIXTE
Papier | Pour une gestion forestière responsable
FSC® C022829

703764 - (VI) - OSB-80g - (CDR)
Achevé d'imprimer en juillet 2024
sur les presses de la Nouvelle Imprimerie Laballery
58500 Clamecy
Dépôt légal : janvier 2001 – N° d'impression : 407532

Imprimé en France